이 책에서는 저자가 선정한 인물들의 생애와 이들이 남긴 선교 사상, 선교 역사 서술 등을 통해 세계기독교의 선교 역사를 살펴본다. 그에 따르면 이들은 19-20세기에 선교 활동에 참여하면서 자기 시대의 관점에서 '지구촌기독교'의 선교 역사 전반을 서술한 주요 인물이자 아시아교회와 한국교회에도 영향을 미친 인물이다. 우리는 저자가 8인을 선정한 데서, 그리고 세계기독교 대신 전 지구적 양상과 지역 양상을 한데 포함하는 '지구촌기독교'라는 용어를 사용한 데서 저자의 선교 신학 및 선교 역사관을 발견할 수 있다. 이런 관점을 제시하는 것만으로도 이 책은 소임을 다한 셈이다.

김흥수 목원대학교 한국교회사 명예교수, 아시아기독교사학회 초대 회장

선교와 선교학의 발전 과정에서 선교 역사 연구는 대단히 중요한 과제다. 선교는 길게 내다보고 하는 일이기 때문이다. 그동안 국내 선교 역사 연구에서는 원전 자료를 다루면서 이를 통찰력 있는 관점으로 정리하는 작업이 부족했다. 그래서 박형진 교수가 다양한 문헌을 참고하며 선교역사가를 소개하는 알찬 글을 「현대 선교」에 연속해서 쓸 때, 나중에 단행본으로 묶여 나오면 좋겠다고 생각하며 기다려 왔다. 이제 그 결실을 보게 되어 감사하다.

이 책에서는 선교 역사를 본격적으로 연구한 시점부터 최근에 이르기까지 활동한 주요 선교역사가들의 공헌과 이론을 소개한다. 역사적 통찰력이 계속해서 발전하면서 깊어지고 체계화되는 과정을 살피는 일은 선교 운동을 이해하는 데 필수이며, 보다 근원적으로는 역사의 주관자이신 하나님의 선교적 섭리를 진지하게 배운다는 유익을 제공한다. 지구촌기독교 이해는 대체로 공시적 접근을 통해 이루어지지만 이 책은 통시적 이해를 제공한다. 세계 선교라는 거대 현상을 제대로 이해하기 위해서는 이렇게 역사를 꿰뚫는 작업도 필요하다. 자칫 활동주의에 빠지기 쉬운 선교를 풍부한 역사적 통찰력으로 보완함으로써, 더욱 온전한 이해를 바탕으로 선교에 참여하도록 기여하며 결실을 맺을 수 있다. 이 책을 통해 선교 역사를 학문적으로 깊이 이해하면서도 오늘날 선교에 주는 함의를 구체적으로 생각할 때 많은 유익이 있으리라 믿는다.

문상철 카리스 교차문화학 연구원 원장, 그레이스 미션 대학교 교차문화학과 인류학 교수

약 15년 전, 박형진 교수를 미국 뉴욕주의 한 소도시에서 만난 일이 생각난다. 당시 프린스턴 신학교 박사 과정생이던 그와 보스턴 대학교 석사 과정생이던 나는 미국선교학회 동부 지역 학술 대회에서 처음 만났다. 우리는 선교 역사와 세계(지구촌)기독교학을 연구하는 극소수 한국인이라는 공통점이 있었기에 함께 기뻐했다. 귀국 후 횃불트리니티신학대학원대학교에 자리 잡은 박형진 교수는 선교 역사와 세계기독교학의 존재와 가치를 학계와 교계에 알리는 데 선구적으로 공헌했다. 훨씬 나중에 귀국하여 그의 학문적 노력에 동참한 나는 지난 몇 년간 여러 책, 논문, 기고문으로 기독교 선교가 바꾼 20세기 세계기독교 지형 및 그 의미와 미래 함의를 알리는 일에 힘썼다. 그러나 나의 여러 글에서 수차례 밝혔듯, 내 연구는 앞서서 이 일에 매진한 선배 학자들의 수고에 크게 힘입었다. 그런 선배 학자 중 한 사람이 박형진 교수다.

그가 「현대 선교」에 연재하여 내 학문의 자양분이 되었던 선교역사가 연재물이 단행본으로 묶여 나온다니 반갑고 기쁘다. 소수의 학자에게만 접근이 허용되었던 글의 봉인이 풀렸다. 날카로운 통찰력이 넘치면서도 따뜻하고 쉽게 읽히는 박형진 교수의 글을 많은 사람이 읽을 수 있게 된 것은 큰 복이다. 현대 지구촌기독교의 외양과 내면이 형성되는 과정을 분석한 선교역사가 8인의 생애와 사상을 단순히 분석하는 데 그치지 않고 이들이 우리 교회, 역사, 선교에 주는 함의가 무엇인지도 진지하게 고민한 선교학자의 책이 출간됨으로써 한국 기독교역사학과 선교학계에 보화와 같은 자산이 하나 늘었다.

이재근 광신대학교 교회사 교수

내가 선교에 관심이 많은 교회사가여서 더욱 그랬겠지만 아주 재미있게 읽었다. 박형진 교수는 내가 아는 한 이 주제를 가장 잘 다룰 수 있는 사람이다. 이 책에서 소개하는 선교역사가, 선교학자, 선교신학자는 가히 근현대 기독교 역사의 거인들이다. 우리는 그들의 어깨에 올라타 더 멀리 볼 수 있으며, 이 책은 바로 그 거인들의 어깨에 오를 수 있도록 돕는 사다리다. 저자는 각 인물의 특징을 잘 정리하고 그들의 공헌을 적극적으로 드러내면서도, 그들이 지닌 시대적·역사적 한계도 보여 줌으로써 균형 잡힌 시각을 우리에게 선사한다. 등장인물들의 무게를 고려하면 이 책은 어려워야 하는데 그렇지도 않다. 이는 저자가 오랫동안 이 주제를 다루면서 익숙해졌기에 빚어낸 친절함이다.

　이 책에서는 선교역사가, 선교학자, 선교신학자 8인을 통해 기독교 선교의 역사를 정리하며 오늘 우리가 속해 있는, 그러나 그 개념이 아직 그리 익숙하지는 않은 '지구촌기독교'의 등장과 성격에 대해서도 분명하게 설명한다. 오늘날의 기독교를 진지하게 생각한다면 꼭 배워야 할 내용이다. 부디 읽어 보라! 놀랍게도 거인들이 여러분을 서로의 어깨에 올려놓으며 대화하는 것을 듣게 될 것이다. 그러면서 저 멀리 예수 그리스도께서 부르시는 복음의 지향점을 보게 될 것이다.

이정숙 횃불트리니티신학대학원대학교 교회사 교수, 전 총장

선교 역사는 현재 교회의 선교를 위한 기억의 보고일 뿐 아니라 교회의 자기반성과 숙고를 위한 거울, 더 나아가 하나님 나라를 위한 길잡이다. 이 책은 저명한 선교역사가 8인의 삶과 사역과 사상을 통해 초기 교회부터 오늘날 세계기독교로 확장되는 과정 속 다양한 이야기에 나타난 선교의 목적과 본질, 교회의 선교적 과업, 선교 역사 패러다임을 모자이크처럼 수놓는다. 한 명의 인물을 통해서도 많은 교훈을 얻겠지만, 무엇보다도 8인 전체를 통해 초기 교회부터 현대 선교까지 망라하고 서구 선교와 비서구 선교를 아우르는 선교 이론, 선교의 유산 및 영향을 깊이 이해하는 통찰력을 얻을 수 있다는 게 이 책의 특징이다. 독자들은 이 선교역사가들의 삶과 선교 역사 기술의 발자취를 더듬어 나가며 오늘날 한국교회가 처한 위기를 극복할 실마리를 발견할 것이다.

최형근 서울신학대학교 선교학 교수

지구촌기독교 선교 역사
이해의 지평들

IVP(InterVarsity Press)는
캠퍼스와 세상 속의 하나님 나라 운동을 지향하는
IVF(InterVarsity Christian Fellowship)의 출판부로
생각하는 그리스도인을 위한 문서 운동을 실천합니다.

지구촌기독교
선교 역사

이해의 지평들

아돌프 하르나크에서 앤드루 월스까지,
선교역사가 8인의 눈으로 본 기독교

박형진

lvp

차례

	들어가는 말	11
1장	**아돌프 폰 하르나크** 1851-1930 기독교의 본질을 향한 열망	15
2장	**구스타프 바르네크** 1834-1910 선교를 중심으로 기독교를 다시 생각하다	39
3장	**케네스 스콧 라투렛** 1884-1968 유럽 교회사를 넘어 세계 선교 역사로	67
4장	**스티븐 닐** 1900-1984 선교의 과도기에 선 에큐메니스트	95
5장	**데이비드 보쉬** 1929-1992 선교 역사에 패러다임을 도입하다	119
6장	**레슬리 뉴비긴** 1909-1998 새로운 선교지가 되어 버린 서구에서	147
7장	**라민 사네** 1942-2019 아프리카 시각에서 본 기독교 신앙의 정수	171
8장	**앤드루 월스** 1928-2021 지구촌기독교 연구의 토대를 세우다	201
	나가는 말	225
	주	229
	참고 문헌	255

들어가는 말

이 책은 2013년부터 2020년까지 한국선교연구원Korea Research Institute for Mission의 간행물인 「현대선교」 제15, 16, 17, 20, 21, 22, 23, 24호에 기고한 "선교역사가 칼럼"을 모은 결과물이다.

나는 학문적으로만 아니라 개인적으로도 성경에서 증언하는 복음이 어떻게 전파되어 내게 이르렀는지에 지극히 관심을 갖고 있었다. 이러한 역사적 관심을 두고 결국 선교 역사를 공부하면서 이 분야의 여러 저술을 접했다. 누가복음과 사도행전을 기록한 누가는 복음서의 사건들에 대해 "내력을 저술하려고 붓을 든 사람이 많은지라"(눅 1:2)하고 말했다. 누가뿐만 아니라 마태, 마가, 요한 역시 복음서를 저술했다. 역사적으로도 수많은 저자가 교회 역사나 선교 역사를 서술했다. 특별히 선교 역사 서술에서 중요한 공헌을 한 이들과 만나며 그들 나름의 시각과 사상을 접하는 일은 큰 설렘과 기쁨을 동반한 즐거운 배움의 과정이었다.

여기서 소개하는 학자 8인은 각기 교회사가, 선교신학자, 선교역사가로서, 개신교 선교가 절정을 이룬 19-20세기를 살아가며 선교 과정을 목도하고 이를 기술하려 했다. 이들은 모두 이 분야에 개척자적·전환기적 공헌을 한 인물이며, 내가 선교 역사를 탐구하던 학도 시절에 대개는 지면을 통해, 일부에게는 직접 배우면서 영향을 받은 학문적 멘토이기도 하다. 이들의 목소리는 음악에 비유하자면 한 옥타브를 이루는 8음계와도 같다. 이 책을 순서대로 읽다 보면 마치 음계가 높아지듯 선교 역사 서술의 시각이 대체로 이전의 한계를 극복하며 발전해 나가는 양상을 보게 될 것이다. 결국 이 스토리텔러들의 이야기는 지구촌기독교World Christianity*의 역사 서술을 향한 여정의 이정표라 하겠다.

복음은 예수께서 제자들에게 분부한 위대한 위임The Great Commission 이후 지난 2,000년 동안의 전파 과정을 통해 오늘날 지구상 거의 모든 지역에서 발견되는 전 지구촌적 신앙으로 열매를 맺었다. 오늘날 기독교를 '지구촌기독교'라고 일컫는데, 이는 복음이 지구상의 모든 민족에게 전파되어야 하는 보편적 메시지이면서도 지리적·인종적·문화적·언어적으로 차별화되어 있는 각 민족의 독특한 맥락에서도 이해될 수 있는 특별한 메시지라는 사실을 함께 내포하는 통시적 개념이다. 복음이 전파되어 온 이 거대한 선교의 역사를 각 스토리텔러는 어떻게 이해하고 말하는가? 그들은 각자 자기의 시대에서 바라본 선교 역사 전반을 큰 시각으로 조망했다. 각 장에서는 이 인물들의 면면과 그들의 저서, 주요한 역사 사상과 선교 사상, 공헌 및 한계 등을 소개한다.

그동안 쓴 글을 모아 한 권의 책으로 소개할 수 있어 기쁘다. 여기 모인 스토리텔러를 통해 하나님 나라의 복음 전파와 선교에 관심 있는 이들이 선교 역사의 큰 그림을 이해하는 데 작게나마 도움이 되기를 바란다. 부족한 글을 「현대선교」에 수록할 수 있도록 지면을 허락해 주신 문상철 원장님(전 한국선교연구원 원장, 현 카리스 교차문화학 연구원 원장)과 홍현철 원장님(현 한국선교연구원 원장), 단행본 출간 제안을 기꺼이 수락해 주신 IVP의 정모세 대표와 이종연 편집장, 편집으로 수고해 주신 설요한 간사께 깊은 감사를 드린다.

2023년 5월
박형진

- 이 책에서 언급하는 이른바 'World Christianity'라는 용어는 최근 교회사나 선교학 분야 연구에서 부쩍 눈에 띄고 있다. 이 말을 한국어로 번역할 때 '세계기독교'라고 번역하기도 하지만 이 책에서는 '지구촌기독교'라는 표현을 쓰고자 한다. 'World Christianity' 개념은 전 지구적(global) 양상뿐만 아니라 지역(local) 양상도 포함하고 있으므로 '지구'와 '촌락'을 합한 '지구촌'이라는 표현이 더 적절하다고 본다.

1장

아돌프 폰 하르나크

1851-1930

기독교의 본질을 향한 열망

선교 역사를 기술한 여러 역사가가 있지만 그중 첫 번째로 소개할 이는 19세기 말과 20세기 초에 교회사가로서 명성을 쌓고 학문적으로 공헌한 아돌프 폰 하르나크Adolf von Harnack, 1851-1930다.

하르나크는 교회사가로 알려져 있지만, 그는 『초기 3세기의 선교와 기독교의 확장』Die Mission und Ausbreitung des Christentums in den ersten drei Jahrhunderten이라는 책을 저술하여 선교 역사 서술에도 공헌했다.[1] 이번 장에서는 이 책을 중심으로 하르나크의 초기 선교 역사 이해 및 공헌과 한계점 등을 생각해 보고자 한다.

하르나크의 선교 역사 저술과 그 가치

저서 소개

『초기 3세기의 선교와 기독교의 확장』은 1902년에 독일에서 출간되었고, 이후 세 번(1906, 1915, 1924)에 걸쳐 개정판이 나왔다. 영어판은 1902년에 출간된 독일어판을 제임스 모팻James Moffatt이 번역해 출간되었다.[2] 이후 영어판은 한 번 더 출간되는데, 두 번째이자 마지막이 된 판본 역시 모팻의 번역으로 1908년에 나왔고 이때는 독일어판 2판(1906년판)을 번역했다. 이번 장에서 참고한 책은 독일어판 2판의 영어 번역본이다.[3] 모팻은 하르나크의 2판이 상당히 수정되고 확장된 책으로 거의 새로운 내용에 가깝다고 소개한다.[4] 하르나크 자신도 2판에서는 특히 지도를 포함해 기독교 확장에 대한 가시적 이해에 세심하게 신경 썼다고 밝힌다.⁵ 실제로 2판부터 두 권 2 Bände; 2 volumes 으로 출간된 하르나크의 독일어판 분량을 보면, 초판(561페이지)에서 2판(1권 421페이지, 2권 312페이지), 3판(1권 483페이지, 2권 387페이지), 4판(1, 2권 합쳐 1,000페이지)으로 진행되면서 거의 두 배에 이르는 분량으로 확장되었고, 2, 3, 4판 말미에는 각 판본마다 총 11개의 지도를 첨부했다.⁶

『초기 3세기의 선교와 기독교의 확장』의 구성은 독일어 원본을 기준으로 보면 크게 네 부분으로 나뉘어 있다. 제1권 Book 1 은 "도입부" Introductory 로서 유대교, 기독교 확장의 외적 조건, 기독교 확장의 내적 조건, 예수 그리스도와 보편 선교, 유대인 선교에서 이방인 선교로의 전환, 바울과 초기 기독교 선교사들의 선교 결과를 서술한다. 제2권 Book 2 에서는 "말씀과 행위로 전파된 선교 메시지" Mission-Preaching in Word and Deed 로서 기독교의 선교 메시지를 다룬다. 제3권 Book3 에서는 "선교사들의 선교 방법 및 반동 운동" The Missionaries: The Methods of the Mission and the Counter-Movements 을 논하며 복음 전파의 매개인, 선교 패러다임, 기독교 신자들을 지칭하는 말, 기독교 공동체의 형성 등을 다룬다. 제4권 Book 4 에서는 "기독교의 확장" The Spread of Christian Religion 을 다룬다. 이 부분은 더 각론적인 성격을 띠며 각계각층(귀족, 법정, 군대, 여성 등)에 전파된 복음과 주후 325년까지 기독교 공동체가 있던 지역들을 팔레스타인에서 스페인에 이르기까지 살핀다.

선교 역사 저술로서의 가치와 영향력

실상 하르나크를 이야기할 때 그의 대표 저서인 『교의의 역사』 History of Dogma 같은 책에 대해서는 많이 언급하지만 『초기 3세기의 선교와 기독교의 확장』에 대해서는 그다지 논의하거나 언급하지 않는다. 하르나크 자신도 초판 서문에서 이렇게 언급한다. "초기 3세기 동안 기독교의 선교와 확장에 관해 깊이 연구한 어떠한 책도 없었다. 선교 역사는 항상 무시당해 왔다."[7] 1970년에 『초기 교회의 복음 전도』*Evangelism in the Early Church*를 집필한 영국의 교회사가 마이클 그린Michael Green도 그의 책 서두에서 이 사실을 지적한다. 그린의 말에 따르면, 하르나크의 저서가 영어로 번역되어 출간된 이후에도 하르나크와 같은 주제로 초기 교회의 전도와 선교를 다루며 영어로 집필, 출간된 책은 놀라울 정도로 적었다.[8]

하르나크의 저술이 갖는 가치는 그가 무엇보다 초기 3세기 동안의 기독교 확장사에 초점을 맞추었다는 데 있다. 그는 콘스탄티누스의 회심과 함께 시작된 이른바 크리스텐덤Christendom, 기독교세계의 부상과 그 이후 전개되는 크리스텐덤의 기독교 확장과는 다른 시기와 배경을 통해 기독교 선교와 확장을 살펴보겠다는 취지를 보여 준다. 이 작업은 기독교가 정치적·세속적 권력과 손잡기 전에 가장 원초적이고 자발적인 확장을 이루었던 시기, 콘스탄티누스 이후와는 질적으로 다른 시기에 기독교의 속성과 확장 과정이 어떠했는지 살펴본다는 점에서 의미를 지닌다.

또한 하르나크는 무엇보다 사료비평을 통해 접근했다. 즉, 근대 역사 서술 방법론을 도입했다.[9] "외경적 행전, 교회의 지역적 전승, 감독들의 계보, 순교자들의 행전 등은 여기에 포함하지 않았다. 아니, 오히려 쓸모없다고 생각해 의도적으로 생략했다. 오히려 신뢰할 만한 자료들을 철저히 다루는 데 혼신의 힘을 다했다"라고 진술한 하르나크의 접근은 이러한 근대 역사 서술 방법론의 일면을 보여 준다.[10] 더구나 마지막 개정판인 1924년판 서문에서 하르나크 자신이 "이 책은 거의 모든 가정 없이 (오직) 사실들만을 기록한 책이라고 자부한다"고 말한다.[11] 그만큼 하르나크는 레오폴트 폰 랑케Leopold von Ranke 이후로 내려온 독일 전통의 실증주의적 역사 방법론을 따른다고 볼 수 있다. 이러한 하르나크의 방법론을 두고 야로슬라프 펠리칸Jaroslav Pelikan은 이렇게 논평했다. "완전한 객관성을 기한다는 것이 허구에 불과하다 해도, 하르나크는 여전히 역사라는 것이 언제나 정직하고 철저하게 기록될 수 있다고 보았다. 그러한 정직성과 철저함은 주관적 성찰에서 오기보다는 역사적 1차 자료들을 연구함으로써만 가능하다.…그는 비록 그 양이 방대하더라도 철저하게 사료 연구에 기초한다."[12] 과연 하르나크의 저술은 그가 해박한 헬라어, 라틴어 지식을 바탕으로 여러 초기 기독교 문서 및 교부들의 문서를 섭렵하고 있음을 보여 준다.

아마도 초기 기독교 시기에 관한 연구에서 하르나크의 책만큼 많은 사료를 동원해 치밀하게 분석해 가며 저술한 책은 거의 없을 것이다. 그런 면에서 그의 저서는 후대의 선교역사가에게도 표준과 모범을 제공한다. 하르나크의 철저한 방법론적 접근과 해석적 틀은 케네스 스콧 라투렛Kenneth Scott Latourette 같은 후대 선교역사가에게 중요한 참고점을 제공했다.[13] 초기 교회의 전도에 관해 기술한 그린은, 자유주의 개신교의 전성기 작품으로 간주되는 하르나크의 저서에 이어 시대 정보를 갱신하고 그동안 공헌해 온 영미권의 새로운 안목들도 첨가하려는 의도에서 자신의 책을 저술했다고 말한다.[14] 그린의 저술 이면에는 하르나크의 그림자가 드리워져 영향력을 발휘하고 있다.

이제 하르나크가 제기한 중심 질문 및 논의를 『초기 3세기의 선교와 기독교의 확장』을 통해 살펴보고, 하르나크의 선교 역사 서술이 지닌 선교학적 의미와 그 명암을 다루고자 한다.

하르나크가 제기한 중심 질문 및 논의

하르나크는 『초기 3세기의 선교와 기독교의 확장』 서문에서 이렇게 질문한다. "기독교라 불리우는 이 종교는 왜 로마 제국에서 승리했는가? 그 승리는 어떻게 성취되었는가?"[15] 이는 역사적으로 발현된 기독교의 특성이 어디 있는지 간파하려는 의미심장한 질문이며, '본질적 기독교'란 무엇인지 규명하려 했던 그의 기독교 역사 연구 프로젝트의 대질문이라고도 할 수 있다. 뒤에서 다룰 논의는 초기 기독교 선교 역사를 통해 기독교의 본질을 묻는 이 궁극적 질문에 대한 해답을 찾고자 했던 그의 시도를 보여 준다.

예수에서 바울로

하르나크는 사도 바울을 기독교 역사의 전환점을 이루는 인물로 본다. 그는 바울로 인해 기독교는 사실상 새로운 위상으로 부상했음을 강조한다. 그가 보기에, 기독교에서 선포하는 메시지는 예수와 바울 사이에서 급격한 도약이 일어났다. 예수의 복음은 이 땅에 임할 하나님 나라의 삶을 강조한 반면 바울은 예수의 '죽음과 부활'을 강조했다는 것이다. "요점은 이것이다. 즉, 바울은 그리스도의 죽음과 부활로 새로운 시대가 도래했다고 확신했다."[16] 바울로 인해 기독교는 사실상 "새로운 수위의 신앙"new level of religion이 되어 버렸다. "새로운 수위의 신앙은 바로 성령과 중생, 은혜와 믿음, 평화와 자유의 수위를 말한다."[17] 하르나크에게 초기 기독교의 가장 큰 변화는 예수가 전한 가르침(윤리)에서 예수에 대한 가르침(교리)으로 전환된 일이다.

기독교의 본질: 단순성과 유연성

하르나크는 기독교의 특징을 이슬람교와 비교해 이렇게 설명한다. "이슬람교는 아라비아에서 부상하여 여전히 아랍의 종교로 남아 있다. 그 유년기의 힘은 성년기의 힘과 같다. 반면에 기독교는 부상하자마자 기독교가 시작된 나라에서 떨어져 나왔고, 시초부터 무엇이 핵심kernel이고 무엇이 껍질husk인지 구별하는 법을 배우기 시작했다."18 여기서 하르나크는 그의 기독교 역사 연구 프로젝트인 '핵심'과 '껍질'이라는 용어를 쓴다. 그는 기독교가 2세기 중반에 이르러 유대교적 특징을 완전히 벗어 버리고 이방인의 기독교가 되는 과정을 종결했다고 판단했다. "주후 약 140년경부터 이방 세계로 전환되면서 기독교는 유대교적 습성을 완전히 탈피했다."19

하르나크에게 기독교 확장의 가장 중요한 인자는 두 요소에 있었다. 하나는 단순성simplicity, 다른 하나는 유연성versatility이다.20 그는 이렇게 논한다. "이 종교는 모든 것을 포용하는 신앙이다. 그럼에도 이 신앙은 언제나 절대적인 단순성, 즉 하나의 이름, 예수 그리스도로 표현된다. 그러나 그 이름은 여전히 모든 것을 내포한다."21 동시에 그는 기독교가 지닌 탄력과 유연성을 이렇게 묘사한다. "이제 기독교가 인류의 여러 모습 및 문화와 맺는 관계에서 그 보편적 성격을 어떻게 나타내는지 보라. 발렌티누스Valentinus는 헤르마스Hermas와 동시대에 있었으며 둘 다 그리스도인이었다. 테르툴리아누스Tertullian와 알렉산드리아의 클레멘스Clement of Alexandria도 동시대의 교회 선생이었다. 에우세비오스Eusebius는 성 안토니우스St. Anthony와 동시대인이었으며 모두 한 성례에 참여한 사람이었다."22 다시 말해, 같은 그리스도인 가운데서도 나타나는 이러한 다양한 입장의 대비를 통해 기독교는 인종 면에서 다양해질 뿐만 아니라 사상 면에서도 유연해진다.

결국, 기독교의 단순성은 바로 인류의 아버지가 되시는 하나님으로 귀속된다. 그리고 기독교의 포괄적 메시지, 즉 구원의 종교, 구세주의 종교, 사랑과 자애의 종교, 성령과 능력의 종교, 권위와 믿음의 종교, 이성과 사유의 종교, 신비의 종교, 새 인류의 종교, 경전의 종교 등 이 모든 것을 포용하는 메시지는 기독교의 무한한 잠재성을 말해 준다.[23]

역사적 기독교: 혼합 종교

하르나크는 제2권 에필로그에서 나름대로 역사적으로 발현된 기독교의 정수를 한마디로 "혼합적"syncretistic이라고 설명한다. "기독교는 이로써 혼합적임을 보여 준다. 그러나 이는 특별한 의미에서 혼합적이라는 말이다. 즉, 보편적 종교가 될 수 있는 혼합성을 말한다."[24] 하르나크가 보기에 이러한 혼합적 특색이야말로 기독교가 세계종교가 될 수 있는 자질이다. 그는 결론에서도 "기독교는 본질적인 면에서 보았을 때 매우 단순하고 매우 계수coefficients적이다. 기독교는 단순히 말해, 인류의 아버지시요 심판자시요 구세주이신 하나님, 그 하나님이 예수 그리스도를 통해 드러난 것을 의미한다."[25] 여기서 쓰인 '계수'는 어느 변수에 일정하게 곱해진 상수 인자를 지칭하는 수학 용어다(예컨대 $2x+3y$에서 변수는 x와 y, 계수는 2와 3이다). 기독교의 변하지 않는 핵심 진리가 어떤 변수(문화, 종교, 사상 등)에도 붙을 수 있다는 개념을 하르나크식으로 표현한 것이다.

하르나크는 기독교가 3세기 중반 들어 그 혼합성이 절정에 달했다고 주장한다.[26] 이러한 혼합주의적 행태의 일례로는 매년 시행되는 축

제, 부적, 성인들의 유물 및 유골 등이 있다. 성인들과 중보자들은 거의 반신semi-god이 되어 버렸다. 각 지역에서 그동안 이루어진 풍습 및 사교들은 이름과 얼굴만 바뀌었을 뿐 사실상 계속되었다.[27] 특별히 3세기 중엽의 기독교는 헬레니즘 요소와 혼합되어 헬라적 특성의 기독교로 변모했다. 그 중심에는 바울, 오리게네스Origen, 오리게네스의 제자 기적자 그레고리오스Gregory Thaumaturgus 등이 있다.[28] 하르나크는 그레고리오스에 관해 이렇게 언급한다. "그레고리오스에 의해 도입된 선교 방법론과 결부해 볼 때, 그 특성은 아주 다분히 나타난다. 모든 것에 동조한 것이다. 이는 단순히 관용적 태도를 보인 게 아니라 아주 적극적으로 혼합성을 조장했다는 사실이다. 이로 인해 많은 수의 신자를 얻었다는 점에서는 놀라울 정도로 성공적이었다."[29]

하르나크는 또 이렇게 말한다. "교회가 세상으로 전파될수록 세상 또한 교회 안으로 침투해 들어왔다."[30] 하르나크는 자신의 논지에 따라, 금욕주의마저도 초기 교회가 이방 풍습으로부터 끌어안은 혼합 요소의 하나였다고 지적한다.[31] 결국 이 시기 교회 자체가 가장 큰 선교적 수단이 될 수 있었던 것은 교회가 끌어안은 수많은 혼합적 요소 때문이라는 것이다. "그러나 3세기 동안 가장 강력한 선교의 매개체는 전적으로 교회 그 자체였다. 교회는 혼합 종교의 형태를 그대로 취함으로써, 그리고 영지주의가 난폭하게 가져올 변화를 조심스럽게 다루어 나감으로써, 단순히 교회 자체의 존재와 역사 속에 끼쳐온 영향력을 통해 모든 사람을 이끌고 사로잡는 힘을 과시했다."[32]

그러나 하르나크는 또한 기독교에는 스스로를 혼합으로부터 정화하는 능력과 장치가 내재해 있다고 보았다. 비유하자면 탁류를 정화하는 정수기가 있다는 것이다. 특별히 하르나크는 종교개혁을 혼합된 기독교를 정화하는 과정의 시작점으로 보았다. "바로 이러한 이유들로 인해, 기독교의 활력, 즉 계속해서 쌓여 온 혼합적 껍질들을 벗기고 새로운 계수와 결합하는 기독교의 힘에 또한 의존하게 되었다. 종교개혁은 바로 이러한 방향으로 향하는 과정의 시작점이 되었다."[33] 아마도 하르나크는 종교개혁의 연장선에서 자신의 기독교 역사 연구 프로젝트가 껍질을 벗겨 내고 본질로 돌아가게 하는 또 하나의 과정이 되리라 생각했을 것이다.

선교적 메시지의 특성

그렇다면 이 지극히 단순한 복음의 기독교는 모든 인종, 지역, 문화, 종교에 유연하게 연계되는 과정을 통해 어떠한 내용으로 확장해 나갔는가? 하르나크는 그의 책 제2권에서 초기 교회의 메시지가 무엇이었으며 어떻게 전달되었는지를 다룬다.

하르나크는 선교적 메시지 Missionary Preaching 의 특성을 논하는 장에서, 기독교의 메시지는 기본적으로 예수가 '전한' 복음 the gospel *of* Jesus 에서 예수에 '대한' 복음 the gospel *about* Jesus 으로 변모해 나갔다는 주장을 전개한다.[34] 예수가 시초에 전한 복음은 "회개하라, 천국이 가까이 왔느니라"(마 4:17)였다. 즉, 회개로 인해 이 땅에서 변화된 삶에 초점이 맞추어져 있었으며, 그 핵심은 하나님 사랑과 이웃 사랑이었다. 그러나 하르나크가 보기에 초기 교회에서 설파한 복음의 내용은 단순히 유일하고 참되신 하나님 아버지에 대한 내용에서 점차 예수 그리스도의 구세주 되심과 주 되심, 몸의 부활, 그리스도의 재림 같은 교리적 성격으로 변모, 확대해 갔다. 단순한 믿음과 윤리적 성격을 지녔던 복음이 헬라 철학과 영지주의의 영향으로 사변적 특성을 보유하기 시작했다

는 것이다. 이는 역사적·윤리적 차원에서 우주적·초월적 차원으로 그 수위가 바뀌어 갔음을 시사한다.35

하르나크는 기독교의 복음이 '구세주'saviour와 '구원'salvation에 관한 메시지를 담기 시작한 것도 초기 기독교의 확장을 가능하게 했던 선교적 특성임을 밝힌다.36 하르나크가 논하는 기독교의 이른바 '혼합적' 능력은 이 부분에도 적용된다. 일례로, 하르나크는 초기 기독교 당대 최고의 지성인이었던 오리게네스와 켈수스Celsus 사이의 논쟁을 예로 들면서 당시의 정황을 설명한다.37 이미 이 당시 헬라 세계에서는 이른바 "아스클레피오스교"Cult of Æsculapius가 성행하고 있었다.38 몸의 질병을 치유하기 위해 특별히 이 신전에서 치유 의식이 치러졌는데, 아픈 이들이 상당한 헌물을 헌납한 후 이 신전의 성소에 들어가 잠을 자고 거기서 본 꿈이나 이상을 사제에게 이야기하면 사제들은 알맞은 처방책을 마련해 주었다. 이러한 행태를 흔히 인큐베이션incubation이라고 한다. 오리게네스와 켈수스는 아스클레피오스와 예수 가운데 누가 참된 구원자인지 논했다고 하는데, 하르나크의 주장은 이것이 바로 예수 그리스도께서 치료자와 구원자가 되신다는 메시지가 당대의 헬라 종교와 문화적 상황에 참으로 부합했음을 보여 준다는 것이다. 다시 말해, 기독교의 메시지는 치료자와 구원자를 절실히 찾고 바라던 당시 세상에서 접촉점contact point이었다는 것이다. 바로 그런 이유로 기독교의 메시지는 사람들의 필요에 의해 위치를 확보할 수 있었다. 하르나크는 "그리스도에 대한 메시지는 이토록 구원을 갈망하는 세상 속으로 그 활로를 열었다"고 역설한다.39 주후 3세기가 막을 내리기도 전에 교회 안에는 여러 순교자와 성인을 기념하는 채플을 짓고 그들의 이름으로 질병을 고쳐 보려는 행위가 성행하기 시작했다.40 이는 아스클레피오스교의 행위와 유사한 행태(이른바 인큐베이션)가 교회 안에도 침입하기 시작했음을 의미한다.

하르나크는 또한 기독교 선교의 메시지 가운데 하나는 귀신들을 쫓아낼 수 있다는 복음이었다고 주장한다.⁴¹ 앞서 언급한 것처럼 하르나크는 이 또한 당대의 상황에 부합할 수 있는 메시지였다고 말하며, 그 예로 이번에도 오리게네스와 켈수스의 논쟁을 든다.⁴² 둘 모두 당대에 특정 이름을 부름으로써(하르나크는 이를 "이름에 관한 학문"science of names 이라는 표현으로 소개한다) 축사나 초혼을 하는 행위를 거론한다.⁴³ 다시 말해, 거룩하거나 능력 있는 이름을 부름으로써 귀신을 쫓아내는 행태는 당시에 기독교 교회가 아니라 세간에도 있었다. 결국, 기독교의 메시지가 귀신 들린 자들을 고치는 복음이라는 점은 당시에 많은 사람을 교회 안으로 끌어들이는 요소가 될 수 있었다는 것이다.

아울러 기독교가 사랑과 자애의 종교라는 사실은 말뿐만 아니라 삶 가운데서도 드러난 강력한 선교 방편이었다.⁴⁴ 지극히 작은 자에게 베푸는 선행이 곧 예수께 드리는 행위라는 놀라운 메시지(마 25장)는 더 많은 자발적 선행을 자극했다. 그 한 예로 그리스도인들이 죽은 자를 장사 지내 준 일에 대한 내용이 당대의 어느 서한에 언급되어 있기도 했다.⁴⁵ 하나님의 거룩한 형상으로 지음받은 인간(비록 그가 기독교 신자가 아니더라도)의 주검이 길거리에 방치되어 짐승들에게 훼손되도록 내버려 두는 것을 그리스도인이 방관해서는 안 된다는 인식에 따른 일이었다.⁴⁶ 인류에 대한 이 보편애 정신은 많은 이가 기독교에 끌리게 한 요인이었다. 이에 더하여, 신성한 능력뿐 아니라 기독교 신앙이 지닌 도덕성과 순결함이 선교의 요인으로 작용했다.⁴⁷ 성령의 역사로 인한 여러 신비한 능력, 높은 도덕성, 권위와 이성을 갖추면서도 신비와

초월성을 겸비한 종교인 기독교는 사람들의 지성 추구와 영성 추구를 모두 아울렀다.⁴⁸

더구나 기독교에는 새로운 정체성을 이식하는 놀라운 힘이 있었다.⁴⁹ 그리스도인은 이른바 "제3의 종족"The Third Race이라고 불렸다.⁵⁰ 성경에서 주로 언급되는 인류의 통칭인 유대인이나 헬라인(이방인)이라는 범주와 구별되어 하나님의 구속 경륜에서 새로이 등장한 자들이라는 의미였다. 그리스도인의 정체성은 성경에서뿐만 아니라 세간에서도 구별될 만큼 독특했다. 이러한 총체적 정체성은 중세기로 접어들면서 점차 영적 의미에서 정치적 의미로 변모된다.

기독교는 성경(특히 구약)이라 불리는 경전의 종교였으며 동시에 역사적 실현으로도 인식되었다.⁵¹ 기록된 경전은 특히 헬라 전통에서 사고하는 자들의 관심을 끌고 그들을 매료시키기에 충분했다. 한 예로, 타티아누스Tatian는 성경을 대하며 그 속에 있는 창조 기사, 도덕률, 시편의 찬송, 선지자들의 예언 등에 깊은 인상을 받았다고 증언했다.⁵² 특히, 구약의 예언들은 예수 그리스도를 통해 성취되었다는 인식에서, 기독교는 하나님의 뜻이 역사 가운데 실현된 종교로서 사람들을 설득하기 충분했다. 결국 기독교는 그 특유의 유연성과 포용성으로 확장 과정에서 많은 사상과 정서를 어우르며 세계종교로 발돋움해 나아간다. 다만 다신교와 우상숭배에 대해서는 배타적 태도를 유지했다.⁵³

초기 교회의 선교사, 선교 방법, 반동 운동

하르나크는 그의 책 제3권에서 복음 전파의 매개자 및 방법에 대해 기술한다. 그는 먼저 성경과 초기 교회 문서(예컨대 디다케)에 근거해 '사도'와 '선지자'와 '교사'를 언급한다.⁵⁴ 그러한 문서에 따르면 이들은 사람들에 의해 선출되는 직급(감독이나 집사)과는 달리, 신적 계시나 성령의 지시divine appointment에 의해 세워지는 직분을 맡은 자들이었다. 디다케에 의하면 사도, 선지자, 교사는 모두 말씀을 담당하고 설파하는 일을 본분으로 삼던 자들로, 교회 안에서 특별한 존경받을 사람으로 여겨졌다.⁵⁵ 이들 중 선지자와 교사가 주로 교회 안의 직무를 돌보았다면, 성경에서는 교회 밖으로 복음을 전파하기 위해 사람을 따로 구별해 세운 경우도 언급한다(행 13:1-3). 이로 볼 때, 직접 선교의 매개자로 공헌한 자들로 선지자나 교사보다는 사도에 더 비중을 두는 것으로 보인다.⁵⁶

디다케나 오리게네스, 에우세비오스가 기록한 초기 교회 문서를 통해 우리는 2세기에 여기저기 돌아다니며 복음을 전하는 자들이 있었음을 확인할 수 있다.⁵⁷ 이들 중 판타이노스Pantaenus에 대한 기록이 비교적 잘 남아 있다. 알렉산드리아의 교사였던 그는 선교 활동을 위해 인도까지 가기도 했다. 초기 교회에는 교사와 아울러 변증가apologist 역할을 한 자들도 있었다. 하르나크는 순교자 유스티노스Justin Martyr, 타티아누스, 오리게네스 등을 든다. 이들이 세운 학교는 헬라, 로마의 철학자들이 세운 전통을 따른 학교와 유사했다. 이들이 가르친 대상에는 이교도도 포함되었기에 그들은 가르침을 통해 선교사 역할도 했던 것이다.⁵⁸ 이들의 책무로는 기독교의 핵심 진리를 가르치는 일뿐 아니라 그리스도인을 취급하는 법적 사안, 이교도들의 신화, 제국의 종교 등을 비난하는 일도 있었다. 헬라 철학에 대해서는 입장을 같이하기도 하고 달리하기도 했다. 이들은 예수 그리스도와 로고스와의 관계성을 논했고, 기독교의 형이상학적·윤리적 내용들을 이성적으로 논증하기도 했다. 기독교에서의 예언 성취 등도 강조했다. 이들은 공공장소에

서 이교도 및 유대인과 토론하기도 했다.[59]

결론적으로 하르나크는 초기 교회의 선교 매개체로 특별히 '말씀'을 맡은 자들인 사도, 선지자, 교사에 비중을 둔다. 그러나 그는 또한 초기 교회 전반에 걸쳐 기독교가 확장하는 데 중요한 역할을 한 이들은 이름도 기록도 없는 비공식적 선교사, 곧 모든 그리스도인이었음을 강조한다.

> 기독교의 가장 유명하고 성공적인 선교사들은 정규 교사나 선교사라기보다는 바로 그리스도인들 자신이었음을 잊어서는 안 될 것이다. 그들은 용기와 덕을 갖춘 자들이었다. 정규적이고 전문적인 선교 사역자들에 대해서는 별로 많이 들을 수 없지만, 이름 없는 그리스도인들에 의해 남겨진 결과와 유산은 얼마나 많은가?…우리는 기독교 선교의 위대한 발자취는 비공식적 선교사들에 의해 성취되었다고 주저 없이 말할 수 있다.[60]

하르나크는 그리스도인의 삶과 죽음 모두가 선교적 메시지였음을 강조한다. 먼저, 순교자들은 강력한 선교사였다. 그들의 죽음은 신자들의 신앙을 강화했고, 불신자들을 감화시켜 신앙을 갖도록 했다.

> 모든 고백자와 순교자는 무엇보다도 선교사였다. 그들은 신자들의 신앙을 더욱 굳건하게 했을 뿐 아니라, 그들의 증언과 죽음은 새로운 신자들을 낳았다. 법적으로 집행된 순교자들의 처형은 많은 이의 마음을 흔들었고 또한 의아하게 만들었다. 그리고 질문하게 만들었다. 과연 누가 더 비난받아야 할 사람인가? 죽은 이들인가, 이들을 죽인 이들인가? 당당히 죽어 간 이 그리스도인들의 진정성과 주저 없는 태도에 사람들은 이들이

비난받을 사람인지 의심하게 되었다. 그리하여 테르툴리아누스 같은 이들이 말한, 그리스도인들의 피는 바로 (교회의) 씨앗이라는 말은 결코 빈 말이 될 수 없었다.⁶¹

초기 교회의 기사 가운데는 심지어 죽음을 당한 순교자가 환상 가운데 불신자들에게 나타나 그들이 회심하게 되었다는 증언도 있다. "당대의 한 기록(에우세비오스, vi.5)에 의하면 셉티미우스 세베루스Septimius Severus 치세 당시 알렉산드리아의 순교자 포타미에나Potamiaena가 그의 죽음 직후 그 도시의 비그리스도인들에게 나타나, 이러한 환상을 본 많은 이가 어떻게 회심하게 되었는지에 대한 기사가 전해진다."⁶²

그러나 죽음만이 방편은 아니었다. 하르나크는 그리스도인의 온전한 삶 또한 강력한 선교적 메시지였다고 말한다.

그뿐만 아니라, 단지 고백자나 순교자만이 선교사들은 아니었다. 진정으로 신앙을 고백하는 이들은 모두 복음 전파자였다. "이같이 너희 빛이 사람 앞에 비치게 하여 그들로 너희 착한 행실을 보고 하늘에 계신 너희 아버지께 영광을 돌리게 하라"(마 5:16)는 말씀이야말로 기독교를 대변하는 말씀이다. 만약 이 말씀이 그들의 삶 전체를 주관하고 또한 그들의 삶이 이 가르침대로 산 삶이라면 진리는 결코 가려질 수 없었을 것이다. 그들 삶의 방식 자체만으로도 그들의 신앙을 분명하게 보이고 들리게 할 수 있었던 메시지로 충분했기 때문이다.⁶³

그 한 예로 하르나크는 유스티노스의 증언을 든다. "유스티노스는 아주 분명하게, 그를 회심하게 만든 것은 그리스도인들의 도전적인 삶이 준 인상이었다고 말한다. 일상의 삶 속에서 이들의 삶은 일반 세속 사람들의 삶과 달랐으며, 그러한 삶은 복음이 무엇인지를 항상 나타냈다."[64] 살아 있는 믿음은 전파를 위해 별난 '방법'을 필요로 하지 않는다고 언급한 하르나크에게, 그리스도인의 '삶'은 무엇보다 중요한 선교 수단이 되었음은 두말할 필요도 없다.[65] 그러나 초기 기독교의 확장은 3세기 들어 더욱 혼합적 성격을 띠며 가속화되는 과정을 밟기 시작했다. 앞서 언급했듯 이는 기적자 그레고리오스에 이르러 입증되었다.[66]

또한 초기 교회에서는 세례 의식이 중요한 선교 방편이었다.[67] 죄씻음을 받고 새로운 생명으로 거듭남을 가장 체험적으로 경험할 수 있는 하나의 의식인 세례는 그 신비성과 더불어 이를 준비하기까지 배워야 할 학습(이른바 요리문답)을 동반하는 강력한 교육 수단이었다.[68] 기독교 교회가 점차 지역 교회에서 하나의 지방을 담당하는 보다 넓은 지역으로 확대·발전되어 가면서 교회의 지도자로 부상하는 감독들도 비록 스스로 선교사가 되지는 않았지만 간접적으로나마 선교적 역할을 수행했다.[69] 하르나크는 키프리아누스Cyprian와 기적자 그레고리오스를 예로 든다. 이들의 역할에 따라 그 지역의 기독교회가 좌우될 만큼 감독은 중요한 직위였다.

하르나크는 초기 교회 당시에 뛰어난 교사, 변증가가 많은 도시를 방문하며 여행했음을 초기 문서에서 끌어와 보여 준다. 로마는 특히 이들이 방문했던 중심 도시였다. 초기 3세기 기독교 역사에서 로마는 제국의 수도인 만큼, 그리고 베드로와 바울이 순교의 피를 흘린 곳인 만큼 많은 이의 방문지가 되었다. 하르나크는 로마에서 나갔던 그리스도인보다는 로마로 들어온 그리스도인의 수가 더 많았다고 본다. "콘스탄티누스의 시대까지, 혹은 적어도 3세기 중엽까지는 기독교 선교에서 구심력이 원심력보다 더 크게 작용했다. 로마는 확실히 이 구심력의 중심이었다."[70] 이는 과연 무엇을 말해 주는가? 이와 관련해, 하르나크는 로마 교회가 콘스탄티누스 이전에 과연 얼마나 많이 선교를 주도했는지 질문한다. 그리고 로마가 제국의 수도이자 베드로와 바울의 순교지였고 로마 교회는 제국의 여러 열악한 교회를 구제했더라도 로마 교회가 선교를 주도했다는 명백한 증거는 희박해 보인다고 보았다.[71] 또한 그는 초기 교회 시대에 회람 편지가 많이 오갔음을 보여 준다. 편지 가운데 상당수는 로마에서 각처로 발신되었는데, 서로 다른 지역의 교회 공동체 사이에서 활발히 이루어진 서신 교환은 교회 공동체의 연합 의식 형성에 크게 기여했고 초기 교회 시기의 기독교 확장에도 어느 정도 공헌했다.[72]

하르나크는 그의 연구에서 언급하기를, 초기 3세기 동안 그리스도인들은 로마가 닦은 길을 따라다니면서 그리스도인이라는 하나의 정체감을 갖고 서로를 한 형제와 가족으로 인식하기 시작했다. "그리스도인은 동방에서 서방으로, 한 지역 교회에서 다른 지역 교회로 어디로 여행하든지 결코 낯선 자들이라는 느낌을 받지 않았다."[73] 하르나크가 보기에 "그리스도인들은 어디를 가든 그곳을 고향처럼 여겼다. 이는 순전히 그리스도인이 가질 수 있었던 독특한 상호 교감 덕택이었다."[74] 특히 이러한 맥락에서 주목할 만한 것은 하르나크가 거론하는 이른바 "공교회적 연합"catholic confederation이다.[75] 즉, 기독교 초기에 어떤 공식적 교회 조직체가 생겨나기도 전에 이렇게 임시적이고 비공식적이지만 범교회적인 하나의 구조가 로마에 있었다는 것이다. 교회의 이러한 연합 의식은 당시 교회를 위협했던 두 세력인 영지주의와 몬타누스주의가 성행하여 논쟁이 일었을 때 교회들이 그 도전에 효과적으로 대항할 수 있게 했다. 하르나크는 이러한 형태의 교회 간 네트워크의 존재 자체가 교회의 확장에도 크게 이바지했다고 본다.[76]

하르나크는 제3권에서 기독교 확장에 거침돌이 될 만한 반동 운동 counter-movements을 논하면서 여러 박해에 관해 언급한다. 그러면서 기독교의 확장에 거침이 되는 듯 보였던 박해야말로 사실 확장을 추동한 최상의 수단이 되었음을 강조한다.[77] 하르나크는 제3권 말미에서 이렇게 언급한다. "우리가 해야 할 질문은 '얼마나 많은 헬라인과 로마인을 기독교가 개종시켰는가?'라는 수에 관한 질문이 아니다. 오히려 '어떻게 기독교가 스스로를 제시했기에 다른 많은 종교를 제치고 수많은 이를 자석처럼 끌어들여 세계적 종교가 될 수 있었는가?'라는 질문이 더 적절할 것이다."[78] 바로 이 질문이 하르나크가 선교 역사를 서술하며 다루려는 중심 질문이었다. 그는 제4권 말미에서 이렇게 답한다. "단순한 자에게는 단순한 종교로, 고상한 자에게는 고상한 종교로, 기독교는 모든 자의 종교가 되었다. 그리하여 인류를 어우를 수 있는 교훈과 모든 개인의 개별적 갈망을 채워 줄 수 있는 신앙으로 그 보편성을 유감없이 발휘했다."[79]

하르나크는 논의를 맺으며, 초기 3세기의 선교와 기독교 확장을 총체적으로 회상하고 전망하면서 이렇게 말한다. "콘스탄티누스 이전의 초기 시대는 교회가 자궁 속에서 발현되던 태아기 embryonic phase였다. 이제 콘스탄티누스로 말미암아 교회는 드디어 세상 속으로 태어났다. 부와 권력을 가진 세상 속으로. 이제부터 교회는 세속적 권력과 영적 권위를 가지고 수도원주의라는 새로운 변수를 끌어안으며 중세를 향해 그 발을 내딛게 된 것이다."[80] 이렇게 하르나크는 이제까지 전개된 그의 논의 맥락에서 중세를 전망하며 서술을 매듭짓는다.

하르나크의 초기 교회 선교 역사 서술은 기독교의 조직화된 선교 단체나 선교 전략을 논의했다기보다는 복음의 생명력, 이름 모를 그리스도인의 삶, 박해와 순교 등이 얼마나 기독교 확장에 이바지했는지를 보여 주었다. 그러한 차원에서 그의 저서는 선교 역사서이면서도 선교회나 전문 파송 선교사 위주로 서술된 근대 선교 역사서와는 구별된다.

이제 짧게나마 하르나크의 선교 역사 서술이 시사하는 선교학적 의미와 그 명암을 살펴보고, 하르나크의 선교 역사 연구가 지닌 한계를 생각해 보겠다.

하르나크의 선교 역사 서술이 지닌 선교학적 의미와 명암

하르나크가 선교 역사에서 공헌한 바부터 살펴보자. 하르나크가 제기한 핵심 질문은 현대 선교역사가들이 제기하는 질문과 맥을 같이하는 면이 있다. 기독교가 역사적으로 확장하는 과정에서 조우한 모든 사람, 문화, 종교, 사상 속에서 그 유연성을 발휘한 기독교적 특질을, 선교학에서는 상황화contextualization, 토착화indigenization, 문화화inculturation라는 용어로 설명한다. 비록 하르나크가 이러한 선교 용어를 사용하지는 않았지만 그의 관찰과 해석은 상당 부분 선교학적으로 타당하다. 그는 당대 교회사가 가운데서도 거장으로서 기독교의 선교적 특성을 예리하게 바라보는 혜안을 지니고 있었다. 그는 심지어 이 선교 과정이 역사적으로 발현된 '역사적' 기독교의 생명력이라고 본다. 그러나 이른바 '본질적' 기독교를 찾고자 했던 그의 기독교 역사 연구 프로젝트의 틀로 보면, 그가 선교학의 입장과 달리 이 과정을 기독교의 본질이 점점 희석되거나 다른 것과 혼합되는 과정으로 부정적으로 그리는 것도 사실이다.

특히 하르나크의 선교 역사 이해는 앤드루 월스Andrew Walls, 라민 사네Lamin Sanneh와 같이 선교 역사에서 번역 이론Translatability Theory을 주장하는 학자들과 맥을 같이하는 부분이 있다. 예를 들어, 예수가 메시아라는 이해에서 로고스라는 인식으로 전환됨으로써 헬레니즘이라는 강한 문화와 사상을 흡인력 있게 흡수(혹은 번역화)해 버리는 식으로 기독교가 확장되어 나갔다고 본다는 점에서 그 관찰이 대동소이하다. 차이가 있다면, 하르나크는 그 과정이 혼합주의적이라고 결론지었고 월스나 사네는 그것이 기독교의 선교적 본질이었음을 간파했다는 것이다. 하르나크가 기독교의 진수는 모든 혼합적 요소가 정제된 순수한 핵심으로 귀속된 것이라고 본 반면, 월스나 사네는 기독교 선교에서 나타나는 번역 과정 자체가 복음의 진수라고 보았다.

하르나크의 선교 역사 연구가 지닌 한계

하르나크의 한계는 그의 신학적 전제와 확신에 있다. 하르나크의 『기독교와 역사』Christianity and History를 보면 그가 주장하는 기독교의 본질은 역사적 예수 및 예수의 가르침에 국한된다. 그리스도에 관한 계시적·고백적·교리적 내용은 모두 "외연적 부속물"external details로 간주된다. 그는 예수의 가르침을 포도나무에 비유했고, 그 밖에 예수에 대한 교리 및 교회사적 산물은 모두 포도나무를 떠받치는 지지대에 불과하다고 보았다.[81] 성육신을 기독교 선교의 모체로 여기는 선교적 시각으로 보면, 성경 자체마저 순수한 계시가 아니라 혼합된 산물로 여긴 하르나크가 기독교 선교의 성육신적 토대를 이해하기에는 한계가 있었다.[82]

과연 역사적 기독교에는 폐소 가치밖에 없는가? 기독교와 선교 모두에서 역사성을 무시할 수는 없다. 기독교의 정경인 성경도 역사적이고, 역사에 대한 기록이며, 역사의 산물이다. 기독교의 정통 교리도 역사적 정황에서 나온 산물이다. 하르나크는 이러한 기독교의 역사적 과정을 전면 부인하는 것인가? 더 나아가, 역사의 주관자로 일하시는 성령을 인정하지 않으려는 것인가? 하르나크가 역사 프로젝트를 통해 규명하고자 그토록 노력했던 본질적 복음에 대한 그의 인식은 사실 후스토 곤잘레스Justo L. González가 신랄하게 비판했던 19세기 독일 지성주의라는 이데올로기의 산물, 즉 하르나크 자신의 시대적 산물에 불과한 것은 아닐까? 결국 자신이 인정하지 않으려던 역사적 덫에 하르나크 스스로가 걸려든 것은 아닐까? 껍질을 벗기려던 그의 의도와 달리, 그는 자신도 모르게 진정한 복음에 그 나름의 또 다른 껍질을 씌우려 했는지도 모른다.

2장

구스타프 바르네크

1834-1910

선교를 중심으로 기독교를 다시 생각하다

1851-1930
Adolf von Harnack

1834-1910
Gustav Warneck

1884-1968
Kenneth Scott Latourette

1900-1984
Stephen Charles Neill

1929-1992
David Jacobus Bosch

1909-1998
Lesslie Newbigin

1942-2019
Lamin O. Sanneh

1928-2021
Andrew F. Walls

아돌프 하르나크에 이어, 마찬가지로 독일 출신의 선교역사가 구스타프 바르네크Gustav Warneck, 1834-1910를 소개하고자 한다. 사실 바르네크는 하르나크보다 먼저 출생했고 독일 개신교 선교학의 토대를 이룬 사람이다. 하르나크가 기독교 초기 3세기 확장의 역사를 다루었다면, 바르네크는 종교개혁 이후 개신교 선교 역사를 다루어 선교 역사 서술에 공헌했다.

수많은 선교 연구가 영미권 학자들에 의해 수행되어 영어로 기록되었는데, 안타깝게도 '선교학의 아버지'라고 불리는 바르네크의 명성에도 불구하고 그의 많은 작품이 영어로 번역되어 있지는 않다. 그래서 영어권을 비롯해 기타 비독일어권 독자들이 독일어로 된 바르네크의 1차 자료를 접하기란 쉽지 않다. 이번 장에서는 바르네크의 주요 저서를 소개하고 그의 선교 이론과 선교 역사 서술을 살펴보면서 그 영향력 및 오늘날 우리에게 주는 여러 함의를 생각해 보고자 한다.

바르네크의 생애와 저술

선교적 목회의 선구자, 선교학의 아버지

경건주의의 본산인 할레 부근의 나움부르크에서 출생한 바르네크는 비교적 어려운 가정 환경에서 자랐다. 그러나 지칠 줄 모르는 그의 지식욕과 학문에 대한 탐구심으로 인해, 그는 한 세기 전 아우구스트 프랑케August Francke가 수장으로 있었고 지겐발크Ziegenbalg, 진젠도르프

Zinzendorf 등 개신교 선교의 걸출한 인물을 배출한 할레 대학교에서 교육 혜택을 누릴 수 있었다. 바르네크가 개신교 선교의 본산인 이 지역에서 나고 자란 것은 아마도 그가 감당할 몫이 남아 있었기 때문이었을지도 모른다.

할레 대학교 졸업 후 바르네크는 바르멘에 있는 라인선교회Rheinische Mission에서 3년간(1871-1874) 일한다. 당시 라인선교회는 유럽 대륙에서 가장 큰 선교회였다. 그가 라인선교회에 들어간 것은 회심 이후부터 생각해 온 선교사라는 꿈을 이루기 위해서였다. 그러나 병약했던 그는 바라던 현장 선교사 사역이라는 꿈을 부득불 접고 그 대신 선교에 새롭게 공헌할 다른 길목으로 접어들었다.

이후 바르네크는 로텐쉬름바흐에서 20여 년간(1874-1896) 지역 교회 목회자로 지낸다. 하지만 선교를 향한 그의 열망은 그를 단지 지역 교회의 목회자가 아닌 선교적 마인드를 품은 목사로서 정열을 쏟아놓게 했다. 목회와 선교의 결합은 그의 목회 활동에서 설교집 출간과 선교대회 조직이라는 두 가지 열매로 나타났다. 3권으로 구성된 설교집 『선교의 시간』Missionstunden, 1881, 1886, 1899은 회중들에게 선교적 마인드를 심어 주고 선교 의식을 고취하도록 신약성경에서 발췌한 내용을 중심으로 설교한 내용으로, 목회자를 위해 출간했다. 그리고 1879년도에 조직한 색소니 선교대회General Missionary Conference in Saxony는 1906년에 독일 개신교 선교대회General Association of the German Protestant Missionary Conference로 발전한다. 종교개혁이 남긴 '선교 부재'라는 오명! 바르네크는 그 오명에 대답하여, 한때 마르틴 루터Martin Luther와 종교개혁의 기지였던 독일의 색소니를 선교의 장으로 격상시켰다.

선교적 목회자로서 명성을 쌓은 바르네크는 목회 은퇴 이후에 그의 경험을 살릴 수 있는 곳으로 인도받았다. 할레 대학교에서는 그가 선교학 석좌교수로 봉직할 수 있는 기회를 마련했는데, 이 자리는 독일 내에서는 첫 선교학 석좌직이었다. 바르네크는 자신의 마지막 생애 약 10년 동안(1897-1908) 선교학 교수로서 선교를 학문의 한 영역으로 자리매김하는 역할을 감당했다. 그의 강의를 들은 학생들은 성경을 더 이상 선교와 무관한 신학을 위한 정경이 아니라 그 자체로 고유한 선교 문헌으로 여기게 되었다. 그는 기독교 역사를 선교와 무관한 교회사가 아닌 선교의 역사로 만들었다.

저술: 역사와 이론

바르네크의 저술은 크게 세 영역으로 나뉜다. 첫째는 선교 역사, 둘째는 선교 이론, 셋째는 선교 변증(기독교와 타 종교의 관계)이다. 이어지는 내용에서는 선교 역사와 선교 이론에 관한 저서를 간단히 소개하고 이를 중심으로 논의를 전개한다. 선교 변증에 관해서도 여러 저서가 있으나 이 책에서는 역사와 이론만 다루려 한다.

바르네크에게는 선교 이론보다 선교 역사가 우선한다. 그의 대표적인 역사 저술인 『개신교 선교 역사 개요』 Abriss einer Geschichte des protestantischen Missionen von der Reformantion bis auf die Gegenwart, 영역본은 Outline of History of Protestant Missions from the Reformation to the Present Time 는 1884년에 출간되었다. 이 책은 처음에 "개신교 선교 역사 요약" An Abstract of a History of Protestant Missions 이라는 제목의 긴 소고에서 출발했다. 이 소고는 『헤르조그쉐 개신교 신학과 교회 백과사전』 Hertzogsche Realenzyklopädie der protestantischen Theologie und Kirche 에 수록되었고, 1882년에는 「선교 일반」 Allemeine Missions-Zeitschrift 에 실려 출간되었다. 이 소고는 1882-1910년

사이에 편집, 증보, 재판 과정을 거치며 열 번에 걸쳐 발전한다.

이 역사서와 함께 영어로 번역된 책은 선교 이론을 다룬『현대 선교와 문화의 상호 관계』*Die gegenseitigen Beziehungen zwischen der modernen Mission und Cultur*로, 에든버러 대학교 뉴칼리지의 토머스 스미스Thomas Smith에 의해 번역되었다(*Modern Missions and Culture: Their Mutual Relations*). 이 두 저술을 제외하고는 그의 수작이라고 할 수 있는『개신교 선교론』*Evangelische Missionslehre*을 포함해 그의 작품 대다수가 오늘날까지 영어로도 번역되어 있지 않다.

바르네크의 저술 중 백미는 다섯 권으로 구성된『개신교 선교론』이다. 1892년에서 1905년에 걸쳐 저술된 이 책으로 말미암아 바르네크는 '선교학의 아버지'라 불리게 되었다. 이 책은 제목처럼 개신교의 선교 이론을 다루고 있으며, 제2차 세계대전 이전까지 선교학의 표준 교과서로 인정받았다. 이 책은 크게 3부로 나뉘어 있다. 1부 "선교의 기초"Die Begründung der Sendung, 1892, 2부 "선교의 조직"Die Organe der Sendung, 1894, 3부 "선교의 사역"Der Betrieb der Sendung. 그리고 3부에서는 내용을 다시 "선교 현장과 선교 임무"Misssionsgebiet und Missionsaufgabe, 1897, "선교 자원"Die Missionsmittel, 1900, "선교 목표"Das Missionsziel, 1903로 나누어 각 주제를 상세히 다룬다.

바르네크는 무엇보다 그의 선교 저술의 토대가 된「선교 일반」을 1874년 창간하고 37년 동안 편집장으로 헌신했다. 이 학술 저널을 발행함으로써 그는 선교학의 학문적 기초를 놓은 셈이다. 그는 지리학, 언어학, 인류학, 민속학, 사회사, 종교사 이론, 선교 역사 등 광범위한 영역을 다룬 선교학 자료를 정기적으로 쏟아 냈다.

바르네크의 선교 이론과 방법론

선교의 근거: 인류를 위한 보편 종교로서의 기독교

바르네크에 의하면 선교의 근거는 초자연적 토대에 기초한다.『개신교 선교 역사 개요』첫 장에서 바르네크는 에베소서 3:1-12에 근거한 하나님의 구원 강령을 선교의 근거로 제시한다.[1] 이 구절은 기독교가 인류를 위한 세계적 종교가 되어야 하는 근거가 된다. 이에 근거하면, 하나님의 구원 계획은 기독교를 통해 실현되며 인류 역사는 이 계획의 성취를 확증하는 일이다.

따라서 기독교는 마땅히 인류를 위한 보편 종교General Religion가 되어야 하며 바르네크가 언급한 "인류를 위한 기독교와 기독교를 위한 인류"das Christentum für die Menschheit und die Menschheit für das Christentum는 그의 선교 이론의 근본 공식이라 할 수 있다.[2]

선교의 목표 I: 인류를 위한 기독교

마태복음 28:18-20에 언급된 "위대한 위임"The Great Commission을 해석하면서 바르네크는 회심이 개인 단위가 아니라 족속, 나아가서는 국가 단위의 회심이 되어야 한다고 주장한다. 개인의 회심을 위한 선교는 "위대한 위임"을 이루기 위한 시작점은 될 수 있을지 몰라도 결코 종결점은 아니라는 것이다. 국가의 기독교화Christianization of Nation를 위해서 그는 선교 대상을 중산층으로 삼기를 제안한다.

선교 명령과 관련하여 그리스도는 "하늘과 땅의 모든 권세를 내게 주셨으니"(마 28:18)라고 직접 선포하셨다. 이 구절을 설명할 때 바르네크는 "국가들의 기독교화 과정은 어느 정도 세속 권력의 발생 없이는 성취될 수 없다"고 함으로써 기독교화 과정에 수반되는 세속 권력을 어느 정도 정당화한다.[3] 물론, 이를 가지고 바르네크가 세속 수단을 통해 기독교화되는 과정에서 수반되는 서구화를 용인한다고 말할 수는 없다. 오히려 그는 지나친 서구화 혹은 유럽화가 그리스도의 선교적 뜻에 어긋난다고 본다.[4]

바르네크는 천편일률적 선교 방법론을 제시하지 않는다. 그는 "선교 방법은 그 자체가 역사적 특성을 지닌다"고 주장한다.[5] 선교 방법은 선교 역사를 지나는 과정에서 스스로의 경험을 통해 발전하는 양상을 띤다는 것이다. 이전 선교 세대의 개념으로 보면, 선교의 임무는 경건주의적 혹은 감리교 전통을 따라 개개인이 전도하고 이를 통해 가시적 교회*ecclesiolæ*; elect congregations를 형성하는 것이었다. 그러나 이후 알게 되는 바는 이렇게 형성된 선교지의 교회와 교인들의 종교적·도덕적 삶이 본국 그리스도인이 사는 삶의 평균에도 미치지 못하는 경우가 있다는 것이다. 이는 신앙이 성숙하는 과정에서 얼마나 많은 시간과 훈련이 필요한지 깨닫게 한다. 이 훈련은 단지 특정 개인에게 국한되지 않고 국가 전체의 도덕적·지적·사회적 삶이 격상되는 일로 이어져야 한다.[6] 결과적으로, 선교의 목표는 "개인을 대상으로 하는 선교적 노력"에서 "국민을 기독교화"하는 데로 발전해야 한다.[7] 그래서 바르네크는 이렇게 말한다.

> 개인주의적 개념의 선교적 임무에서 벗어나 보다 넓은 선교적 개념으로 확장하는 일은 이미 그 활로를 내디뎠다. 이제 한 개인의 구원을 겨냥한 선교가 아니라 모든 국민을 기독교화하는, 즉 자국민으로 이루어진 크리스텐덤을 건설하는 것이다.[8]

선교의 목표 II: 견고한 교회의 설립

앞서 언급한 목적을 이루기 위해 다음으로 생각해야 할 목표는 무엇인가? 바르네크는 『개신교 선교론』의 서두에서 선교를 "지역에 교회를 세우고 조직화"하는 것이라고 정의한다.[9] 그는 "견고한 교회의 설립"을 비중 있게 강조함으로써 자신의 선교 방법론을 단지 개인 회심에 초점을 두고 복음 전파만을 강조했던 다른 방법들과 구별 짓고 특성화했다. 바르네크는 선교를 논하면서 "복음 전파만으로는 충분하지 않다. 오히려 복음 전파는 교회 설립의 토대를 놓는 수단에 불과하다. 교회 설립이 없는 선교는 반쪽 선교에 불과하거나 그것만도 못할 수 있다"라고 주장한다.[10] 바르네크가 이토록 선교에서 교회를 강조하는 근거는 마태복음 16:18이다. "내가 이 반석 위에 내 교회를 세우리니 음부의 권세가 이기지 못하리라." 바르네크에 의하면 선교는 단지 복음을 전파하는 차원을 넘어선다.

> 선교 기지를 안정화하고, 인내심을 갖고 지속적으로 철저하게 교육하며, 꾸준하게 목회적으로 돌보고 교회에서 진중하게 치리하며 교회를 현명하게 조직화하는 일은 선교에서 없어서는 안 될 항목이다. 이런 단단한 작업이 하루아침에 이루어질 리 만무하다. 적어도 한 세대는 걸린다.[11]

바르네크의 이러한 원칙은, 미국에서 일어난 학생자원운동Student Volunteer Movement for Foreign Mission에서 내세운 "이 세대에 세계 복음화를"The evangelisation of the world in this generation이라는 표어에 대한 바르네크의 비판에 역력히 나타난다.[12] 바르네크는 그런 선교 방식을 오만함과 천박함과 순진함을 표방하는 일에 지나지 않는다고 비판한다.[13]

선교 방법: 확산 대 집중, 전도 대 기독교화

바르네크는 그만의 선교 원칙을 내세움으로써 스스로를 미국적 방식의 복음 전도와는 대치되는 입장에 놓았다. 그는 미국 선교 정신의 계몽가라고 할 수 있는 아서 피어선Arthur Pierson, 1837-1911의 표어에 반대한다. 바르네크는 피어선의 선교 방식을 이렇게 논평한다. "이는 재앙적 표어라 할 수 있는데, 그 주류는 특히 피어선 박사에 의해 형성되었다. 그가 수사학적 표어를 창출하는 데 능숙할지는 모르겠다. 그는 '집중이 아니라 확산'Not concentration but diffusion이라고 했다."14 바르네크의 원칙으로 볼 때, 이 표어는 앞뒤가 바뀌어야 한다. "분리가 아닌 조직"not division but organisation이나 "확장뿐만 아니라 견고한 발전도"not merely expansion but also solid development라는 말로 바뀌어야 한다는 것이다.15

바르네크가 『개신교 선교 역사 개요』 결론부에서 언급하는 말은 그가 전도 중심 선교의 결과를 어떻게 평가하는지 보여 준다.

> 결론적으로, 선교의 목적이 여러 개인의 회심만이 아니라 자조, 자치, 자전에 근거한 독립적인 자국 교회의 개척에 있다면…작금의 선교는 그 목적지에 이르기에는 여전히 시기상조이며, 선교 대상인 현지인들은 선교가 지향하는 목표인 완전한 교회의 독립에 이르기에는 여전히 낮은 수준에 머물러 있다.16

결국, 바르네크에게 선교는 개인의 영혼 구원 차원에서 나아가 교회의 설립, 더 나아가 주변의 문화를 변혁해 그리스도의 문화를 가져오는 데까지 이르는 일이다.

선교의 에이전트: 교회

바르네크는 공식적 교회가 선교를 무관심한 태도로, 때로는 적대적 태도로 대할 때 선교는 교회가 아닌 다른 조직을 통해 일어날 수밖에 없었다고 진술하는데, 그렇게 일어난 에이전트agent가 바로 선교회다.[17] 바르네크에게 선교회는 선교를 위해 생겨난 역사적 산물에 불과하다. 기독교 역사에서 선교회가 존재할 수밖에 없는 것은 바로 교회의 선교가 부재했기 때문이다. 그러나 교회는 역사적 산물이 아니라 성경적 산물이요, 그리스도의 약속이라는 토대에서 생겨난 산물이다. 이 점에서 교회는 선교의 매개체로서 선교회보다 우선한다.

바르네크에게 교회는 본질상 선교의 매개체다. 이는 복음의 기본 사상이 선교적이기 때문이다. 복음의 본질은 교회의 존재 목적이 바로 선교이고 기독교는 선교적 종교이며 선교적 신앙이라는 결론에 이르게 하기 때문이다.[18]

> 기독교의 본질적 성격이 바로 선교적 신앙이라는 것에 부합하여, 교회를 유지하는 생명의 원리는 바로 선교다. 기독교 교회는 선교적 교회이며⋯ 선교는 교회의 생명력이 자연스레 흘러넘치는 것이라 할 수 있다. 그리고 교회 자체를 유지, 보존하는 데 반드시 필요한 것이기도 하다. 그러므로 선교는 교회의 자명한 의무이기도 하다. 교회가 선교적 의무에서 물러서는 일은 교회 됨을 포기하는 것으로, 바로 교회가 그 자신 됨과 본질적 기원과 본질적 성격에 역행하는 일이 되고 만다.[19]

선교를 위한 교리: 종말론보다는 교회론

여기서 바르네크에게 선교의 동인이 되는 주요 교리가 무엇인지 살펴볼 필요가 있다. 바르네크에게 그 교리는 종말론보다는 교회론이다. 교회론을 선교를 위한 교리적 근거로 삼는 것은 바르네크 개인만의 특징이 아니라 독일 선교학의 전반적 특징이다. 이는 미국 선교의 특성이 교리 면에서 종말론적이라는 점과 다르다.

바르네크에게 교회는 선교를 창출하고 선교 역시 교회를 창출한다. 이에 반해 미국에서 시작된 학생자원운동에서는 선교가 종말을 도래하게 하고 종말은 하나님 나라를 도래하게 한다고 믿는다. 바르네크에 의하면 미국의 선교 전략 및 선교 과정에서 교회가 설 자리는 전혀 없다. 선교의 총체적 구도에서 교회는 정작 빠져 있다. 더욱이 이러한 구도에서는 세상을 위한 책임 또한 찾기 힘들다. 미국적 방식의 선교는 죄 많은 이 세상에서의 부름이라 하더라도 교회를 향한 부름은 결코 아니다.[20] 이러한 입장, 즉 주로 복음주의적 교단이나 믿음 선교 등에 반영된 접근은 바르네크가 보기에 위험했다. 교회론과 단절되어 있기 때문이다.[21]

데이비드 보쉬David J. Bosch는 바르네크의 신학에서 종말론은 어떤 역할도 하지 않는다고 지적한다.[22] 그만큼 바르네크 및 그와 같은 독일 선교학은 철저하게 교회론적 선교를 반영한다.

선교는 크게 볼 때 교회 개척을 통한 열방의 기독교화 및 문명화로 구성되어 있다고 할 수 있다. 독일 선교학에서는 여기에다 새로이 부상하는 신생 교회들은 특정 민족의 특이한 국가적 특성Volkstum에 순응해야 한다는 원칙을 더한다. 이 모든 것은 성숙을 향한 유기적 성장이라는 개념으로 해석되었다.[23]

하나 덧붙이자면, 바르네크에게 선교의 근간이 되는 또 하나의 교리적 근거는 바로 칭의, 즉 구원론이다. 그는 이렇게 말한다.

우리는 바로 칭의 교리에서 구원의 보편적 필요성을 갖게 됨을 본다. 이는 구원이 보여 주는 보편적 은혜, 구원이 보여 주는 보편성의 조건을 말한다. 구원론은 만인에게 복음을 전파해야 할 선교에 대한 논리적이고 교리적이며 윤리적인 필요성을 제공한다. 다시 말해, 온 세계 모든 민족이 선교지로 제정되어야 함을 의미한다(롬 10:4-17).[24]

선교의 방향성: 토착화를 향하여

자립적인 현지인 교회native church를 세우는 데서, 바르네크는 영미권의 헨리 벤Henry Venn, 1796-1873, 루퍼스 앤더슨Rufus Anderson, 1796-1880과 생각을 공유한다. 그러나 그가 강조하는 토착적 성격은 벤이나 앤더슨과는 다른 특성을 보인다. 영국이나 미국의 선교이론가들이 신생 교회들의 '자율성'autonomous nature을 강조했다면, 바르네크는 특별히 신생 교회들의 '토착성'indigenous character을 강조한다. 이는 개척된 교회가 기반을 둔 나라의 특정한 토양과 관련되어 있기 때문이다.[25]

바르네크의 전략은 토착화 교회를 향한 '장기적이며 신중한' 과정이라 할 수 있다. 이는 단기적이고 경박한 과정을 통해 자립 교회를 수립하려는 전략과 다르다. 바르네크는 신생 교회의 회심자들을 마치 다 자라난 신자인 양 취급하려는 성급한 시도를 허락하지 않는다.[26] 바르네크는 "모교회로부터 완전히 독립하기에는 모든 신생 교회가 여전히 부족한 부분이 많으며 반드시 숙성이라는 과정을 거쳐야 한다"고 언급한다.[27] 페터 바이어하우스Peter Beyerhaus도 설명하듯,

바르네크에게 새로 세례를 받아 형성된 회중은 완전한 의미에서 아직 교회라고 보기 어렵다. 그들은 여전히 예수에게서 가르침을 받아야 할 어린아이에 불과하다. 바로 여기서 바르네크의 선교신학은 벤이나 앤더슨 같은 이들과 다르다. 그들이 신생 교회는 처음부터 자치성을 가져야 한다고 강조한 것과 달리, 바르네크는 이 신생 교회에는 아직 거쳐야 할 수많은 배움의 과정, 즉 양육 과정이 있다는 사실을 강조한다.[28]

바르네크는 토착 문화를 존중하기에, 선교사는 어떠한 경우에도 관용하고 인내해야 함을 강조한다. 예를 들어, 성급하게 세례를 베풀어 신자를 가족 공동체에서 단절하는 행위는 바람직하지 않다. 오히려 그가 속한 가족이 모두 믿어 세례를 받을 때까지 세례를 유보하는 게 더욱 바람직하다. 카스트가 다르면 그가 속한 카스트의 교회에 머물게 하는 게 더욱 바람직하다. 일부다처제가 허용되는 아프리카의 경우, 서구 기독교와 풍습이 다르더라도 세례를 베풀고 교회의 일원이 되게 하는 일이 필요할 때가 있다. 바르네크는 이토록 타 문화권에 대한 비판이나 판단을 보류하고 해당 문화를 존중하는 신중한 태도로 접근하기를 강조한다.

바르네크의 선교 역사 서술

바르네크의 『개신교 선교 역사 개요』는 크게 1부와 2부로 나뉘어 있다. 1부 "본국에서의 선교"Missionary Life at Home에서는 선교의 기원에서 시작하여 종교개혁을 거쳐 개신교 선교 운동과 선교회의 형성까지 시기별로 다룬다. 2부 "타지에서의 선교"The Field of Evangelical Missions에서는 개신교 선교를 아메리카, 아프리카, 아시아, 오세아니아 등 지역별로 나누어 기술한다. 바르네크는 주로 개신교 선교를 다루지만 1부 말미에서는 로마 가톨릭의 선교를 부록으로, 2부에서는 동방 정교회의 선교를 짧게나마 압축적으로 기술하고 있는 점이 이례적이다.

종교개혁자들의 선교에 대한 바르네크의 평가

바르네크의 서술은 개신교 선교에 초점을 맞추기 때문에 그의 선교 기술은 종교개혁 시기부터 시작한다. 초기 교회 및 중세 교회의 선교는 서론부에서 간략하게 서술하고 있을 뿐이다.

종교개혁 시기의 선교에 대한 바르네크의 입장은 전반적으로 부정적이고 비판적이다. 바르네크의 지적은, 종교개혁 시기가 역사적으로 지리상 발견과 시기가 일치한 때였음에도 종교개혁 교회의 선교는 가톨릭교회의 선교적 확장에 비해 극히 미비했다는 것이다. 그러나 당시 상황, 즉 구교와 신교의 전쟁을 비롯해 여러 다른 열악한 상황에서 살아남아야 하는 개신교의 현실을 충분히 감안해야 한다. 종교개혁은 유럽 대륙에 복음화 작업을 일으켰다는 것만으로 그 역할을 충분히 했다고 긍정적으로 볼 수도 있다. 하지만 바르네크가 지적하는 문제는, 선교하기 어려운 열악한 상황을 감안하더라도 종교개혁자들에게는 선교적 노력 자체가 사실상 없었다는 사실이다. 바르네크는 이에 대해 아무런 통탄이나 변명, 심지어 생각조차 없었던 그들의 "이상한 침묵"strange silence에 의구심을 제기한다.[29]

바르네크는 마르틴 루터, 필립 멜란히톤Philipp Melanchthon, 마르틴 부처Martin Bucer, 울리히 츠빙글리Huldrych Zwingli, 장 칼뱅Jean Calvin 등 대표적 종교개혁자들의 선교 이해를 검토하면서 근본적으로 그들의 세계 선교 의식이 오늘날의 생각과 많이 달랐다고 지적한다. 즉, 예수께서 제자들에게 주신 '위대한 위임'은 대부분 예수의 사도들에게만 국한되었을 뿐 모든 세대의 신자에게 해당된다고 여기지 않았다는 것이다. 또한 종교개혁자들은 그 명령이 사도 당대에 이미 성취되었으며, 땅끝까지 복음이 전파되는 일은 이 선교 명령에 순종하는 신자들의 의식적이고 자발적인 선교보다는 하나님의 예정과 주권적 섭리에 의해 성취된다고 보았다. 하나님의 주권적 역사가 강조되는 만큼, 사람들의 참여와 기여도는 극소화되었다. 바르네크는 루터 역시 투르크족에 대한 복음 전파가 적극적 선교 행위보다는 포로가 된 신자 같은 부득이한 특수 상황에서 이루어진 것으로, 즉 소극적으로 본다고 지적한다.[30]

역사와 선교

바르네크에게 세계사 Weltgeschichte는 곧 '복음을 위한 준비' *praeparatio evangelica*다. 그리고 선교 역사 Missionsgeschichte는 세계사와 맞물려 있다. 이 두 역사는 변증법적으로 관계한다. "선교 역사가 세계사와 문화사에서 중요한 부분을 차지하는 것처럼 세계사와 문화사 또한 선교 역사에서 중요한 부분을 점유한다."[31] 이러한 이유로 선교 역사는 독립적으로 취급될 수 없고 반드시 세계사, 사회 문화사, 식민사라는 문맥 속에서 다루어져야 한다.[32] 바르네크는 세계 선교를 이해하기 위해 반드시 세계사를 알아야 한다고 주장한다. 세계사의 발전이 '하나님 나라의 역사' Reichsgeschichte를 준비하는 과정이기 때문이다.[33]

시기적으로 특성화된 선교 역사

이러한 선교 사관에 기초한 바르네크는 기독교 역사가 반드시 선교와 맞물려야 한다고 주장한다. "기독교 역사는 기독교가 선교적 신앙이라는 특성과 부합해야 한다. 기독교 역사는 선교로 시작하고 선교로 종결된다. 선교의 영역이 모든 지구를 포괄하듯이 선교의 역사 또한 전 역사를 아울러야 한다."[34] 마찬가지로, 바르네크는 선교 역사가 세계화 과정과 병행한다고 주장한다.

전 세계가 바로 선교의 영역이며 선교 과정은 언제나 점진적이다. 그것이 점진적인 것은, 전 세계가 기독교화되는 과정을 볼 때 하나님의 지혜 가운데 그 과정이 여러 다른 세대를 거쳐 예수의 재림에 이르기까지 한 시대 한 시대 특성화되어 진행되기 때문이다. 따라서 선교의 시기는 여러 시기로 나뉘는데, 각 시기마다 세계사의 흐름을 따라 특정 선교지의 영역이 열리기도 하고 닫히기도 한다.[35]

바르네크는 선교 역사를 문화와 관련하여 크게 사도 시기, 중세 시기, 근대 시기라는 세 시기로 나눈다.[36] 사도 및 속사도 시기의 선교는 그리스-로마 세계에 국한된다. 중세 시기의 선교는 게르만족과 슬라브족의 선교에 국한된다. 근대 시기의 선교는 지구상의 모든 곳을 향해 열려 있다.[37]

각 시기마다 선교 방법 또한 구분된다. 사도 시기에는 말씀을 전파하는 것만으로도 선교가 충분히 이루어졌다. 예수의 말씀 및 예수에 관한 말씀은 설교와 저작을 통해 전파되었다. 그것들은 전 시대에 걸쳐 따라야 할 모본이기도 했다. 초기에는 사람들에게 일대일로 증언이 이루어지고 그들이 개인적으로 회심하는 과정을 통해 기독교화가 이루어졌다. 교회는 개인들의 회심으로 성립되고 소규모 회중으로 구성되었다. 이 시기에는 아래로부터의bottom-up 선교가 이루어졌으며 교회를 구성하는 회중도 대부분 중하층민이었다.³⁸

이와는 대조적으로 중세 시기의 선교는 제도적 힘, 공권력을 사용했고 집단 개종이라는 방법을 통해 진행되었다. 중세 시기에 각 개인은 그가 속한 집단의 영향을 받았다. 중세의 선교 방법은 위로부터의 top-down 선교였으며 권위층을 통해 수행되었다. 많은 경우 교회는 건전하지 못한 세속적 동기로 세워졌다. 바르네크는 이런 식으로 대중을 기독교화했던 방법은 전혀 복음적이지 못했으며 심각하게 비판받아야 한다고 지적한다.³⁹

그러나 바르네크가 이토록 심각하게 비판하는 중세 시기의 선교가 그가 확신하는 바, 즉 세계사가 '복음을 위한 준비'임을 무효화하지는 않는다. 바르네크는 중세 시기의 선교 방법은 중세가 지닌 독특한 특성에 기인한다고 설명한다. 첫째, 튜턴족의 경우를 보면, 전체 공동체와 부족에 의존하는 당대의 특성은 극히 중요한 공동 가치였다.⁴⁰ 중세 사회는 기본적으로 계층 권위가 지배하는 봉건 공동체였다는 사실을 잊어서는 안 된다. 둘째, 중세 선교의 대상은 훈련과 훈육이 필요한 야만족이었다.⁴¹ 그들에게는 권위적 체계가 필요했다. 바르네크는 중세의 이러한 상황이 중세적 특성의 선교를 통해 야만족을 그리스도에게로 인도하는 '몽학선생'의 역할을 하게 했다고 해석한다. 즉, 종교개혁이 도래하기 전에 기독교화된 유럽인들에게 종교와 도덕과 문화에서 매우 중요한 교육을 제공하는 역할을 했다는 것이다.⁴²

이러한 근거에서 바르네크는 이렇게 서술한다. "우리가 간과하지 말아야 할 것은, 중세라는 상황이 역사적으로 조건화되어 발생한 것이며 이 발생은 하나님의 섭리적 허용 없이 생겨날 수 없다는 것이다. 조

건이 비슷한 상황에서는 언제든 발생할 수 있는 섭리다."⁴³

사도 시기와 중세 시기의 선교는 그 시기를 구성하는 영토권의 모든 국가를 '기독교화'하는 것으로 종결되었다.⁴⁴ 근대 시기는 지리상 발견, 영적 대각성, 해로의 발견, 상업의 발전, 식민지 팽창 등을 통해 근대 선교를 위한 조건들이 섭리적으로 제공되었던 역사의 발현기다. 이처럼 바르네크는 지나간 역사를 다가올 미래에 선교를 영도하고 수행하기 위한 신적 섭리로 해석한다.

바르네크가 선교 역사를 이해하는 관점은, 결국 각각의 시기를 통해 어떻게 '기독교화'Christianization가 이루어졌느냐는 것이다. 결국 바르네크에게 선교 역사나 선교 이론이 보여 주는 것은 세계가 '기독교화'되어 간다는 방향성이다. 한스 카스도르프Hans Kasdorf가 언급하기를, 궁극적으로 바르네크가 말하려던 바는 선교 역사라기보다는 '기독교 확장의 역사'다.⁴⁵ 이 점에서 바르네크의 역사 연구 방식은 후대 선교역사가인 케네스 스콧 라투렛과 비슷하다고 할 수 있다.

문화와 선교

바르네크가 기독교 역사를 서술하면서 문화와 관련해 역사를 세 시기로 나누었다고 언급했으니, 우선 문화에 대한 그의 입장을 간단히 정리하고 넘어가는 게 좋겠다. 바르네크의 문화 이해는 그의 저서 『현대 선교와 문화의 상호 관계』에 잘 나타나 있다. 바르네크는 세간에서 이야기하는 '선교는 문화의 적'이라는 인식을 깨트리려 했다. 바르네크는 문화를 존중했기에 문화에 중립적이면서도 섬세하게 접근했다. 그는 문화가 교회의 특이성으로 반영되어야 한다는 점을 부정하지 않고 오히려 장려했다. 이것이 그가 이야기하는 이른바 "민족교회 혹은 국가교회"Volkskirchen다. 기독교가 온 인류를 향한 보편적 신앙이라 해도 기독교 신앙이 구체적으로 발현되는 교회는 지역의 문화적 특이성을 담아야 한다는 것이다.

바르네크는 문화를 구성하는 요소를 물적 영역, 지적 영역, 도덕적 영역이라는 세 영역으로 나누었다.⁴⁶ 바르네크는 세 번째 영역인 도덕적 영역 없이 문화를 논한다면 이는 사실상 문화culture가 아니라 문명civilization을 논하는 일에 불과하다면서 문화의 도덕적 영역을 비중 있게 다룬다. 바르네크는 기독교 문화를 논하면서 기독교는 세 영역 가운데 도덕적 영역에서 절대적 우위에 있음을 강조한다.⁴⁷ 아울러 그는 기독교가 다른 어떤 종교보다도 절대적 우위에 있다고 본다.

바르네크에게 기독교는 단지 복음만이 아니라 문화도 담은 그릇으로서, 높은 수준의 문화에서 낮은 수준의 문화로 흘러가는 강력한 문화적 힘이기도 했다. 이는 마치 수압이나 전압이 높은 데서 낮은 데로 향하는 것과 같다. 바르네크는 분명 서구의 기독교 문화에 대한 우월감을 갖고 있었다. 그는 기독교 신앙이 복음의 본질인 새로운 생명을 가져다주지만 동시에 현실의 삶에 풍성함도 더해 준다고 믿었다. 이러한 면에서 바르네크의 선교관은 다분히 계몽주의의 영향을 받았다는 점 역시 부인할 수 없다. 기본적으로 복음은 인간의 존엄성과 인권의 향상을 가져다주는 혜택을 제공한다. 그는 이 점에서 기독교의 복음이야말로 인류의 대헌장Magna Carta임을 천명한다.⁴⁸

바르네크의 저술에서 발견할 수 있는 일관된 논지는, 역사가 발전하면서 기독교의 문화적 파급력도 점점 더 강해진다는 것이다. 그는 이러한 문화적 힘이 특별히 근대에 들어서면서 전례 없을 정도로 강해졌다고 주장한다. 그가 보기에 기독교 초기의 사도 시기와 중세 시기에는 이 문화적 차이가 크지 않았고 심지어 기독교 문화가 열등할 때도 있었지만, 근대 이후 기독교 문화는 이른바 문명국이라고 일컬어졌던 인도나 중국과는 비교할 수 없을 만큼 절대적 우위에 있게 되었다. 그는 이 역시 선교를 위한 하나님의 섭리라고 해석했다.[49]

바르네크의 공헌과 영향력, 그에 대한 비판과 평가

공헌과 영향력

첫째, 그는 현대 에큐메니컬 운동의 선구자였다. 바르네크는 누구보다도 세계 선교에서 '연합'의 필요성을 뼈저리게 느낀 장본인이었다. 그리하여 국내에서 이미 지역 콘퍼런스를 조직했고 1888년 런던에서 개최된 세계선교100주년대회 The Centenary Conference on the Protestant Missions of the World에서 "개신교 선교회 간의 상호 관계"The Mutual Relations of Evangelical Missionary Societies to one another에 관한 발제문을 제출했다. 여기서 그는 선교회 간의 지역 분할 조정, 분쟁 안건 조정, 정기 모임, 모든 개신교 국가에서 선교 콘퍼런스의 조직 및 대표자 회동, 성명문의 정기적 발행 등을 제안했다.[50] 당시 그의 제안이 모두 곧바로 받아들여지지는 않았지만, 1910년 개최된 에든버러선교대회 Edinburgh Mission Conference와 1921년 조직된 국제선교사협의회 International Missionary Council 등은 시대를 앞선 그의 예언자적 목소리가 반영된 결과라 본다.

둘째, 그는 근대 선교학의 아버지였다. 바르네크는 자신의 선교 이론을 역사적·문화적 맥락에서 입증하고자 저술 작업을 수행했다. 그가 선교역사가로서 수행한 개척자적 작업은 가톨릭에도 영향력을 행사했는데, 특별히 가톨릭 역사가인 요제프 슈미틀린 Joseph Schmidlin, 1876-1944

같은 이에게 영향을 미쳤다. 슈미틀린은 바르네크에게 깊이 영향을 받아 그에 버금가는 선교학자이자 역사가로 발돋움했다.[51] 슈미틀린은 『가톨릭 선교론』Catholic Mission Theory, 1931에서 이렇게 진술한다.

> 사실 모든 시대와 장소에서 적합한 참고 문헌을 찾기란 거의 불가능하기에, 합리적 결론을 도출하기 위해 우리는 때때로 개신교 역사가들의 자료에 의존할 필요가 있다. 이러한 면에서 나는 바르네크의 위대한 저술들을 참고해야 했다. 그는 개신교 선교 이론의 기초를 놓은 대가다. 바르네크의 방법론적 틀은 매우 유용하기에 나는 그의 형식들을 대부분 곧바로 이용했다.[52]

셋째, 바르네크는 선교학을 신학 교육에서 학문적 영역으로 격상시킨 장본인이기도 했지만, 동시에 선교학 교수로서 대학교 내에서 석좌교수직으로 봉직한 몇 안 되는 선구자 가운데 하나였다. 바르네크 이전 서구의 신학 교육 기관에서는 프린스턴 신학대학원의 찰스 브레켄리지Charles Breckenridge와 에든버러 대학교 뉴 칼리지의 알렉산더 더프Alexander Duff가 각각 1836년과 1867년에 선교학 교수로 봉직한 바 있다. 바르네크의 영향력이 미친 결과로, 슈미틀린은 1910년 가톨릭 대학교인 뮌스터 대학교에서 선교학 석좌교수로 봉직했다.

비판과 평가

첫째로 언급할 것은, 그의 독일적 특성German Characteristics이라 할 수 있는 민족적 자긍심이다. "이국이라는 특이 환경에 자신을 적응시키는 적응 능력과 의지력은 바로 독일인의 은사다. 영국인과 미국인은 이를 다소 어려워한다. 현지 언어를 대하는 독일인과 영미인의 능숙함에서도 이러한 차이가 입증된다."[53] 독일 민족에 대한 이런 자긍심은 거의 편견에 가깝다.

둘째는 반미적 태도 Anti-Americanism다. 지금까지의 논의에서 언급했듯, 바르네크는 미국의 방식을 상당히 부정적으로 보았다. 이를 한마디로 '독일의 견고함 대 미국의 선전'German solidity vs. American propaganda 이라는 다소 편견 섞인 말로 비교할 수 있다. 이 차이는 독일과 미국이라는 상이한 문화 전통에서 비롯되었다고 생각한다. 독일이 오랫동안 공동체 중심적인 중세 봉건 사회의 전통 속에 있었고 국가교회 전통을 유지하면서 격식을 중시했다면, 신생 국가인 미국은 개인의 자유를 존중하고 전통이나 격식보다는 실용성과 자발성에 기초한 문화를 배양해 왔다. 이러한 토양을 바탕으로 미국에서는 더 자유로운 교단(분파)이 다양하게 형성되었다. 세금이나 국가 보조가 없는 미국 상황에서는 종교 활동이 더욱 자발적이고 실용적이며 활동적인 양태를 띠었다. 바르네크의 표현을 빌리면 이 점이 바로 미국적 토양의 특이성을 담은 미국의 국가적 특성Volkstum이다. 다른 비서구 문화에는 관대했지만 그만큼 미국의 특이성을 존중하지는 않으려 했던 바르네크의 태도는 사실상 이율배반적이었다.

셋째는 기독교 승리주의Christian Triumphalism와 팽창주의적 관점 Expansionist View이다. 테오 순더마이어Theo Sundermeier 같은 학자는 바르네크를 승리주의와 팽창주의에 물든 학자로 본다.[54] 바르네크를 비판하는 베르너 우스도르프Werner Ustorf에 의하면, "바르네크는 세계에 만연한 자본주의의 확장 과정이 마치 '복음을 위한 준비'인 양 역사화해 버렸다."[55] 우스도르프의 비판대로 바르네크가 자본주의를 용인하는지는 모르겠지만, 바르네크가 역사 속에 등장한 자본주의의 도래라는 사건을 복음을 위한 하나의 섭리적 준비 과정으로 보는 것은 아래의 언급을 미루어 볼 때 사실이다.

세계를 움직이는 하나님의 손은 선교를 위한 동인을 준비하고 계셨다. 사도 시기의 유대인 디아스포라, 헬라어의 확장, 로마 제국의 통치, 상업의 교섭 등이 그러했듯이 말이다. 오늘날 지리상 발견, 식민지 보유, 교통통신이라는 근대적 수단을 통해 엄청난 규모로 세계화된 국제간 상업 등이 선교를 위한 활로를 마련했다.[56]

넷째는 문화 우월주의Cultural Superiorism다. 바르네크는 현지 교회를 인정하고 지도권을 이양하기를 상당히 조심스러워했다. 그는 영미권의 선교행정가인 벤이나 앤더슨에 비해 이 문제에 대해 훨씬 소극적인 입장을 취했다.[57] 미국의 선교학자 피어스 비버R. Pierce Beaver는 이 점을 가부장적 태도Paternalism라고 지적하며, 이런 가부장적 태도야말로 바르네크의 기대와는 달리 현지 교회의 발전을 가로막는 요인이라고 주장한다.[58] 바르네크의 역작『현대 선교와 문화의 상호 관계』는 문화인류학적으로 크게 이바지한 면이 있음에도, 서구 교회가 결국 선교를 책임져야 할 "명백한 운명"Manifest Destiny에 처해 있다는 서구 주도의 선교 이데올로기 인식이 드러나 있는 시대적 산물이기도 하다.

오늘날에 주는 함의

바르네크에 대한 여러 비판이 있음에도, 그가 제시한 내용은 선교와 관련하여 오늘날에도 귀 기울여야 할 본질적 목소리를 담고 있었다. 이를 각각 선교적 신학, 선교적 교회, 선교적 목회에 대한 함의로 정리할 수 있다.

선교적 신학에 대하여

바르네크가 선교학을 신학 교육의 한 영역으로 도입하는 공헌을 했음에도, 서구 기독교의 시행착오 가운데 하나가 선교와 신학의 분리라는 사실은 여전하다. 신학교의 학제 구조가 이를 반영한다.[59] 선교학을 신학에서 분리해 가르치거나 선교학이 실천신학의 한 부분으로 전락해 주변화된 현실에서, 신학과 선교학의 통합이라는 새로운 과제는 바르네크의 공헌을 계승·발전시켜야 할 우리 세대의 몫이 되었다. 선교에 열정이 있는 사람에게는 신학이 없고 신학에 열의가 있는 사람에게는 선교적 마인드가 없다고들 한다. "선교는 신학의 어머니"라고 강조한 마르틴 켈러Martin Kähler의 주장대로,[60] 신학은 선교 상황에서 발생했으며 그런 만큼 선교 상황에 부응하고 적용될 수 있어야 한다.

선교적 교회에 대하여

교회야말로 선교의 에이전트가 되어야 한다고 강조한 바르네크의 주장은, 오늘날 서구에서 회자되는 '선교적 교회'missional church를 선취한 목소리였다. 그만큼 바르네크는 교회의 본질을 앞서 고민한 선각자였다. 교회에 대한 바르네크의 이런 입장은 선교를 교회의 도구로 삼는 오늘날의 풍조에 엄중한 경고의 메시지를 남긴다. 교회 성장을 위한 선교, 프로그램화된 선교, 단기 선교 프로젝트 등 성급하게 수단화하여 결과물을 남기려는 선교 이해는 교정될 필요가 있다. 오히려 교회야말로 선교의 수단이 되어야 한다. 특히 실용적 가치를 중시하는 영미권의 선교사들에 의해 복음을 받아들인 한국교회는 이 독일권 선교학자의 예언자적 목소리에 귀 기울일 필요가 있다.

선교적 목회에 대하여

바르네크는 선교에서 교회의 역할을 강조한 만큼, 목회자의 역할과 역량도 선교적 시각에서 강조한다. 바르네크는 "세계 선교 발전에서 가장 큰 장애물은 목회자들의 무관심과 안일함"이라고 지적했다.[61] 반대로 말하면, 선교 역사에서 선교의 원동력이 목회자의 비전과 영향력에 기인했다는 사실 역시 부인할 수 없다. 그만큼 목회자는 한 지역 교회의 목자라는 차원을 넘어 세계 선교의 동기부여자motivator와 동원가mobilizer로 기여할 수 있다. 선교회가 선교를 담당하고 교회는 목회만 하면 된다는 이원론적 생각은 더 이상 통용될 수 없다. 오늘날처럼 문화적으로 다원화되고 디아스포라가 편만한 상황에서 목회자는 선교사로서 역할을 담당해야 한다.

〜・〜

이미 지구촌기독교가 부상하고 한 세기 전만 해도 신생 교회라 불렸던 비서구 지역 교회들이 인구 면에서 서구 교회를 앞서고 선교를 주도하는 이 시점에 바르네크의 선교 이론과 역사관을 거론하는 일은 다소 생경해 보일 수 있다. 그동안 바르네크가 예상하지도 못한 수많은 변화가 일어났고, 그만큼 그의 선교 이론도 구시대적인 것이 되어 버렸을지 모른다. 바르네크를 선교학의 아버지라고 부르지만, 그 역시 시대의 아들이었고 그의 사상 역시 시대의 산물임을 부인할 수 없다. 바르네크가 살았던 시대는 두 정신, 즉 식민주의colonialism와 민족주의 nationalism라는 두 상이한 정신이 지배했던 시기다. 이러한 시대정신이 그의 선교신학 이해에도 담겨 있다.

그럼에도 선교의 중요성에 대해 바르네크가 보인 확신과 열정은 높이 평가할 만하다. 바르네크는 개신교 종교개혁이 완결하지 못했던 '선교'적 의무를 보았고, 종교개혁에 남아 있는 간극을 채우려고 애썼다. 루터가 강조했던 만인제사장으로서의 제사장적 사명을 선교적 사명으로 승화시켜 모든 그리스도인이 선교적 의무를 지님을 강조했다. 종교개혁자들이 신학 영역에서 개혁을 주도했다면, 바르네크는 선교학 영역에서 이 개혁을 종결하고자 개혁을 주도한 또 다른 종교개혁자라고 평하고 싶다.

바르네크를 이렇게 조금이나마 소개한 글이 영미권 위주의 선교학에 친숙한 오늘날의 풍토에 다소 다른 관점, 즉 유럽 대륙과 독일이라는 특별한 시각에서, 또한 선교학의 아버지라 불린 한 선교학자가 제시한 시각에서 선교를 음미하는 기회를 제공할 수 있었기를 바란다.

3장

케네스 스콧 라투렛

1884-1968

유럽 교회사를 넘어 세계 선교 역사로

지난 두 장에서는 기독교 선교역사가 가운데 독일의 역사가 아돌프 하르나크와 구스타프 바르네크를 소개했다. 이번 장에서는 미국의 선교역사가 케네스 스콧 라투렛Kenneth Scott Latourette, 1884-1968을 소개하고자 한다. 20세기 전반부에 우뚝 솟은 선교역사가를 한 명 꼽으라고 한다면 단연 라투렛을 꼽을 수 있을 것이다.

저명한 교회사가인 하르나크가 초기 3세기 기독교 확장의 역사를 다루었고 독일 개신교 선교학의 토대를 마련한 바르네크가 종교개혁 이후 개신교 선교 역사를 다루었다는 점에서 둘 모두 선교 역사 서술에 공헌했지만, 그들은 시기적으로나 전통적으로나 모든 것을 포괄하는 통사를 다루지는 않았다. 반면에 라투렛은 시기, 지역, 모든 기독교의 전통을 포괄하는, 당시로서는 가장 방대한 선교 역사를 통사로 다루었다는 점에서 기념비적 인물이라 할 수 있다. 그뿐만 아니라 라투렛은 이미 소개한 두 명의 사가와 비교하기에도 적합한 인물이다. 독일과 미국, 혹은 유럽과 미국의 차이를 보여 주는 인물이라 할 수 있겠다.

라투렛의 역사의식은 한마디로 '기독교 역사는 곧 선교 역사'라는 문구로 축약할 수 있다. 선교적 시각에서 기독교 역사 전반을 조망한 라투렛은 스스로를 "길을 내는 개척자"Trailblazer라고 일컬을 정도로 아무도 시도하지 않았던 길을 걸어간 역사가다. 지구촌 전반에 걸쳐 기독교 역사를 이해하려 했던 그의 통찰력 있는 시도 및 역사를 바라보는 혜안은 그동안 거시적으로 보지 못했던 기독교 확장의 역사에 대해 많은 것을 시사해 주리라 생각한다.

라투렛의 생애와 저술

영적 유산과 배경

라투렛이 자서전에서 자신을 소개한 바에 따르면, 그는 경건한 기독교 가정에서 태어나 성경 중심적이고 교회 중심적인 경건주의 유산, D. L. 무디Moody의 전통, 침례교 배경에서 성장했다.[1] 이러한 배경은 그가 당시 기독교 활동의 중심이었던 YMCAYoung Men's Christian Association의 영향력과 학생자원운동의 영향력 아래 있었다는 사실도 말해 준다. 그가 살아가던 시대는 서구, 특히 미국에서는 선교 운동과 에큐메니컬 운동이 절정에 이른 시기였다. 특히 그는 학생자원운동의 지도자였던 로버트 스피어Robert E. Speer가 선교 의식을 각성시키며 요청하는 부름에 도전을 받고 선교에 헌신한다.

예일 대학교에서 역사를 전공해 박사 학위를 받은 라투렛은 당시의 열기와 헌신을 따라 중국에서 진행한 "중국 내 예일"Yale-in-China 프로젝트의 일환으로 교육 사역 선교사를 지망한다. 건강 문제로 2년간(1910-1912)의 짧은 선교 경험을 하고 미국으로 돌아온 라투렛은 침례교 목사로 안수를 받고 모교인 예일 대학교에서 역사학 교수로 재직한다. 그의 전공은 극동아시아의 역사였으나 그는 선교 및 동양 역사 스털링 석좌교수Sterling Professor of Missions and Oriental History라는 직함이 보여 주듯, 그가 은퇴하던 1953년까지 선교역사가라는 타이틀에 더 비중을 두고 교수 및 저술 사역에 주력했다. 여기에 그의 주된 관심과 열정이 있었다.

더불어 라투렛은 세계기독학생연맹World's Student Christian Federation, 세계교회협의회World Council of Churches, 국제선교사협의회 등을 비롯해

33개나 되는 기관에서 직책을 맡아 국제적으로 활동했다. 그는 경건주의적·복음적·보수적 신앙 배경을 갖고 있었지만 교리적으로나 교단적으로 배타적이지 않았다.

라투렛의 저술

평생 독신으로 지낸 라투렛은 다양한 분야에 걸쳐 엄청난 양의 저술을 남겼다. 그의 저술은 크게 기독교 역사 및 선교, 에큐메니컬 운동, 극동 아시아사라는 세 영역으로 분류할 수 있는데, 여기서는 글의 성격상 그 중 첫 번째 영역만을 소개하겠다. 그것만 해도 『중국 선교 역사』 A History of Christian Missions in China, 1932, 『내일의 선교』 Missions Tomorrow, 1936, 『기독교 확장사』 A History of the Expansion of Christianity, 1937-1945, 『아노 도미니』 Anno Domini: Jesus, History, and God, 1940, 『소멸되지 않는 빛』 The Unquenchable Light, 1941, 『선교와 미국의 정신』 Missions and the American Mind, 1949, 『한 나라를 찾아서』 These Sought a Country, 1950, 『기독교사』 A History of Christianity, 1953, 『오늘의 세계 선교』 The Christian World Mission in Our Day, 1954, 『세계를 위한 봉사』 World Service, 1957, 『혁명기의 기독교』 Christianity in a Revolutionary Age, 1958-1962 등 상당하다.

선교역사가 라투렛의 최고 대표작은 일곱 권으로 구성된 『기독교 확장사』[2]일 것이다. 아울러 그에 버금가는 작품으로는 다섯 권으로 구성된 『혁명기의 기독교』[3] 및 단권인 『기독교 역사』[4]를 꼽을 수 있다. 여기서는 그의 대표작으로 지금 언급된 책들을 중심으로 논의를 전개하면서, 이 책들과 더불어 라투렛이 쓴 논문 및 라투렛에 대한 평가가 담긴 논문들도 다루어 보겠다.

라투렛의 기독교 확장사

라투렛은 기독교 선교 역사를 어떻게 이해했는가? 라투렛의 대표 역작 magnum opus이라고 소개한 『기독교 확장사』를 중심으로 이를 소개하고자 한다.

『기독교 확장사』

1937년부터 1945년까지 거의 매년 한 권씩 출간된 일곱 권의 『기독교 확장사』는 라투렛의 사관을 분명하게 보여 주는, 아울러 근래의 기독교 역사 및 선교 역사에서 빼놓을 수 없는 중요한 작품이다. 라투렛이 이 방대한 역사서에서 초점을 맞춘 화두는 "예수의 영향력"the influence of Jesus이다.

    라투렛은 이 저술에서 방법론에 관한 질문을 일곱 가지 제기한다. (1) 어떠한 기독교가 전파되었는가? (2) 왜 그러한 기독교가 전파되었는가? (3) 왜 기독교는 때로 퇴보하며 성공하지 못하는가? (4) 기독교는 어떠한 방식으로 확장되었는가? (5) 기독교가 환경에 미친 영향은 무엇인가? (6) 기독교가 환경으로부터 받은 영향은 무엇인가? (7) 기독교와 환경이 서로 주고받은 방식에는 어떠한 흔적들이 있는가? 라투렛은 각 시기에 대해 이 일곱 가지 질문을 제기한다. 그러나 모든 시기가 단순히 진보와 퇴보로 구분되지는 않는다. 진보와 퇴보는 섞여 있다. 이를 다루면서 라투렛은 기독교와 환경이 끊임없이 교섭하며 변증법적으로 상호 작용함을 보여 준다.

『혁명기의 기독교』

이 책의 제목처럼 라투렛은 지난 19-20세기를 한마디로 혁명의 시기로 본다. 혁명의 기운은 도처에 있었다. 정치권에서 일어난 혁명으로 인해 세속적 정부와 민족주의가 출현했고, 이는 또다시 기독교에 위협이 되었다. 산업 영역에서 일어난 산업 혁명은 부의 불균형, 도시화, 사회 부정의 등을 양산했고 이 역시 기독교에 도전이 되었다. 과학 영역에서 일어난 과학 혁명으로 인해 과학주의가 만연해졌고 기독교는 지적 영역에서 위협을 받았다.[5]

이 혁명적 시기는 기독교에 혹독한 시험이었다. 그러나 라투렛이 본인의 저술을 통해 분명히 보여 주려는 바는, 지난 한 세기는 그 어느 때보다 예수의 영향력이 컸던 시기이며 서구 입장에서 본 후기기독교 시대post-Christian era라든가 기독교 쇠퇴기de-Christianization는 실상이 아니라는 것이었다.[6]

방법론적 틀

라투렛의 역사 기술에 나타난 방법론적 틀은 세 가지 척도criteria와 두 가지 힘force으로 집약할 수 있다. 이 방법론은 그의 두 역작인 『기독교 확장사』와 『혁명기의 기독교』에 적용된다.

세 가지 기준 라투렛은 그의 역사관의 기조key note를 "예수의 영향력"이라고 천명하며, 예수의 영향력을 반영하는 기독교 확장 측정의 세 가지 척도로 (1) 지리적 확장 및 퇴보 (2) 기독교 내에서 일어나는 새로운 운동 (3) 기독교가 인류에게 끼친 영향력을 든다.[7] 라투렛이 이렇게 측정 가능한 계수적·계량적 개념을 사용했다는 것은 그가 과학적이고 실증적인 접근 방식을 사용해 역사를 다루었다는 의미다. 그렇지만 방금 언급한 세 가지 척도가 수적으로 딱 맞아떨어지는 것은 아니다. 첫 번째 척도는 지도상에 표기가 가능하더라도 두 번째나 세 번째 척도는 그렇게 서술하기가 쉽지 않다. 두 번째 척도는 기독교의 활력vitality을 나타내는데 수도원 운동, 새로운 교단 형성, 부흥 운동, YMCA 같은 기관의 출현 등을 예로 들 수 있다.[8] 기독교의 활력은 이러한 운동을 통해 사람들의 삶이 얼마나 예수의 가르침에 부합했는지 측정해 봄으로써 확인할 수 있다.

이러한 라투렛의 척도를 두고 많은 비판이 있다. 기독교의 내면보다는 외면에, 신학적 측면보다는 윤리적 측면에 국한된다는 것이다. 확실히 라투렛에게서는 신학적 측면보다는 사회학·윤리학적 측면이 더 부각되어 있다. 하지만 앤드루 월스 같은 학자는 라투렛의 세 가지 척도를 긍정적으로 평가한다. 월스는 『기독교 확장사를 다시 생각하다』*A History of the Expansion of Christianity Reconsidered*에서, 라투렛이 제시한 척도는 신약성경에 바탕을 두었기에 충분한 신학적 근거가 있다고 보고 이 세 가지 척도를 각각 교회, 왕국, 복음이라는 척도로 재해석했다.[9] 월스는 오히려 라투렛이 문화라는 척도를 빠뜨렸다고 지적한다.[10]

두 가지 힘 라투렛은 역사를 구성하는 데 두 가지 힘의 역학이 있다고 보았다. 하나는 도전challenge, 다른 하나는 응전response이다.[11] 그는 기독교 확장사를 서술하면서 이를 환경이 인류에 미친 영향과 인류가 주변 환경에 미친 영향으로 설명한다. 그 예로는 히틀러 정권이나 스탈린 정권에서 교회가 보인 반응을 들 수 있다. 라투렛에 의하면 이 도전과 응전의 총합에서 기독교는 언제나 진보했고, 그래서 그는 역사를 낙관적으로 전망한다. 그는 지난 한 세기 동안 불어닥친 전쟁, 혁명, 기타 도전에 대한 응답으로 볼 때 20세기는 어찌 보면 예수의 영향력이 가장 강한 세기로 평가될 수 있다고 보았다.

기독교 확장의 역사

라투렛은 2,000년간의 방대한 기독교 역사를 어떻게 다루어 나갔는가? 이미 언급했듯, 그에게 기독교 역사는 바로 선교의 역사이며 복음 전파 및 기독교 확장의 역사다. 그는 이 역사의 원천을 예수 그리스도께 두고 "예수의 박동"the impulse from Jesus이라 불렀다. 역사상 존재한 그 어떤 인물이라도 영향력 측면에서 볼 때 나사렛 예수만큼 지속적으로 영향력을 미치지는 못했다고 라투렛은 단언한다.[12] 예수가 역사 원동력의 원천이 되면서 지속적으로 영향력을 미친다는 이러한 입장이 그의 역사신학theology of history이라고 할 수 있다.[13] 그러한 의미에서 기독교 역사는 예수의 영향력에 대한 기록이라고도 볼 수 있다. 이러한 예수의 영향력은 교회 안에만 머물지 않는다. 예수의 영향력은 교회의 담장을 넘어 정치, 경제, 사회, 문화의 모든 영역을 망라하기에, 교회사만 서술해서는 예수의 영향력을 다 담을 수 없다. 서구 문명의 기초에 예수의 영향력이 있기 때문이다. 그 예로 오늘날 서구의 언어가 문자 체계를 갖춘 것은 선교 덕택이었다. 노예 해방, 국제연맹, 국제연합, 적십자 창시 등은 물론 간디, 도스토옙스키, 톨스토이의 사상 속에서도 예수의 영향력을 볼 수 있다.[14]

그러나 기독교의 확장은 항상 퇴보 없이 전진만 한 역사였는가? 기독교 역사에는 엄청나게 확장된 시기도 있었지만 퇴보된 시기도 많았다. 확장과 퇴보는 비단 지리적 요소만을 보고 판단하는 게 아니다.

기독교가 지닌 내적 활력, 즉 영성 운동, 부흥 운동, 구제 운동 등 주변의 사회나 문화에 영향력을 미치는 요소를 전부 포함해 판단했을 때 그러하다. 라투렛은 기독교의 외적 신장력, 내적 활력, 환경적 영향력이라는 요소로 기독교의 확장을 측정한다. 그의 기술을 종합하면, 결국 기독교 확장의 역사는 밀물과 썰물이 존재하듯 진보와 퇴보가 반복되는 조류 운동과 같다. 간단히 기술하면, 처음 500년 동안 기독교는 지리적으로나 영향력으로 볼 때 대단한 신장을 이루었다. 그러나 그 후 1,000년은 불확실한 기간이었다. 이 긴 중세 동안 기독교에는 이슬람 확장, 십자군 전쟁 등 수많은 암흑의 시기가 있었다. 종교개혁을 계기로 기독교는 다시금 활력을 갖고 300년간 서구의 지리적 확장과 더불어 확장되었다. 그러나 가장 많이 확장하고 영향력을 발휘한 시기는 라투렛이 일컬은 이른바 "위대한 세기"The Great Century다. 제1차 세계대전 발발 직전까지의 이 한 세기 동안 기독교는 전무후무할 정도로 전 세계로 확장되었다. 제1차 세계대전 발발 이후 인류의 역사는 양차 세계대전, 혁명, 제국주의 몰락, 냉전 체제 등이 이어지는 걷잡을 수 없는 격동의 시기로 접어든다. 그러나 라투렛은 이러한 풍랑 속에서도 기독교는 계속해서 전 세계로 확장되어 갔다고 주장한다. 라투렛은 그의 또 다른 저서 『기독교 역사』에서 시기 구분을 더 자세히 논하면서, 기독교의 확장과 퇴보 사이의 폭은 점점 줄어들면서 확장하는 힘은 더욱 증폭되는 현상이 보인다고 설명한다.

역사의 패턴

라투렛은 역사에 특정한 패턴이 있느냐는 질문을 던진다. 라투렛이 관찰한 바에 의하면 "예수의 영향력은 점점 강해져서, 확장 면에서는 이

전 시대보다 정상의 수위가 점점 올라가고 퇴보 면에서는 이전 시대보다 폭이 점점 작아져서 결국 더 넓어지고 깊어진다."[15] 라투렛은 기독교 역사에서 다음과 같은 진보와 퇴보의 시기가 있었다고 진술한다.

- 제1기: 예수-500년, 첫 번째 진보
- 제2기: 500-950년, 첫 번째이며 가장 큰 퇴보
- 제3기: 950-1350년, 두 번째 진보
- 제4기: 1350-1500년, 두 번째 퇴보
- 제5기: 1500-1750년, 세 번째 진보
- 제6기: 1750-1815년, 세 번째 퇴보
- 제7기: 1815-1914년, 네 번째 진보
- 제8기: 1914년-현재, "폭풍 속에서의 진보" advance through storm

제1기(예수-500)는 기독교의 전파와 확장이 로마 제국으로 이루어진 시기다. 라투렛은 이 엄청난 확장에 기여한 요인이 로마 제국의 여러 시스템이라고 보지만, 더 근본적인 요인은 예수의 영향력, 즉 예수의 삶과 죽음과 부활 및 그를 믿고 따르는 자들의 변화된 삶이었다고 서술한다. 물론 이 시기 기독교는 로마의 정치 방식을 따라 변모되기도 했다.

제2기(500-950)는 기독교 국가였던 로마의 몰락으로부터 시작된다. 이 첫 번째 퇴보는 가장 큰 퇴보였는데, 퇴보의 두 요인은 북쪽에서 온 야만족 및 이슬람의 침략이었다. 그러나 재앙이라고 보인 일들이 실제로 더욱 큰 승리로 바뀌기도 했다. 야만족의 회심이 일어난 것이다. 이 시기에 일어난 게르만족과 스칸디나비아족의 회심은 대개 집단 개종

이었다.

제3기(950-1350)는 두 번째 확장기로, 교회가 주도하여 유럽이 문명화를 이루는 시기였으며 이른바 크리스텐덤이 융성한 시기다. 이 시기에는 대학, 수도회, 기독교 예술 등 여러 유산이 생겨났다. 기독교는 신학 체계 면에서 주로 아리스토텔레스 철학의 영향을 받았다. 이 시기에는 물론 어두웠던 일도 있었다. 십자군 전쟁, 동서 교회 분열, 기독교 신앙의 명목화 등 기독교 내부가 부패, 분열, 타락한 일이다. 이 시기의 유럽은 기독교화되고 문명화되었지만, 중국 같은 대제국에 비하면 이 문명화는 서구의 한 지역에서 생겨난 작은 일에 불과했다.

제4기(1350-1500)는 두 번째 쇠퇴기로, 외적으로는 기독교 영토를 잃고 내부적으로는 더 심각한 타락으로 치닫는 시기였다. 로마를 제외하고 고대 기독교의 대도시였던 예루살렘, 안디옥, 알렉산드리아, 콘스탄티노플이 이슬람 수중에 들어갔다. 종교개혁자 얀 후스Jan Hus의 화형 같은 어두운 일화도 있었다. 하지만 전반적으로 쇠퇴의 폭은 이전 쇠퇴기보다 작았다.

제5기(1500-1750)는 세 번째 확장의 시기로 유럽 내 민족 국가들이 등장하는 시기다. 포르투갈과 스페인이 그 대표 사례다. 이 시기는 서유럽인들이 대규모로 대양을 건너간 시기이기도 했다. 그 영향력은 대단해서 거의 문화적 혁명으로 봐야 할 정도였다. 하지만 이 시기를 대표하는 어두운 사건인 노예 무역이 횡행한 시기이기도 했다. 이 시기에는 종교개혁이라는 개신교 역사에서 아주 중요한 사건이 있었지만 라투렛은 이에 그다지 큰 관심을 기울이지 않았다. 확장이라는 면에서 아직 개신교의 역할이 많지 않았기 때문이었다. 그는 교리보다는 확장이라는 측면에 초점을 맞추었기에, 이 시기 개신교보다는 가톨릭에 더 관심을 두었다.

제6기(1750-1815)는 세 번째 쇠퇴기로, 스페인과 포르투갈이라는 두 큰 세력의 몰락, 유럽 내 계속되는 전쟁과 혁명, 사상적으로는 이신론에 의해 기독교 신앙이 위협을 받은 정체기라고 할 수 있다. 하지만 이 정체기는 동트기 전 새벽 미명같이 다가올 위대한 세기를 기다리는 시기였다.

제7기(1815-1914)는 네 번째 확장기에 해당한다. 라투렛은 이 시기를 "위대한 세기"라 명명했다. 이때 일어난 기독교의 확장은 전무후무했다. 국가 주도적이기보다는 평신도들을 중심으로 일어난 확장이었는데, 이때 특히 여성과 학생의 역할이 컸다. 이 시기에는 수많은 언어가 문자적 체계를 갖추고 성경이 번역되었으며, 교육 기관이 세워지고 여성들의 인권이 신장되며 의료 기관이 설립되는 등 근대 선교의 물결이 온 세계에 파급되었다. 라투렛이 보기에 이 모든 일의 원천은 바로 예수의 박동이었다.[16]

제8기(1914년 이후)는 "폭풍 속에서의 진보" 시기로 라투렛의 『기독교 확장사』 제7권 내용이 이에 해당한다. 여기서 라투렛은 1914-1944년 시기를 다루는데, 이 30년은 겉에서 보면 수많은 전쟁과 혁명이 일어나는 등 암울한 폭풍과 노도가 이는 시기였다. 라투렛은 특히 19-20세기를 묶어 "혁명의 시대"라고 명명했다. 하지만 그는 이 시기가 많은 손실이 있었던 시기처럼 보이지만 실제로는 가장 위대한 시기 가운데 하나였다고 주장한다.[17] 이 시기 기독교는 안팎에서 위협을 받으며 긴장 가운데 있었으나, 그 어떤 종교보다 더 많이 신장되어 여러 지역에서 활력을 갖고 뿌리내리기 시작했다. 전아프리카기독대회All-Africa Christian Conference, 동아시아기독대회East Asia Christian Conference 같은 현지 리더십

이 결성되기 시작했고 복음주의아카데미Evangelical Academies, 세상 속의 교회Kerk en Wereld, 아이오나Iona, 떼제Taizé, 무교회주의 운동, 예전 및 갱신 운동 등 평신도 중심의 다양한 운동이 생겨났다. 또한 이전과는 다른 규모의 에큐메니컬 운동 등이 일어나고 교회 밖에서는 적십자, 국제연합 같은 영향력 있는 국제단체가 생겨났다.

시기 구분의 특성

기독교 확장사에 나타난 라투렛의 시기 구분점 연대는 일반 교회사와 사뭇 다르다. "라투렛의 주요 연대(500, 950, 1350, 1500, 1750, 1815, 1914)는 일반 세속 유럽 역사가들이 주로 사용하는 것으로 보인다. 교회의 역사와 유럽 문화의 역사가 하나로 통합되어 해석되기에 유럽 역사의 주요한 분기점이 라투렛의 기독교 확장사에서 주요한 공통 분기점이 됨을 알 수 있다. 이 점에서 라투렛의 기독교 역사는 전통적 교회사와는 다르다."[18] 여기서 우리는 라투렛의 시기 구분이 일반 세계사와 아주 밀접하게 접목되어 있음을 본다. 다시 말해, 그의 역사적 맥락은 세계사의 흐름에 놓여 있으며 그의 서술은 교회 안보다는 교회 밖 맥락에서 전개된다. 이는 또한 반대로, 세계사적 연대가 결국 기독교의 확장과 밀접하게 연관되어 있음을 보여 주는 것이기도 하다.

라투렛의 관점

앞서 관찰된 사실을 통해 라투렛이 어떠한 시각에서 역사 서술을 했는지 정리할 수 있다. 여기서는 라투렛의 거시적 접근으로 인해 나타난 변화를 소개해 보겠다.

보다 포괄적인 접근: 교회의 역사에서 기독교의 역사로

라투렛 이전 대부분의 기독교 역사 서술은 이른바 교회사church history라는 이름으로 서술되어 왔다. 당연히 기독교 역사는 교회 중심의 사관이 지배적이었다. 예수 그리스도께서 약속하신바 교회(마 16:18)가 어떻게 세워지고 교회의 신조들이 어떻게 형성되어 왔는지에 역사 서술이 치중되었다. 이는 교회사의 아버지라 할 수 있는 4세기 에우세비오스의 『교회사』Ecclesiastical History가 모체가 된 이래 가장 오래된 전통적 형태의 기술 방식이었다. 그러나 종교개혁 이후 가톨릭과 개신교의 신학적 견해차, 교회의 분리 등으로 인해 결국 어떤 교회가 참된 교회인지 따지는 문제로 초점이 맞추어지면서, 교회사 서술은 논쟁적이고 자기 집착적이며 기독교 내부 이야기에 머무는 경향으로 흘러갔다.

라투렛에게 기독교 역사는 교회 이상의 의미를 지니고 있었다. 그는 특정한 전통이나 교단의 형성이 아니라, 기독교의 복음이 어떻게 전파되어 나갔으며 기독교가 확장됨에 따라 어떻게 세상에 영향을 미쳤는지에 더 큰 관심을 갖는다. 그리하여 그에게 기독교 역사 이야기는 더 이상 교회의 역사history of the Church가 아니라 기독교 전반을 다룬 기독교의 역사history of Christianity로 확장된다. 이 포괄적이면서도 전 세계적인 시각이라는 특징은 라투렛에게서 두드러지게 나타난다. 그가 보기에 기독교는 그렇게 넓은 맥락에서 다루어져야 복음의 진정한 의미를 나타내기 때문이다. 그래서 라투렛은 19세기에 유럽 중심으로 쓰인 많은 역사 서술이 매우 지엽적일 수밖에 없다고 지적한다.

최근 역사의 중요성: 고대사에서 근현대사로

라투렛이 근현대사라는 최근 역사에 많은 비중을 할애하는 것은 비단 사료 때문만은 아니다. 그는 2,000년간의 역사를 다룬 일곱 권의 『기독교 확장사』에서 세 권을 겨우 한 세기 남짓한 "위대한 세기"(1815-1914)에 할애하며, 다섯 권의 『혁명기의 기독교』에서는 19-20세기를 집중해서 다룬다. 두 작품 통틀어 총 열두 권 가운데 여덟 권에서 근현대사를 다루는 셈이다. 어찌 보면 "위대한 세기"로 오기까지의 긴 역사는 라투렛이 다루려는 본격적 선교 역사의 서론에 불과하다고도 할 수 있겠다.

라투렛은 또한 교회관에서도 순진하고 맹목적인 초기 교회 복귀론에 찬동하지 않는다. 이는 『바울의 선교 vs. 우리의 선교』Missionary Methods: St. Paul's or Ours?, IVP의 저자인 롤런드 앨런Roland Allen에 대한 그의 비판에서 알 수 있다. 앨런은 현대 선교 방법이 초기 교회(특히 사도 바울)에 비하면 심각하게 일탈해 있다고 비판하는데, 이에 대해 라투렛은 초기 교회의 선교 방법이라고 해서 모두 완벽하다고 할 수는 없다고 반박한다.[19] 라투렛에 의하면, 진정한 교회의 실현은 과거로 되돌아가는 게 아니라 미래를 향해 나아갈 때 가능하다. 이런 점에서 라투렛에게서는 특유의 낙관론과 진보관이 나타남을 알 수 있다.

교회사의 달라진 지형도: 16세기에서 19세기로

기독교 확장이라는 의미에서 볼 때, 기존의 교회사 서술, 특별히 개신교 역사에서 가장 중요한 장으로 여겨지던 16세기의 종교개혁은 라투렛에게는 더 이상 중심이 아니다. 종교개혁 당시의 유럽은 지구 전체의 인간 거주 세계oecumene로 보면 지엽적일 뿐이다. 아울러 라투렛이 보기에 종교개혁 시기는 부득불 가장 논쟁적이며 분열적인 세기였다. 오히려 라투렛에게 가장 중요한 역사의 장은 기독교 확장이 전 세계적으로 이루어진 19세기다. 이 시기는 기독교 확장뿐 아니라 에큐메니컬 운동을 통한 교회 일치 운동의 움직임이 태동한 시기였다. 기독교 역사의 무게 중심이 16세기에서 19세기로 이동한 것은 라투렛의 독특한 사관에서 비롯된다.

이 시기에 나타난 또 하나의 특징은, 교회의 선교가 국가로부터 분리되었다는 점이다. 이전, 특히 로마에서 유럽 세계로 복음이 전파되던 때, 대부분의 선교는 군주의 주도하에 이루어졌다. 라투렛은 그 효시가 4세기 콘스탄티누스의 회심이었다고 본다. 16-18세기에 스페인과 포르투갈에 의한 기독교 확장도 일종의 국가 프로젝트였다. 19-20세기에 나타난 개신교 선교 확장이 보여 주는 바는, 국가와 교회가 점차 분리되면서 선교는 더 이상 국가 주도적으로 나타나지 않는다는 것이다.[20] 이때부터 선교는 보다 자발적인 일이 되고 여성, 평신도, 학생 등도 대거 참여하게 되었다. 또한 이때부터 여러 선교 단체가 우후죽순 생겨났다. 그 결과로, 16-18세기에 국가 주도로 생겨난 교회에 비해 19-20세기 선교 단체에 의해 생겨난 교회에서, 식민주의가 몰락한 이후에도 더 활발한 부흥 운동이 일어났다.[21]

아직도 젊은 기독교: 후기기독교 시대라는 허상

아마도 라투렛의 혜안 가운데 하나는, 이제 기독교는 후기/말기에 접어들었다고 보는 서구의 자세, 즉 후기기독교 시대post-Christian era에 돌입했다는 입장을 교정하는 시각을 제시한 것이다. 그가 보기에, 지구 전체에 편만해 있는 지구촌기독교의 현상을 볼 때 그런 식의 서구적 견해는 분명 난센스였다. 유럽이라는 좁은 세계를 넘어 전 지구적 차원에서 보면 한때 이른바 기독교 시대Christian era가 있었다는 말 자체가 어폐가 될 수 있다는 것이다. 과거에 기독교 시대가 존재한 적이 과연 있었는가? 단지 '서구적'Western 기독교 시대만 있었을 뿐이다. 라투렛은 이제 막 전 지구적으로 확장되는 기독교를 볼 때 기독교 시대는 이미 존재한 것이 아니라 앞으로 도래한다고 보는 게 옳다고 피력한다. 그는 비서구의 신생 교회들이야말로 식민주의 몰락 이후에도 선교적 활력을 갖고 기독교의 미래를 주도하게 되리라고 예견했다. '거시적'이고 '장기적'인 안목으로 보면 기독교는 아직도 젊다는 이런 시각은 라투렛 특유의 성찰이라고 할 수 있겠다.[22]

라투렛의 역사철학: 변증론적 태도

라투렛의 역사 서술은 당시의 학문적 풍토를 반영하여 객관적·과학적·실증적인 면을 보여 준다. 그러나 1930년대부터 역사학계에서는 역사가 더 이상 역사가의 주관이 배제된 객관적이고 중립적인 학문이 될 수 없다는 목소리가 일기 시작했다. 역사는 다분히 역사가 자신의 주관적 해석이 사실에 들어간 종합 학문이라는 것이다. 더구나 역사 기술에서 다루는 사건을 선택할 때에는 역사가 자신의 견해나 사관이 필연적으로 개입한다. 이러한 반향을 염두에 두고서 라투렛은 과감히 그리스도인으로서 자신의 역사 기술을 변증론적apologetic으로 변호해 나간다. 그럼으로써 그는 자신이 가장 중요하다고 본 복음의 전파, 기독교의 확장을 주요 사관 삼아 역사 기술을 전개했다. 이러한 입장은 당시의 역사철학적 인식도 반영한 것이라 볼 수 있다.

라투렛은 역사함doing history에 수반되는 세 가지 한계인 철학적 한계, 신학적 한계, 개인적 한계를 지적한다. 첫째, 철학적이라는 것은 객관적이고 가치 중립적인value-free 과학이나 역사는 있을 수 없다는 철학적 인식론 입장이다. 그는 자신의 철학적이면서도 신앙적인 견해를 미국역사학회American Historical Association 회장직 연설에서 밝힌다.[23] 둘째, 신학적이라는 것은 역사의 본질이 인간적 차원을 뛰어넘는 신적 영역이라는 것이다. 역사는 역사를 주관하는 하나님께 속한 것이기에, 거듭나지 않고서는 하나님 나라를 볼 수 없는 것처럼 진정한 역사를 이해할 때도 거듭나지 않고서는 역사를 이해할 수 없고 오히려 왜곡할 수 있다는 것이다.[24] 셋째, 개인적 한계는 역사가 자신이 지니는 경험과 입장에서 오는 편견 때문에 나타난다. 그러나 이러한 개인적 편견이 불가피하다면 오히려 그리스도인으로서 가질 수밖에 없는 신앙적 입장을 당당히 밝힐 수 있어야 한다는 게 라투렛의 입장이다.[25] 그의 이런 입장과 견해는 그가 쓴 여러 저술 서문에 나타나 있다.[26]

에큐메니컬적 시각

라투렛은 기독교가 이제 전 지구적 신앙이 되었을 뿐만 아니라 그리스도인의 공동체가 더 지구촌적으로 되어 간다고 강조한다.[27] 이러한 시각에서 그는 에큐메니컬 운동을 매우 높이, 심지어 당대까지의 기독교 역사에서 가장 큰 업적 가운데 하나일 것이라고 평가한다. 이 운동의 근거는 바로 선교 운동에서 비롯된다. 그는 이를 논하며 기독교의 3대 분파인 정교회, 가톨릭, 개신교를 모두 다룬다. 다른 전통일지라도, 심지어 역사에서 이단으로 정죄된 분파라 할지라도 거기서 선교적 중요성을 인식할 수 있다면 논한다.

라투렛이 이해하는 '일치'는 무엇인가? 그는 교회의 일치를 획일적 연합으로 보지 않는다. 기독교는 처음부터 획일적이지 않았기 때문이다. 신약성경만 보더라도 여러 분파가 있었음을 부인할 수 없다. 라투렛이 강조하는 연합은 어떠한 조직적 연합이 아니라 사랑에 기반을 둔 정신의 연합이다.[28] 선교의 올바른 산물이 연합이다.

라투렛의 종말론

라투렛의 종말론을 굳이 언급한다면 마태복음 13장을 들어 설명할 수 있겠다. 『혁명기의 기독교』 제5권 말미에서 그는, 알곡과 쭉정이가 공존하는 것처럼 말세로 갈수록 알곡 같은 세력과 쭉정이 같은 세력은 더 왕성해지리라고 주장한다.[29] 그러나 역사는 결국 하나님의 승리로 막을 내리게 된다. 그는 역사가 이 종국을 향해 움직여 나간다고 본다.

영향력, 비판, 한계

라투렛의 영향력

라투렛은 당대 휘하의 역사가들에게 많은 영향력을 미쳤다. 한국 개신교사를 기술하여 한국 기독교 사학계의 효시가 된 백낙준도 라투렛의 지도 아래 공부했고, 그의 저술 역시 라투렛의 지도 아래 작성한 박사 학위 논문을 출간한 것이었다.[30] 『아시아 기독교 역사』*A History of Christianity in Asia*를 저술한 사무엘 마펫Samuel H. Moffett도 라투렛의 제자였는데, 마펫의 아시아 기독교 역사 서술 방식에도 라투렛의 영향력이 드리워져 있다.[31] 라투렛의 제자는 아니었으나 그에게 깊이 영향 받은 선교학자 랄프 윈터Ralph D. Winter는 1944년에서 멈춘 라투렛의 기독교 확장사를 넘어, 라투렛의 연장선상에서 뒤이어 일어난 변화들을 기술하려 했다.[32]

선교역사가인 스티븐 닐Stephen Neill은 라투렛에 대해 이렇게 언급한다. "라투렛은 온전함과 애정과 엄청난 해박함을 지니고 정교회, 가톨릭, 개신교를 망라한 전 기독교의 확장을 다루었다. 아마도 그를 뒤따르려는 역사가에게 난처한 일이 있다면, 그들 나름대로 새로운 지경을 발견했다고 판단한 어떤 것도 실은 그들 이전에 라투렛이 이미 섭렵한 영역이라는 사실을 발견하는 것이다."[33] 실로 라투렛은 아무도 개척한 곳 없는 길을 개척한 사람이었다.

라투렛에 대한 비판

라투렛은 엄청난 찬사도 받았지만 동시에 그만한 비판에도 직면했다. 에른스트 벤츠Ernst Benz는 라투렛이 교회사 서술의 새로운 시대를 열었다며 칭찬한다.[34] 반면 J. S. 웨일Whale은 라투렛의 역사철학이 성경적 종말론에 근거하지 않고 진화론적 유토피아에 근거했다며 격하한다.[35] 라투렛에 대한 비판은 세 가지로 정리할 수 있다.

신학적 측면: 비신학적, 윤리적 라투렛이 비판을 받는 여러 측면 가운데서도 가장 많은 비판을 받는 부분은 바로 신학적 측면이다. 그의 논의가 신학적이지 않고 비신학적, 특별히 윤리적이라는 것이다. 또한 라투렛은 기독교의 분파를 다루면서 신학적 신조보다는 분파들의 외적 양상만을 다루기 때문에 이단적 분파도 진정한 신앙을 가진 것으로 오인시키는 위험성이 있다는 비판도 있다. 기독교라는 이름으로 시행된 어떠한 운동에 관해 충분한 신학적 기준 없이 기술하는 일은 상당한 모호성과 위험성을 내포할 수 있다는 것이다. 그리고 라투렛이 공통적 신앙의 핵심을 강조하긴 하지만 그가 강조하는 핵심이 무엇인지 명확하게 정의되어 있지 않다는 지적도 있다. 이런 점은 주로 보수적인 신학

자들이 라투렛에게 가하는 비판이다.³⁶

또한 라투렛은 정치, 사회, 제도 영역에서 나타나는 예수의 영향력을 이야기할 때 국제연합, 적십자, YMCA 같은 기관을 논하는데, 이 기관들이 단지 그리스도인에 의해 설립되었다는 이유만으로 진정한 기독교 기관이라고 말하는 데는 어폐가 있다는 비판이 있다. 그러한 측면만 가지고 예수의 영향력 운운하는 일은 지나치게 단순하고 순진한 피상적 발상이라는 것이다. 라인홀드 니버Reinhold Niebuhr가 통렬하게 지적하는 바는, 그리스도인이 세운 기관이라고 해서 기관의 존재와 사역이 진정한 기독교적 모습이라고 쉽게 판단해서는 안 된다는 것이다.³⁷ 또한 라투렛이 논하는 예수의 영향력을 영적·신학적 영역이 아닌 윤리적·사회적 부분으로 축소, 환원하다 보면 기독교와 인본주의 운동 사이에 구분이 없어진다는 지적도 있다.

이에 대해서는, 라투렛의 경건주의적 유산과 성향이 기독교의 윤리적 차원을 강조하게 했을 것이라고 변명해 볼 수 있다. 또한 라투렛은 신학자가 아닌 역사가로서 다소 피상적이고 비신학적이더라도 예수의 영향력을 객관적·가시적이고 측정 가능한 요소로 보려 했고, 그렇기에 그리스도인이 세운 기관을 그의 방법론적 소재로 썼다고 할 수도 있다.

역사적 측면: 미국적 낙관주의   유럽의 상황을 염두에 둔 신학자들은 라투렛이 보여 주는 낙관적 모습이 순진하다고 지적한다. 아마도 그들은 양차 대전의 실상에 민감했기에 미국인보다는 인간의 속성에 비관적일 수밖에 없었을 것이다. 그렇게 보면 라투렛은 전형적인 19세기 복음주의, 열정주의, 실용주의, 우호주의라는 미국적 정서를 지닌 인물이

다. 라투렛은 인류 역사 가운데 그리스도와 그의 교회의 존재감이 당대처럼 강하게 느껴지는 시대는 아마도 없었으리라고 낙관하는데, 니버 같은 사람은 라투렛의 이러한 승리주의적 표현을 매우 회의적·부정적으로 바라본다.

아마도 이 두 상반된 태도는 역사가인 라투렛과 신학자인 니버가 역사를 바라보는 입장의 차이라고도 할 수 있다. 라투렛이 역사를 인류에게 희망을 주기 위한 과정이라고 본다면, 니버는 역사를 인간의 딜레마만을 보여 주는 과정으로 보고 있기 때문이다. 라투렛이 역사를 주관하는 하나님의 무한한 영향력을 강조한다면, 니버는 인간의 유한하고 제한된 속성을 강조한다. 라투렛이 하나님의 임재를 강조하면서 교회를 통해 일하시는 하나님을 강조한다면, 니버는 하나님의 초월을 강조하면서 교회와 독립적으로 일하시는 하나님의 절대적 타자성을 강조한다. 신정통주의 신학자인 니버가 보는 하나님은 절대적 타자 Wholly Other 다.

라투렛의 낙관주의는 또한 그의 진보주의적 관점과도 짝을 이룬다. 라투렛은 기독교의 미래가 아마도 몇천 년 더 연장될 수 있고 그 과정은 인간에게 순종할 수 있는 기회를 제공하는 장이 되리라고 본다. 현재까지의 기독교는 수많은 위기에 직면하고 퇴보하기도 했지만 언제나 그렇듯 퇴보는 결국 새로운 진보를 맞이한다는 것이다. 한마디로 기독교의 방향성은 "앞으로 가라"다.[38]

이런 낙관론은 정말로 역사적 관찰에 의한 것인가, 아니면 단순히 가정에 의한 것인가? 에른스트 페인Ernest Payne은 라투렛의 낙관론이 역사적 사실보다도 철학적 혹은 신학적 전제에 더 기초해 있다고 논평한다.[39] 또한 페인은 라투렛이 미국에 있기 때문에 그의 진술이 낙관적인 것은 아닌지 묻는다. 미국은 그때까지만 해도 교회 출석률과 교회 성장률이 계속 증가하고 있었기 때문에 그런 상황이 라투렛의 판단을 뒷받침했다고 본 것이다. 존 해나John Hannah는 라투렛이 궁극적으로 그리는 역사는 성경적 종말론에 근거하기보다는 19세기의 진화론적 유토피아의 이상에 가깝다고 비판한다.⁴⁰

라투렛 본인도 이러한 비판을 알고 있었다. 라투렛은 역사가가 자신이 속한 시대의 한 부분임을 인정했다. 그럼에도 그가 보이는 낙관적 전망은 아마도 그의 포괄적 시각에 기초해 있다고 해야 할 것이다. 전 지구적 시각으로 보면 기독교의 미래를 염세적으로 볼 근거는 없기 때문이다. 오히려 그는 자신을 낙관론자라기보다는 현실론자라고 주장한다.⁴¹ 오늘날 지구촌기독교 시대의 관점에서 볼 때, 기독교 인구가 확산되어 비서구 세계에서 더 많은 그리스도인을 볼 수 있는 지금 라투렛의 전망은 틀리지 않았다.

선교학적 측면: 복음과 문화의 상관성에 대한 안목 결여 라투렛은 그의 방대한 저술 속에서 예수의 중심적 입지와 기독교에 내재한 예수의 영향력을 끊임없이 강조한다. 그러나 라투렛은 그리스도의 생명력이 '어떻게' 타 문화권과 타 종교권에서 이해되고 전달되어 왔느냐는 질문에는 특별히 대답하지 않는다. 다시 말해, 예수 그리스도의 영향력을 강조하면서 과정보다는 결과 측면만을 이야기하는 것 아니냐는 질문을 라투렛에게 제기할 수 있다.

라투렛은 선교역사가이기는 하지만 선교학자missiologist라고 보기는 어렵다. 그의 많은 논의가 선교학 측면에서는 다소 피상적으로 보인다. 라투렛의 서술은 선교학적 분석에 기초한 작업이라기보다 오히려 변증에 가깝다. 그는 개신교 선교에 상당히 고무적인 입장을 가지고 있었기에, 선교사는 제국주의의 앞잡이라는 비난에 맞서 선교사들의 순수한 동기와 자선에 의한 사업, 교육, 의료, 사역을 변호하고 선교의 당위성을 변증했다. 그러나 라투렛은 기독교의 지리적 확장expansion에 대해서는 서술하는 반면, 기독교의 지리적 확장으로 인해 수많은 타 문화 및 타 종교와 조우encounter하면서 빚어지는 복음 전파 과정에 대해서는 그다지 설명하지 않는다. 복음과 문화의 상관관계를 간과한 것이다.

최근 선교 역사 연구에서는 복음이 문화 속에서 이행하는 과정에 대한 많은 논의가 있었다. 앤드루 월스는 이른바 복음의 번역 가능성translatability에 관해 이렇게 논한다. "기독교는 여러 다른 형태와 표현으로 뒤섞여 있는 것처럼 보이지만 중요한 점은 모든 것이 '그리스도'에게로 귀속된다는 것이다. 다시 말해, 문화와 언어의 옷을 입고 있지만 타 문화 속으로 번역 가능한 복음의 속성이야말로 기독교의 가장 큰 특성이라고 할 수 있다."[42] 라투렛의 관심사가 기독교의 지리적 확장이었다면 월스의 관심사는 기독교의 문화적 이행 과정cross-cultural process이다. 라투렛은 예수의 영향력influence을 강조하지만, 월스는 그 영향력의 본질을 성육신incarnation으로 설명한다. 그리스도의 성육신 사건은 오순절 성령 강림 사건과 더불어 복음이 언어적·문화적으로 번역 가능하다는 선교의 근거를 제공하기 때문이다. 라투렛이 기독교 확장에서 외연적 영향력 및 수량이라는 척도로 선교를 논했다면, 월스는 복음의 근본 속성인 번역 가능성으로 선교를 논했다.

라투렛은 복음과 기독교를 동일시하지 않고 기독교를 복음에 대한 인간의 반응으로 설명하며,[43] 그럼으로써 복음의 신적·초문화적 속성과 기독교의 인적·문화적 특성을 구별한다. 복음에 대한 인간의 반응이 있는 만큼, 복음 전달 과정에서는 복음 이해에 개인적 정황, 문화적 정황, 언어적 정황이 반영되기 마련이다. 선교 역사에서 이 양면성을 모두 헤아리는 일은 중요하다. 라투렛의 인식 속에 복음과 문화의 상관관계에 대한 이해가 전혀 없지는 않았지만 그 이해가 충분히 발전하지는 않았던 것으로 보인다.

사료의 한계: 서구 중심 사관, 2차 사료 중심, 피상적 포괄성

라투렛이 보이는 많은 한계를 사료 측면에서 생각해 볼 수 있다. 그가 속한 예일 대학교 신학대학원 도서관 내 데이선교도서관Day Mission Library에는 방대한 양의 선교 문헌이 있었지만 대부분이 서구 선교사에 의해 쓰인 저서였다. 따라서 라투렛이 활용한 자료 대부분은 다분히 서구 중심, 선교사 중심일 수밖에 없었고, 그 결과 라투렛의 서술 역시 기독교 확장의 주체를 서구의 선교 운동과 선교사에 주로 할애한 일방적 서술이었다는 비판을 받는다. 오늘날 지구촌 곳곳에서 일어나는 폭발적인 기독교 확장의 주체가 누구인지에 관한 질문을 다루면서, 이제는 피선교지의 현지인과 비서구 지역 그리스도인의 역할이 얼마나 중요한지 논하는 시점에 이르렀다. 이러한 길목에서 라투렛의 역사 서술 방식은 심각하게 도전받으며 그 한계성을 드러낸다. 오늘날 라민 사네 같은 이는 라투렛의 시각은 이미 구시대의 방식이라고 정리한다.[44]

라투렛의 기술이 1차 사료에 근거한 새로운 해석이라기보다는 2차 자료의 공인된 요약에 불과하다는 비난도 있다. 라투렛의 저서가 좋은 참고서는 될 수 있어도 새로운 해석을 제시하지는 않는다는 지적이다.

누구도 필적할 수 없을 만한 라투렛의 통전성과 포괄성에 대해서도, 오히려 바로 그게 문제의 단초가 된다는 지적도 있다. 포괄적 역사 서술이 피할 수 없는 문제는, 의미를 발견하기에는 그 서술이 수박 겉핥기에 불과할 수 있다는 것이다.[45]

○○○

지금까지 라투렛의 작품과 그의 방대한 역사 서술을 살펴보았다. 한마디로, 라투렛은 선교적 시각에서 기독교 역사 전체를 조망했다. 그의 선교적 접근은 기독교의 본질과 복음의 영향력을 더욱 드러내는 역할을 했다.

라투렛의 가장 큰 공헌은 역사 서술 방법론일 것이다. 그는 사실상 기독교 역사 기술에서 전환기적 인물이다. 종래의 사관이 유럽 교회 중심이었다면 라투렛은 그 벽을 깨고 세계적 안목에서 기독교를 통찰하게 했다. 또한 라투렛에게서는 교회사나 선교 역사가 분리되지 않고 통합되는 새로운 시도를 본다. 아울러 라투렛의 기독교 역사 서술은 일반사 맥락에서 이루어진다. 그는 정치사뿐 아니라 사상사, 문명사, 예술사 등 폭넓은 맥락에서 기독교 역사를 기술한다. 이러한 접목은 참으로 개척자적인 시도였다. 그는 당대 미국에서 가장 영향력 있는 역사가이자 선교 역사의 거장이었고, 거시적 안목을 지닌 역사가였다. 미국역사학회와 미국교회사학회American Society of Church History 회장을 모두 역임했던 그는 양쪽 모두에 도전적이고도 독자적인 목소리를 발한 자maverick였다.

라투렛의 "위대한 세기" 다음은 과연 어떤 세기일까? 이제 우리는 기독교가 확장되면서 기독교 세계의 지형이 바뀐 결과를 목도하고 있다. 지난 반세기 동안 비서구 세계 그리스도인의 수가 서구 기독교 그리스도인의 수를 앞지르면서 기독교 인구 구성이 바뀌었고, 서구에서 주도해 왔던 교회의 예배와 신학 및 선교 운동도 새로운 국면을 맞이했다. 이 시기는 지구촌 곳곳에 미전도 종족들의 실체가 드러나며 기독교가 이전보다 더 깊숙이 침투하는 시기이기도 하다. 이런 면에서 지금 세기를 '더 위대한 세기'The Greater Century라 부를 수는 없을까?

    라투렛의 위대한 업적에도 불구하고, 라투렛이 살면서 보았던 시대는 진정한 지구촌기독교의 모습을 보기에는 그 문턱을 아직 넘지 못한 시기였다. 실제로 라투렛의 『기독교 확장사』 마지막 권은 1944년까지 다루는데, 실상 지구촌기독교가 부상하는 이정표가 된 전환점은 제2차 세계대전이 종식된 1945년이었다. 식민주의가 몰락하고 독립 국가와 신생 교회가 생겨나면서 진정한 지구촌기독교의 이야기는 그 이후부터 전개되던 참이었다. 아쉽게도 라투렛의 이야기는 그 시점 직전에 종료되었다. 거기까지가 라투렛의 역할이었을지도 모른다. 이제는 이 거장의 어깨 위에서 그가 전망하지 못했던 '더 위대한 세기'를 바라보는 일이 우리에게 남겨진 몫일 것이다.

4장

스티븐 닐

1900-1984

선교의 과도기에 선 에큐메니스트

1851-1930
Adolf von Harnack

1834-1910
Gustav Warneck

1884-1968
Kenneth Scott Latourette

1900-1984
Stephen Charles Neill

1929-1992
David Jacobus Bosch

1909-1998
Lesslie Newbigin

1942-2019
Lamin O. Sanneh

1928-2021
Andrew F. Walls

20세기 들어 영미권의 대표적 선교역사가를 꼽는다면 미국의 케네스 스콧 라투렛과 더불어 영국의 스티븐 닐Stephen Charles Neill, 1900-1984을 꼽을 수 있다. 닐의 『기독교 선교 역사』A History of Christian Missions, 1964는 선교 역사를 탐구하는 사람들에게는 익숙한 저서다.[1]

20세기 기독교는 교회사에서, 특히 에큐메니컬을 시도한다는 점에서 중요하다. 세계가 점점 좁아지는 만큼 기독교의 확장은 급속히 이루어졌다. 이러한 상황에서 필연적으로 등장하는 이슈는 '에큐메니즘'이라는 새로운 양상이었다. 이와 맥을 같이하여 시대를 대표하는 기독교 역사가를 한 명 꼽는다면 닐은 손색없이 훌륭한 선택이 될 수 있다. 닐은 신학자, 선교사, 에큐메니컬 운동 지도자인 만큼, 그를 연구하려면 신학, 선교학, 교회사, 에큐메니컬 운동 등 폭넓은 분야를 망라해야 한다. 여러 영역에 걸친 그의 활동과 공헌을 모아 한마디로 그를 묘사한다면, '에큐메니컬 비저너리'ecumenical visionary라는 표현이 적절할 것이다. 이번 장에서는 그의 생애와 사상, 특히 선교역사가로서의 특징을 이런 시각에서 소개해 보겠다.

닐의 생애와 저술

배경 및 영적·시대적 유산

가족 배경과 회심 닐은 스코틀랜드 에든버러에서 19세기의 마지막 해인 1900년의 마지막 날인 12월 31일에 태어났다. 이미 인도의 의료 선교사였던 외조부, 부모를 이어 선교사의 자녀로 태어난 닐은 생애 첫 2년을 인도에서 보냈다. 닐의 아버지는 의과 대학 시절 부흥사 D. L. 무디에게 큰 영향을 받았다.²

닐의 신앙 뿌리는 '복음주의'evangelical였다. 닐은 복음주의 성격의 학교였던 딘 클로즈 스쿨Dean Close School 기숙 학교를 다녔는데, 14세였던 1914년에 이하선염에 걸려 병치레를 하면서 회심을 경험했다. 닐은 그때를 회상하며 이렇게 서술한다. "침상에 누워 있을 때, 그리스도께서 내 죄를 위해 죽으셨으며 내게 남은 삶은 상상할 수 없는 축복을 주신 그분을 감사와 정성을 다해 섬기는 삶으로 쓰여야 한다고 믿을 수밖에 없는 은혜를 경험했다."³

학문 연마와 에큐메니즘적 영성 형성   닐은 복음주의적 기조를 품고 성장했지만, 대학 시절에 에큐메니즘을 향한 열정을 지필 사건을 경험한다. 케임브리지 대학교에 다니면서 닐은 학업과 기독 동아리 활동 모두 열심히 수행했다. 닐은 신약학과 교부학에 관심을 두었는데, 그러한 관심은 그의 에큐메니즘 성향을 형성했다. "고전 작가 및 (종교개혁자보다는) 초기 교부에 대한 강조는 그에게 복음주의적 성공회에서는 볼 수 없는 보편성에 대한 생각을 심어 주었고, 그 보편성 인식은 결국 그에게 에큐메니즘이라는 방향을 제시했다."⁴ 닐은 기독교와 유럽의 지적 전통인 헬레니즘의 상관관계에 초점을 맞추며 그의 선교 역사 서술을 상당 부분 준비할 수 있었다.⁵ 그는 케임브리지의 대학 간 연합 운동인 케임브리지기독인연합Cambridge Inter-Collegiate Christian Union, CICCU에 가담해 활동했는데 이 운동은 복음주의 학생 단체였다. 닐의 첫 에큐메니즘 경험은 1922년 그가 케임브리지 기독학생운동Student Christian

Movement, SCM의 의장으로 추대되면서 처음으로 시작되었다. 이 단체는 더 진보적인 단체로, 여기에 참여함으로써 닐은 전국 규모의 에큐메니컬 운동에 발을 들여놓게 되었다. 그는 대학 선교 활동을 도심과 마을마다 조직하며 성경 공부 프로그램도 만들었다.6 바로 이때가 영국성공회선교회Church Missionary Society가 둘로 나뉘어 더 보수적인 단체인 성서교인선교회Bible Churchmen's Missionary Society를 태동시킨 때였다. 이러한 신학적 논쟁기에 닐이 개인적으로 고뇌한 경험은 그로 하여금 화해와 일치의 정신을 강조하는 에큐메니즘으로 평생 방향을 기울이게 했는지도 모른다.7 이 시기 닐의 생각은 다음의 회고에 반영되어 있다.

> 내게는 분리가 불가피해 보였다. 50년간 나는 이 두 진영이 얼마나 서로를 해치고 있었는지 힘없이 지켜볼 수밖에 없었다. SCM의 과도한 진보적 성향은 (앞서 말한 CICCU의 정신을 좇는) IVF를 그 어느 때보다도 훨씬 경직된 교리 쪽으로 몰고 가기에 충분했다. IVF의 편협성은 SCM이 분명하고 명확한 신앙고백을 하기가 거의 불가능할 정도로 작용했다. 이 두 진영은 서로 화합하기보다는 분열과 쓴 감정으로 서로 기독교의 동력을 약화시킬 뿐이었다.8

선교사, 감독, 에큐메니컬 운동 지도자, 교수, 저자로 살다 닐은 학업 성적이 우수했기에 트리니티 대학교에서 공부할 기회(fellowship, 1924-1928)를 얻었다. 하지만 그는 선교 활동을 하기 위해 학업을 미루었다. 사실상 선교사로서 닐의 삶은 1924년에 시작된 셈이다. 그는 1924년에 인도로 가서 20년간 영국성공회선교회 선교사로 머물렀다. 닐은 선교 사역 초기에 복음 전도에 주력했는데, 한동안 전도자 스탠리 존스E. Stanley Jones

와 함께 사역하기도 했다. 닐의 후기 사역은 신학 교육이었다. 그는 티루마라이유르 신학대학교 학장이 되었다. 그는 남인도에 머무르면서 타밀어를 배웠으며 타밀어 성경 개정 작업 및 기독교 문서 출간 사역에도 헌신했다.

1939년 닐은 티네벨리의 감독이 되었다. 티네벨리는 4개의 성공회 교구 중 하나로 1947년에 연합되어 남인도교회The Church of South India의 일부가 된 곳이다. 그는 인구의 96퍼센트가 인도인이며 4퍼센트가 유럽인인 선거구에서 감독으로 선출되었는데, 1944년에 명확하지 않은 이유로 감독직을 사임하고 이듬해 영국으로 돌아간다.⁹ 1947년 그는 캔터베리 대주교의 조수로 선임된다. 그의 임무 중 하나는 발족을 준비하던 세계교회협의회와 연락하는 일이었다. 이로써 그에게 에큐메니컬 운동 사역의 새로운 장이 시작되었다. 그는 1947년에 캐나다 온타리오주 휘트비에서 열린 국제선교사협의회IMC에 참여하여 "선교 파트너십"Partnership in Mission이라는 글을 썼으며, 그 모임에서 새로운 직책co-director of the Study Department of the IMC으로 선임되었다. 1948년에는 성공회 램버스회의Anglican Lambeth Conference in London에서 남인도교회의 주요 문건을 작성했다. 같은 해 암스테르담에서 세계교회협의회가 출범할 때 그는 "기독교의 본질을 상실한 교회"The Church's Failure to Be Christian라는 글을 썼다.¹⁰ 닐은 에큐메니즘주의자로서 두 가지 중요한 직책을 맡았는데, 1948-1951년에는 세계교회협의회의 부사무총장으로, 1952-1962년에는 세계기독도서World Christian Books의 총편집자로 일했다. 세계기독도서는 국제선교사협의회에서 재정 지원을 받았다.

닐은 여러 곳에서 가르쳤는데, 1962-1967년에는 독일 함부르크에서 선교학을 가르쳤고 1969-1973년에는 케냐 나이로비에서 철학과 종교학 교수로 사역했다. 그는 미국에도 여러 번 방문했으며, 1979년부터는 잉글랜드 옥스퍼드 대학교 위클리프 홀에서 교구 부감독으로 지내며 목사 안수 후보자들의 멘토가 되었다.[11] 이 말년 시기는 그의 저술, 특히 두 권의 역작『인도 기독교 역사』A History of Christianity in India 저술에 몰두하는 시간이었다.

닐의 저술

닐은 대단히 왕성하게 다작한 저술가였다. 라투렛처럼 평생 독신으로 살아 온 그는 1984년에 생을 마칠 당시에도 세 권의 책을 출간했다.[12] 닐은 다양한 분야에서 저술을 남겼는데, 출간한 서적과 논문의 양으로 볼 때 그 공헌이 상당하다. 닐의 저술은 크게 성경,[13] 역사,[14] 에큐메니즘,[15] 변증,[16] 목회[17]라는 다섯 가지 영역으로 나눌 수 있다.

첫째, 성경 영역에서는『신약성경 해석 1861-1961』The Interpretation of the New Testament, 1861-1961, 1964과 더불어 여러 소책자가 있다. 케임브리지 재학 시절 닐의 신학 연구 논문은 플로티노스Plotinus, 니사의 그레고리오스Gregory of Nyssa, 나지안조스의 그레고리오스Gregory of Nazianzus를 비교한 연구다. 무엇보다도 닐은 교부들을 애호하면서도 스스로를 신약학자로 여겼다.

둘째, 닐은 역사가로서 에큐메니컬이라는 특징을 담아 저술했다. 닐이 1963년에 한스루디 웨버Hans-Ruedi Weber와 공저한『기독교 역사 속 평신도』The Layman in Christian History는 세계교회협의회의 평신도 분과 프로젝트로 출간한 책이다.[18] 이 책은 가톨릭, 정교회, 루터교회, 개혁교회, 자유교회, 신생 교회에 대한 이야기를 담은 에큐메니컬 작품이다. 기독교 역사에 공헌한 평신도의 역할을 강조한 이 책은 당시 만연했던 성직주의를 교정하는 시각을 제공한다. 닐의 역사 저술 가운데 가장 중요한 작품은 1984년과 1985년에 각각 출간된 두 권의『인도 기독교 역사』다. 이는 닐 자신도 오랜 시간 기대했던 역작으로, 그의 생애 마지막 해에 나오긴 했지만 그가 죽음으로써 출판사가 의도한 세 권의 분량으로는 출간하지 못했다. 제3권은 1958년 이후 가장 최근까지의 인도 기독교 역사를 총망라하려 했기에 아쉬움이 남는다. 하지만『인도 기독교 역사』는 출간된 두 권만으로도 닐의 역작이라 부르기에 손색이 없다.

셋째, 닐의 에큐메니컬 역사 저술은『에큐메니컬 운동사 1517-1948』 A History of Ecumenical Movement 1517-1948[19]에 실린 "서언: 종교개혁 이전 분열 및 연합 운동"Introduction: Division and the Search for Unity Prior to the Reformation과 "연합과 재결합을 위한 계획 1910-1948"Plans of Union and Reunion 1910-1948 이 있는데 특히 두 번째 논문에서는 각 전통 안의, 그리고 전통 사이에서 나타나는 여러 형태의 연합 운동을 다룬다.

넷째, 닐은 변증 영역에서 주로 타 종교에 대해 서술했다. 특히『성육신의 진리』The Truth of God Incarnate[20]에 수록된 그의 두 논문 "예수와 신화"Jesus and Myth 와 "예수와 역사"Jesus and History는 당시 논쟁적이었던 책『성육신의 신화』The Myth of God Incarnate[21]에 대한 응답이었다.

다섯째, 목회 사역 관련 저술은 교회 사역을 다룬 저술과 신앙생활을 다룬 저술로 대별할 수 있다. 그 외에도 닐은 많은 저술을 공저했다.『간추린 성경사전』Concise Dictionary of the Bible, 1966과『간추린 세계선교사전』Concise Dictionary of the Christian World Mission, 1970 같은 참고서 및 인터뷰, 서평, 강연록 등도 다양하게 출간되었다. 그중 가장 큰 공헌은 64권의 시리즈로 출간한 "세계기독도서"World Christian Books 가운데 여섯 권을 집필한 것이다.²² "세계기독도서" 시리즈는 전문적이고 정교한 기술을 피하면서도 신학의 전 영역을 망라한 신학서로, 거의 모든 교단에서 수용했다.

이처럼 닐의 저술은 포괄적이고 다양하다. 그의 저술은 내용 면에서는 복음적이고, 성격 면에서는 에큐메니컬적이며, 세계 선교 및 신생 교회에 대한 관심 면에서는 다분히 변증적이다. 그는 소논문 "세계를 위한 도서"Books for the World에서 밝히듯 신생 교회에는 신학서가 많이 필요하다고 역설하면서, 신생 교회의 신학적 필요를 충족시키기 위해 국제 사무소 설립을 제안했다.²³

닐의 선교 역사 저술

여기서는 닐의 광범위한 저술 가운데 선교 역사를 다룬 저술을 다룸으로써 선교역사가 닐을 조명하고자 한다. 닐이 본인을 역사가로 의식했든 그렇지 않았든, 그는 유명한 두 역작을 통해 이미 선교역사가로 명성을 남겼다. 그중 하나는 『기독교 선교 역사』, 다른 하나는 두 권의 『인도 기독교 역사』다.²⁴ 이 두 작품을 간략히 살펴보겠다.

『기독교 선교 역사』

단권으로 된 『기독교 선교 역사』는 선교 역사 서술로는 가장 보편적으로 알려진 책일 것이다. 이 책은 가톨릭과 정교회의 선교 역사를 포함하고 교회의 모든 전통을 총망라한 저서다. 에큐메니컬적이고 포괄적인 닐의 특성이 그대로 반영되어 있으며, 특히 그의 선교 배경인 인도 교회사와 인도 에큐메니컬 운동사가 담겨 있다. 책에서는 최근 두 세기의 기독교 확장 역사를 집중해서 다룬다. 라투렛은 이 책을 다룬 서평에서, "닐은 19세기와 20세기가 기독교 확장의 주요한 두 세기임을 인정하면서, 1789년 이후 175년이라는 기독교 확장의 세기를 그의 저서 3분에 2에 걸쳐 다룬다"고 썼다.[25] 이 점에서 닐은 라투렛과 같이 역사 기술에서 근현대사에 무게와 의미를 더 두는 역사가라 할 수 있다.

닐의 선교 역사 서술의 특징은 한마디로 '단순한 선교사들의 역사 이상의 것'을 썼다는 것이다. 닐은 자신의 저술 덕분에 선교역사가로 정평이 났지만 아이러니하게도 이렇게 말한다. "선교 역사 자체를 다루고자 이 책을 쓸 의도는 전혀 없었다. 그런 저술이라면 내게 정말 지루하기 짝이 없는 주제일 것이다. 이 책에는 '기독교 선교 역사'라는 친숙한 제목이 붙어 있긴 하지만, 내 목표는 하나님이 창조하신 인류에 대한 하나님의 목적 중 한 면만을 다루는 것이다."[26] 이 언급에서 닐의 강조점은, 복음 전파의 일면만을 강조하는 선교 역사 서술을 넘어 기독교 신앙과 비기독교 신앙의 조우를 통해 하나님이 창조하신 "인간들 속에 작동하고 있는 하나님의 놀라운 기사wonder"다.[27] 이 맥락에서 닐은 여러 선교사 가운데 특별히 타 종교와 기독교의 조우에서 주목할 만한 선교사들을 언급한다. "이 저술에서 나는 이러한 신앙들 간의 접촉과 조우를 상세히 다루어 나가기 위해 라몬 룰Ramon Llull에서부터 로베르토 드 노빌리Robert de Nobili, J. N. 파커Farquhar, 크래머Kraemer를 다루게 되었다."[28] 즉, 그의 저술은 단순히 유명 선교사들의 역사라기보다는 기독교와 타 종교의 만남이라는 큰 사건 속에서 다룰 수밖에 없는 주요 선교사들의 사상과 전략과 경험을 서술한 내용이라고 해석해야 할 것이다.

『인도 기독교 역사』

오랜 시간에 걸쳐 기획된 이 역작은 닐 자신의 야망에 따른 결과라고도 볼 수 있다. 닐은 자신이 몸담은 인도에 전파된 기독교의 통사를 저술하기를 오랫동안 열망했다. 『인도 기독교 역사』는 1974년에 시작되어 닐의 생애 말년까지 이어진 최후의, 가장 방대한 작품이 되었다. 출판사에서는 세 권을 제안했지만 원래 닐 자신은 다섯 권으로 의도했던 이 역작은,[29] 아쉽게도 그의 죽음으로 인해 두 권 분량으로 1858년까지의 역사만 다루게 되었다. 그가 계획한 대로 저술이 이루어졌다면 인도가 독립한 해인 1947년까지의 역사를 볼 수 있었을 텐데 상당히 아쉽다.

닐은 4년에 걸쳐 『인도 기독교 역사』 제1권을 탈고했다. 제1권은 사도 도마의 도착으로 시작된 인도 교회의 시작을 기점으로 1707년까지 다룬다. 1707년은 무굴 제국의 마지막 황제 아우랑제브Aurangzeb가 죽은 해이자 트랑케바르(지금의 타랑캄바디) 지역에 개신교의 첫 선교, 즉 덴마크 왕립-할레 선교회The Royal Danish-Halle Mission의 선교가 시작된 해였다. 제2권은 1858년까지 다루는데, 1858년은 영국 정부가 영국 동인도회사에서 직접적인 인도 통치권을 이양받은 해였다. 제2권은 영국 통치에 대한 반발로 1857-1858년에 일어난 인도 항쟁을 다루며 마무리된다.

이 역작에도 닐의 포괄적이면서도 에큐메니컬적인 특성이 반영되어 있다. 한 인터뷰에서 닐은 당시 선교 역사 서술의 문제점을 이렇게 지적한다. "내가 하려는 주요 프로젝트가 있는데, 바로 인도 기독교의 [포괄적] 통사를 저술하는 일이다.…많은 경우 통사라면서도, 가톨릭을 보면 개신교 언급은 거의 하지 않고 개신교에서도 가톨릭을 다루지

않는다. 사도 도마나 초기 말라바르Malabar 그리스도인에 대한 서술은 아예 빠져 있는 게 예사다."³⁰

이 작품의 특징은 현지인의 관점이 두드러진다는 것이다. "인도 기독교 역사 서술이라면 당연히 인도인들이 어떻게 기독교를 수용했는지를 다루어야 하고, 인도 그리스도인이라는 정체성이 어떻게 형성되어 가는지, 그들의 교회가 어떻게 인도라는 상황에 적응하고 인도 사회의 중요한 한 부분으로 인식되고 정립되는지를 다루는 게 주요 이야기가 되어야 할 것이다."³¹ 각 권 서문에는 닐이 의도한 현지인 관점이 잘 나타나 있다.

> 인도에서 교회는 적어도 1,500년 동안 존재해 왔다.…이제는 인도의 토양에 깊이 뿌리내렸다.…그렇다면 내가 써야 할 인도 기독교 역사는 그 목적이 선교 역사를 기술하는 게 아니라(내가 보기에 그런 역사는 가장 재미없는 역사일 것이다), 외부에서 기인했지만 인도 대륙 전체와 인도인의 삶에 중요한 한 부분이 된 기독교의 존재와 성장 과정을 보여 주는 것이라고 생각한다. 이러한 이유로 (때로 독자들은 너무 많다고 생각할지 모르지만) 나는 상당량의 지면을 인도인들의 사회, 정치, 종교 경험과 기독교에 대한 타 종교의 반응을 다루는 데 할애할 것이다.³²

> 인도 내 모든 기독교의 전통, 즉 유럽, 중동, 인도에서 온 모든 기독교 전통을 포함하는 것은 매우 필요하다. 그리고 인도의 문화적 배경과 유럽의 세력 및 영향력의 증대, 기독교의 공세적 도래에 대한 인도인의 반응 및 서구와는 상당히 독립적으로 성장했던 인도 교회들의 성장에 상당한 지면을 할애하는 것도 매우 필요하다고 생각한다.³³

닐의 선교 역사 서술 방법론

이제까지 닐의 두 역작을 중심으로 선교역사가 닐을 살펴보았다. 이번에는 그 외 여러 논문과 저술을 통해 닐의 사상과 방법론 등을 다루고자 한다.

역사의 의미

역사신학 닐의 역사 서술에 나타나는 특징 가운데 하나는 신적 사관을 강조한다는 점이다. 닐은 "예수와 역사"라는 논문에서 역사신학theology of history을 언급한다. 여기서 그가 역사철학philosophy of history이 아니라 역사신학이라는 용어를 쓰는 이유에 주목할 필요가 있다.

> 나는 역사철학이라는 개념을 믿지 않는다. 역사 자체에서 어떤 증거를 도출한다는 개념의 역사철학은 가능하지 않다고 보기 때문이다. 이러한 개념에는 역사 밖에서 역사를 객관적으로 살펴볼 수 있는 아르키메데스 점Archimedean point의 관점이 결여되어 있다. 그러나 나는 그러한 관점이 가능하다고 보기에 역사신학이라는 말을 믿는다.[34]

닐의 이른바 '역사신학'은 두 가지로 요약할 수 있다. 하나는 역사의 중심점이 예수 그리스도라는 것, 또 하나는 역사에는 구원을 위해 인류 가운데 일하시는 하나님의 섭리가 작동하고 있다는 것이다. 닐에게 "기독교의 역사신학은, 예수 그리스도의 죽음이 바로 역사의 중심점으로서 거기에 모든 과거의 역사가 수렴되고 거기서 모든 미래의 역사가 발산된다고 보는 것이다."[35]

신적 섭리로서의 역사 그런 점에서 닐은 교회사가의 책무가 무엇보다도 전 역사를 섭리적 사관에서 보는 일임을 강조한다. 제럴드 앤더슨Gerald H. Anderson은 닐의 사관을 두고, "닐에게는 기독교 확장의 역사야말로 교회사를 이해하는 유일하게 올바른 방법이며, 교회사는 올바른 의미에서 섭리적 사관으로 조명한 세계사라고도 할 수 있다"고 말했다.[36] 닐의 강조점은 다음의 말에서도 메아리친다.

> 내가 원하는 것은 지루한 선교 역사 서술이 아니라 인도 기독교 역사를 섭리적 사관으로 기록하는 것이다. 즉, 복음 전파가 인도라는 삶의 전 영역에 얼마나 부합했는지, 그리고 1947년 독립 때까지 어떻게 발전해 왔는지 보여 주는 것이다.[37]

닐은 섭리적 사관이야말로 교단이나 전통이라는 장벽을 극복하며 역사를 서술하는 사관이라고 보았다.

세계사 내 선교의 중요성

세계사에서 식민지 시대 후기의 기독교 선교는 일반적으로 많은 역사가에 의해 부정적으로 취급되었다. 역사 연구에서 식민지 시대에 대한 서구의 죄의식은 역사가로 하여금 선교 역사 서술 자체를 기피하거나 무시하게 하는 결과를 가져왔다. '선교'mission라는 말은 나쁜 의미(일종의 금기어dirty word)로 전락해 기독교 선교의 총체적 유산이 크게 무시되어 왔다. 닐은 그 사례로 『케임브리지 현대사』Cambridge Modern History의 첫 출간본을 들며, 열네 권 가운데 기독교 선교를 언급한 부분이 한 곳뿐이라는 사실을 지적한다.[38]

닐이 보기에 이 추세는 바뀌고 있었다. 세계사에서 기독교 선교가 차지하는 비중과 중요성은 교회 역사가보다 오히려 세속 역사가들에게 재평가되고 있었다. 세속 역사가들은 기독교 선교가 오늘날 근대 문명이 자리 잡는 데 가장 창의적인 원동력 가운데 하나였음을 인정한다.[39] 그 예로『새 케임브리지 현대사』New Cambridge Modern History에서는 이전 출간본과 달리 기독교 선교의 부정적 측면을 긍정적 측면과 같이 다룬다.[40] 닐은 세속 역사가들의 이러한 역사적 관찰이 바로 현 세계사 연구에서 선교의 중요성과 무게감을 결코 무시할 수 없는 요소로 입증하는 것임을 강조한다. 선교의 중요성을 무시하는 일은 결국 심각한 역사 왜곡을 초래한다는 것이다.

선교 역사 서술: 재고할 점

신학의 틀로서의 선교   선교역사가로서 닐의 사상은 그의 논문 "학문으로서의 선교 역사"The History of Missions: An Academic Discipline에 잘 나타나 있다. 특히 그는 학문 영역에서 선교는 언제나 주변적으로 취급되어 주목받지 못한 영역이었다고 지적한다.[41] 그리고 선교학은 기껏해야 실천신학의 일부 혹은 실천신학에 첨부된 내용 정도로 취급되어 왔음을 비판하면서, 선교학이 오히려 모든 신학에 방향성을 제공하는 틀이 되어야 한다고 주장한다.[42]

선교는 여기저기 흩어져 산발적으로 논의되거나 첨부물 혹은 화젯거리 정도로 여겨졌다. 신학 분야에서 선교는 실천신학의 일부로 한두 페이지에 처리되는 경향이 많았다. 오히려 선교야말로 모든 신학이 그 안에서 방향성을 재정립하는 틀이 되어야 하는데도 말이다.[43]

선교 역사 서술의 문제점 닐은 당시까지 선교 역사 서술이 주로 서구 기독교에 의해 주도되었고 그만큼 편견을 갖고 기술되어 왔다고 주장한다. 그는 선교 역사 서술이 다음과 같이 실패했다고 지적한다.

첫째, 기존 선교 역사 서술은 주로 특정 선교회 및 특정 관심사에 따라 기술되었다. 초기 선교 저작물은 선교회의 내부 발전에 너무 치중되어 기술되었기에 신학적·역사적 의미를 많이 결여하고 있었다.

둘째, 선교 역사 서술이 사실에 근거한 기술이라기보다는 영웅주의적 전기물에 가까웠다. "선교 역사는 전반적으로 다시 서술할 필요가 있다. 내가 호소하는 바는, 과거에는 선교 역사가 마치 성자들의 전기처럼 쓰여 선교사들의 좋은 면만을 기술하거나 선교 사역의 실패보다는 성공한 면을 더 많이 부각했다는 것이다."[44]

셋째, 선교 역사 서술이 시대적 맥락을 고려하지 않고 오히려 시대와 동떨어져 있었다. 예를 들어, 닐은 "19세기 중반 인도 선교 역사를 기술할 때 누구나 다 아는 이른바 '인도 폭동 사건'Indian Mutiny 및 이 사건이 선교 사역에 미친 영향을 언급하지 않고 기술하는 일은 있을 수 없다"고 지적한다.[45]

넷째, 선교 역사 서술이 서방 기독교 관점에서만 기술되었다. 451년 칼케돈 공의회 이후의 서술에서 거의 모든 동방 교회가 사라져 버린 것이 하나의 예다.[46] 비(非)칼케돈파 교회에서도 수많은 선교 활동을 했지만 이런 사실은 거의 무시되었다.

다섯째, 기존 선교 역사 서술의 가장 큰 취약점은 서술이 전혀 에큐메니컬적이지 않다는 것이다.[47] 닐은 에큐메니컬적인 시대 상황과 정신에 비추어 볼 때 당시 출판되던 기독교 역사 서술은 이를 반영하지 못한 낙후된 저술이라고 비판한다.[48]

마지막으로, 그동안 선교 역사는 전달자 입장에서만 기술되었으며 수용자 입장에서는 기록되지 않았다.⁴⁹ 닐이 보기에 그런 선교 역사는 "설교자나 선교사의 입장에서 기술되었을지는 모르나, 그것을 듣고 보는 수용자의 입장은 전혀 고려되지 못했다."⁵⁰

다루어야 할 제안 닐은 교회 역사를 연구하고 가르칠 때 재고해야 할 점을 몇 가지 제안한다. 주안점은, 진정한 의미에서 교회사는 교회 내부에서 역사하시는 하나님을 조명하기보다는 교회 밖 모든 국가에서 역사하시는 하나님의 역사로 기술되어야 한다는 것, 즉 복음이 각 문화 및 종교와 어떻게 조우해 왔는지 기술해야 한다는 것이다. 이를 위해 닐은 신생 교회의 신진 학자들이 교회사 서술에 적극적으로 참여하기를 독려한다.⁵¹

그러면서 닐은 다수의 선교사 전기 재서술, 복음이 타 지역 및 타 인종에 미친 영향력을 에큐메니컬 관점에서 다시 조명하는 지역 연구, 회심자 스스로의 자기 이야기 기술, 선교에 적대적인 사람들에 관한 연구, 주변적이고 비주류적인 그리스도인에 대한 기술, 독립 교회나 신생 교회에 더 크게 주목하기, 기독교와 접촉했지만 수용하지는 않은 사람들에 관한 연구 등을 제안한다.⁵²

선교에서 교회로

성공회 사제이자 감독이었던 닐이 특별히 '교회'를 강조하는 것은 어쩌면 당연하다. 닐이 속한 성공회는 고교회파high church에 가까웠기 때문이다. 닐은 "교회보다 선교를 강조하다 보면 왜곡된 시각을 갖기 쉬우며 그러한 접근은 교정되어야 한다"고 주장한다.⁵³ 닐은 선교의 궁극적 지향점이 교회라고 보았다. 교회가 선교라는 과정을 거쳐 온전한 교회로 자리 잡는 과정에 지대한 관심을 가진 닐은, 교회가 세속적 이데올로기나 타 종교의 범람으로 인해 끊임없이 도전받더라도 기독교의 미래는 여전히 희망적이라고 보았다.[54]

닐은 『기독교 선교 역사』의 마지막을 "선교에서 교회로"From Mission to Church라는 제목으로 마무리하면서 신생 교회의 고무적 양상을 반영한다. 라투렛의 말을 인용하면,

이 마지막 장에서는 선교에서 교회로 이행하는 과정, 즉 서구의 제국주의와 식민주의의 결과로 도래한 문제, 발전하면서 현지인을 지도자로 세우는 신생 교회의 등장, 신생 교회의 독립, 기성 교회와 네트워크를 모색하는 새로운 양상의 에큐메니컬 운동의 출현 등을 열거한다.[55]

『인도 기독교 역사』에서도 닐은 특별히 선교에서 교회로의 이행 과정을 그리면서 교회의 연합 및 일치 운동에 초점을 맞춘다.[56] 닐은 자신의 서술을 "선교의 역사라기보다는, 기독교가 인도인의 사회, 정치, 종교 상황에 어떻게 자리매김하는지 그리고 인도인들이 이러한 기독교에 어떻게 반응하는지 평가하는 일"이라고 소개하면서 인도 선교 역사를 인도 교회사로 승화시킨다.[57]

역사 속의 교회

닐은 진부한 교회사 서술을 통렬하게 비판했다. 닐은 교회사church history라는 용어가 '역사 속의 교회'church in history라는 말로 바꾸어야 한다고 주장한다. 즉, 세속사와 분리된 역사가 아니라 세속사 안에서 역

동적으로 함께 기술되어야 하는 역사라는 것이다.

우리가 교회사를 연구하고 가르치는 방법은 완전히 재고될 필요가 있다. 다시 말해 [교회 안의 이야기가 아니라] 하나님이 지구상의 각 나라에서 어떻게 일하시는지 보여 주는 것이다. 교회의 역사는 선민의 조상이 된 아브라함으로부터 다시 오실 예수 그리스도에 이르기까지 세상과 분리된 교회 내부의 이야기가 아니라, 하나님의 역사가 이 땅의 각 나라, 종교, 문화와 어떻게 교감하고 갈등해 왔는지 보여 주는 이야기가 되어야 한다.[58]

이러한 점에서 닐은 단순히 교리사 중심 교회사나 선교사 중심 선교 역사 같은 종류의 역사 서술을 반대한다. 그에게 그러한 서술은 무의미하고 무미건조할 뿐이었다.

나는 기독교 역사가 인간과 하나님이 서로 교섭하는, 여러 체계의 철학, 문학, 종교적 경험이 정치, 경제, 사회와 서로 교섭하는 역사라고 본다. 동서 간의 다양한 접촉에, 복음이 인도라는 토양에 어떠한 방식으로 전파되고 수용되었는지에 상당히 주목할 필요가 있으며, 무엇보다 비기독교적 관점에서 힌두교인이나 무슬림의 반응을 살펴볼 수 있어야, 또한 그들의 관점에서 바라볼 수 있어야 한다.[59]

이러한 맥락에서 닐은 최근 150년의 역사가 중요함을 강조한다. 이 기간에 교회가 처음으로 타 종교 및 타 문화와 생동감 있게 접촉했고 때로는 매우 강도 높게 충돌했기 때문이다.[60]

닐에 대한 평가와 닐의 공헌

비판적 평가

닐은 에큐메니컬 측면에서 이전의 교회사가들과는 차별화된 사관과 생각을 갖고 목소리를 높였다. 하지만 에큐메니컬 운동 역시 서구 기독교 주도로 등장했다는 점에서 닐은 자신의 한계를 극복하기 어려웠던 인물로 평가받는다. 예를 들어 네덜란드의 선교학자 얀 용에넬Jan Jongeneel은 닐의 저술이 영어권에서 가장 개괄적인 선교 역사 저술이라고 평가하면서도 시기상 그가 여전히 식민주의적 범주에 머물러 있다고 지적한다.[61] 아프리카 감비아 출신의 선교학자 라민 사네는 라투렛과 닐 모두 식민주의 사관에 속한 구시대의 선교역사가라며 더욱 혹독한 평가를 내린다.

> 닐은 여전히 서구라는 중심 반경에 머물러 있다는 점에서, 그리하여 여전히 유럽의 대도시 중심적metropolitan 조망을 하고 있다는 점에서 실패했다. 닐 같은 학자에게 기독교의 이야기는 여전히 유럽인의 이야기요, 그들은 여전히 현지인에게 영웅으로 간주되었다.[62]

이 비판이 닐에게는 다소 부당하게 들릴지 모르겠지만, 이런 목소리들은 서구 제국주의와 식민주의가 몰락하고 난 후 탈식민주의 혹은 후기식민주의 관점에서 서구에 대한 비판의 목소리가 얼마나 신랄한지 보여 주는 예일 것이다.

닐에 대한 평가는 인도 상황에서도 비추어 볼 필요가 있다. 사실 에큐메니컬 운동의 공헌 가운데 하나는 교회사 서술에서 비서구권의 적극적인 참여와 주도를 독려한 것이었다. 서구에서 그동안 주도해 온 역사 서술에 대한 반작용으로 비서구에서는 비서구 주도의 역사 서술이 필요하다는 목소리가 높아지고 그러한 서술이 등장하기 시작했다. 한 예가 인도에서 인도교회사협회Church History Association of India, CHAI가 결성되어 협회의 주도 아래 여섯 권의 인도 교회사 출간이 기획된 일이었다. 그러나 인도 교회사 출간 작업을 시도하며 인도 내의 사료를 찾는 일은 기대만큼 이루어지지 않았다.[63] 결국 서구의 문헌과 사료를 기초로 책이 출간되면서, 이 기획은 차별화된 결과물을 낳는다는 본래 의도를 달성하지 못했다는 평가를 받는다. 닐이 세상을 떠날 당시 제1권이 나오기 시작했는데, 이 기획의 성격을 알고 있었던 닐은 결과물이 그렇게 나올 것이었다면 자신은 결코 공들여 쓰지 않았으리라고 평가했다.[64]

공헌

나는 닐이 받아야 할 비판에 비해 그가 공헌한 면이 훨씬 더 많다고 평가한다. 극복할 수 없는 시대적 한계에 대한 비판이야말로 편견에 치우친 시대착오적 비판일 수 있다. 현실적으로 비서구권의 현지인에 의해 기록된 사료가 많지 않았던 상황에서 닐의 두 대표작은 각각 세계 선교 역사라는 일반 통사와 인도 교회사라는 특정 역사를 서술함으로써 선교 역사 서술에서 각각 총론과 각론으로 명백히 공헌했다. 닐의 공헌을 두 가지로 정리해 보겠다.

에큐메니컬 패러다임   선교역사가 가운데서도 닐은 라투렛에 버금가는 에큐메니컬 스펙트럼을 갖고 역사 서술에 지대하게 공헌했다. 아울러 닐은 결코 상아탑에만 머문 학자가 아니었다. 그는 대부분의 삶을 선교사, 여행자, 나그네로서 외지에서 살았다. 그는 세계를 알았으며, 그 안에 사는 사람들 및 그들의 문화와 종교를 알았다.

에큐메니즘의 사제dean of ecumenism로 불릴 만큼 닐은 에큐메니즘 실천가였다. 특히 그는 남인도교회와 세계교회협의회 창립에 관여했다. 그가 몸담았던 인도는 기독교 초기부터 집중적 선교 대상 지역이었고 여러 다른 전통과 배경을 지닌 선교사들의 집결지였다. 그런 만큼 인도는 에큐메니컬 운동의 실험장이었다. 특히, 남인도교회 창립은 에큐메니즘의 가능성을 확인하는 시금석이자 효시와 같았다. 닐은 장로교, 회중교회, 성공회, 감리교가 연합하여 이룩한 남인도교회가 종교개혁 이후 가장 위대한 결과물 중의 하나라며 찬사를 보냈다.[65] 종교개혁이 초래한 치명적 약점인 교회 분열을 만회한 역사적 사건으로 본 것이다. 이는 특별히 감독직을 둘러싼 어려운 이슈를 잘 극복하고 이룩한 결과였다. 닐은 이러한 경험을 토대로 그 나름의 확신을 갖고 에큐메니컬 운동을 낙관적으로 보았을 것이다.

닐은 과거의 선교 패러다임이 물러가고 새로운 패러다임의 선교가 도래했다고 보았다. 바로 에큐메니컬 패러다임이다.[66] 그가 강조하는 에큐메니즘이란 교회 간의 동등성과 상호 존중을 의미하는데, 특히 선교사를 파송한 국가의 기성 교회older church와 피선교지의 신생 교회 younger church와의 동반 관계를 의미한다.[67]

닐은 이런 입장을 가짐으로써 오순절 운동에 긍정적 전망이 있다고 보았다. 그는 미래의 기독교에는 오순절 요소가 더욱 강한 형태로 도래하리라 보았으며, 오순절 현상은 또 다른 종교개혁일 것이라고 평가했다.[68] 그리고 평신도 사역의 중요성을 강조하면서 교회 사역에서 평신도의 역할이 더욱 커지리라고 전망했다.[69] 그는 이러한 형태의 종교개혁이 신앙의 권위가 교황에서 성경으로, 또 개인의 체험으로 심화되면서 이행되는 것이며 만인제사장직이 평신도 사역을 통해 더욱 구체화되고 완성됨을 보여 주는 것이라고 보았다. 닐이 성공회에 속했음을 고려하면 이런 예견은 파격적이다. 오늘날 일어나는 교회 사역의 변화 추세로 볼 때 그의 혜안에 놀라지 않을 수 없다.

화해자, 변증가, 대화자로서의 역할 에큐메니컬 운동은 2,000년 교회사에 등장한 고무적 현상이었지만 또 다른 긴장을 초래하기도 했다. 바로 에큐메니컬에 대응하는 복음주의 진영의 대두다. 20세기 에큐메니컬 운동에서 개탄할 점은 바로 보수와 진보의 간극이 벌어진 일이다. 이 긴장을 누구보다 잘 아는 닐은 둘 사이의 간극을 좁히려 시도한 화해자 가운데 한 사람이었으며, 이러한 면모는 그의 여러 글에 담겨 있다. 그는 성직자와 평신도의 간극, 전통 교회와 오순절 교회의 간극, 에큐메니컬 진영과 복음주의 진영의 간극, 심지어 가톨릭과 정교회의 간극 및 양극화 현상을 우려했다.[70]

닐에게 교회는 그리스도와 세상의 중재자이자 제사장이라는 위치를 차지한다.[71] 그래서 그는 내부 지향적introverted 교회를 경계하며 특히 인도의 도마교회들이 장기간에 걸쳐 이러한 성향으로 전락해 버린 것을 신랄하게 비판했다.[72] 그리고 교회는 그리스도와 세상 사이에서 창조적이고 건강한 긴장 관계를 지닌 채 존재해야 한다고 역설했다.[73] 이러한 입장은 오늘날의 화두인 선교적 교회와도 일맥상통한다.

중재자, 화해자의 입장에 선 닐은 선교 전략을 실행할 때는 선포에서 대화로 그 양식이 바뀌어야 한다고 주장했다.[74] 그는 선교사가 지녀야 할 올바른 자세는 일방적으로 말하는 태도가 아니라 상대방의 말을 듣고 이해하는 태도임을 강조했다. 복음을 듣는 수용자가 처한 환경과 정서, 그가 속한 종교와 문화를 이해하는 일이 복음 전도의 첫 단계라는 것이다. 그러나 닐은 복음에 내재된 능력을 늘 굳게 믿었다. 그는 복음의 본질이 기독교를 지구촌의 보편 종교 a universal religion가 될 수밖에 없도록 만들었다는 확신을 지니고 있었다.[75]

───

결국, 닐의 역사관은 섭리적·선교적·교회론적·종교사적·에큐메니컬적·토착적 요소를 두루 갖추었다고 평가할 수 있다. 단순한 교회사, 선교 역사 범주를 넘어선 그의 서술 맥락은 세속 역사를 존중하고 그 속에서 작동하는 하나님 나라에 더 많은 관심을 둔 역사였다.

선교 역사 서술의 흐름으로 볼 때 닐은 대체로 라투렛을 계승한다. 포괄적·에큐메니컬적이며, 기독교의 미래를 낙관하는 역사관을 공유한다. 라투렛이 복음의 생명력을 기독교의 확장이라는 양식으로 서술하려 했다면, 닐은 이를 타 종교 및 타 문화와 조우하며 생명력을 발휘하는 양식으로 서술하려 했다. 닐은 라투렛과 같이 서구 주도의 선교와 에큐메니컬 운동이 정점을 이루었던 20세기의 문턱에서 그 이전과 이후의 역사를 조망한 인물이었다. 20세기 후반 들어 급격히 쇠락한 서구 교회 및 그 반대급부로 부상한 비서구 교회의 폭발적 부흥과 인구 구성의 역전, 그것이 함의하는 신학적 의미, 앞으로 전개될 비서구 주도의 선교 운동과 지구촌 기독교를 예리하게 통찰하는 시각은 점점 더 중요해지고 있다. 그런 점에서 닐은 이전 세대와 다음 세대의 역사가를 연결하며 중요한 통찰을 이양하는 과도기적 선교역사가였다.

5장

데이비드 보쉬

1929-1992

선교 역사에 패러다임을 도입하다

1851-1930
Adolf von Harnack

1834-1910
Gustav Warneck

1884-1968
Kenneth Scott Latourette

1900-1984
Stephen Charles Neill

1929-1992
David Jacobus Bosch

1909-1998
Lesslie Newbigin

1942-2019
Lamin O. Sanneh

1928-2021
Andrew F. Walls

선교역사가라는 기준을 엄밀하게 적용한다면 데이비드 보쉬David Jacobus Bosch, 1929-1992를 선교역사가로 볼 수는 없을 것이다. 오히려 그가 타계하기 1년 전인 1991년에 출간된 그 유명한 역작 『변화하는 선교: 선교신학의 패러다임 전환』 Transforming Mission: Paradigm Shifts in Theology of Mission 을 고려한다면 그는 선교신학자로 자리매김해야 할 것이다.[1] 하지만 기독교 선교 역사를 고찰하며 선교 패러다임이라는 방식으로 접근한 보쉬의 통찰은 선교 역사 이해에 중요하게 공헌한 면이 있기에, 이번 장에서는 그를 선교역사가 가운데 한 명으로 소개하고자 한다.

보쉬의 저서는 신학 논의에서 패러다임 이론을 먼저 적용한 한스 큉Hans Küng에게 그의 패러다임 이론을 선교학 논의에 최초로 접목한 책이라는 찬사를 받았다. 레슬리 뉴비긴Lesslie Newbigin은 보쉬의 저서를 토마스 아퀴나스Thomas Aquinas의 『신학대전』 Summa Theologica에 빗대어 '선교학 대전' Summa Missiologica으로 불릴 만하다고 격찬했다. 그만큼 보쉬는 조직선교신학자systematic missiologist라는 명칭을 얻을 만한 학자였다.[2] 그는 수많은 학자의 주요 사상을 깔끔하게 인용하며 정리했다.[3] 보쉬가 폭넓게 인용한 이들의 범위는 크게 선교학자,[4] 선교역사가,[5] 선교신학자,[6] 신약학자,[7] 신학자[8] 등으로 나눌 수 있다.

선교학자로서 보쉬가 영미권 출신이 아니라 남아프리카 공화국(이하 남아공) 출신이며 그의 신학 교육 배경 또한 영미권이 아니라 유럽 대륙 신학이었다는 면에서, 그에게는 3장에서 다룬 미국의 라투렛이나 4장에서 다룬 영국의 닐과는 다른 특이성이 있다. 그가 남아프리카 출신이라는 점은 선교학 맥락에서 다소 큰 의미를 지닌다고 할 수 있다. 남아프리카는 어찌 보면 세계의 상황을 집약해 놓은 곳이다. 남아공의 백인과 흑인 비율은 15:85로, 이는 전 세계 인구에서 서구인과 비서구인 비율과 유사하다. 또한 세계화 현상은 남아공의 현실에 직접 영향을 주어, 남아공의 상황이 세계에서 떠오르는 새로운 이슈를 거의 대변하기도 한다. 이는 보쉬가 논하는 신학적·선교학적 주제로 고스란히 이어진다.[9]

보쉬의 『변화하는 선교』는 신약 시대, 교회사, 현대로 이어지는 정황에서 이루어진 선교의 유형을 역사적이면서도 신학적으로 조망함으로써, 역사가들이 간과하기 쉬운 신학적 통찰을 깊이 있게 보여 준다. 이번 장에서는 이 책을 중심으로, 패러다임 이론을 적용한 그의 역사적 통찰을 살펴보고자 한다. 그의 패러다임적 접근이 어디서 비롯되었는지, 또 그러한 접근이 선교 역사 이해에 공헌한 면과 그 영향력은 어떠했는지 논하고자 한다.

보쉬의 생애와 교육 배경 및 신학 성향

생애와 교육 배경

보쉬는 남아공의 농부 가정에서 태어났다. 부모님은 네덜란드 개혁교회 Dutch Reformed Church의 충실한 일원이었다. 보쉬는 유년 시절부터 이른바 '기독교 민족주의적'Christian Nationalist 가치관의 영향 아래 자랐다. 이에 따르면 영국인은 그들의 적이며 흑인은 인간 취급을 받지 못하는 이들이었다.[10]

보쉬는 대학교 시절 기독연합회Student Christian Association의 일원으로 활동했다. 그는 어느 여름날 흑인 노동자들을 위한 집회를 준비했는데, 그들과 처음으로 악수를 나누던 순간부터 마음속에 어떠한 변화가 생겨났다고 한다. 그것은 인간을 이해할 때, 인간 사이에는 그들을 가르는 차이점보다 공통점이 더 많다는 것이었다.[11] 그는 선교 사역으로의 부르심을 점차 강하게 느낄수록 남아공의 인종차별정책인 '아파르트헤이트'apartheid, 분리에 의구심을 갖게 되었다고 한다.

프리토리아 대학교에서 수학한 보쉬는 점차 전임 사역자로의 소명을 느껴 학부를 마치고 언어학(M.A.)과 신학(B.D.)을 연이어 전공했다. 그는 남아공의 공용어인 아프리칸스어는 물론 영어, 프랑스어, 독일어, 네덜란드어, 그리고 남아프리카의 주요 언어 가운데 하나로 넬슨 만델라Nelson Mandela의 모국어인 코사어까지 구사하는 재능을 지녔다.[12] 보쉬는 스위스 바젤 대학교에서 저명한 신약학자 오스카 쿨만Oscar Cullmann을 사사하며 신약학 박사 학위를 받았는데, 쿨만의 에큐메니컬적인 활동과 성향은 보쉬에게 영향을 주었다.

1957년에 남아프리카로 돌아온 보쉬는 특별히 트란스케이 지역에 있는 코사족을 위한 네덜란드 개혁교회의 선교 목사로 9년간 마을 전도와 교회 개척 등의 사역을 했다.[13] 트란스케이는 분리 정책으로 인해 남아공 내에서 사실상 배제된 흑인들이 사는 일종의 비공식 국가였으며 국제적으로는 합법적으로 승인받지 못한 나라였다. 이곳에서 선교 사역을 하면서 그는 타 문화권을 경험하고 인간을 이해하는 이론을 실천적으로 배웠다. 그러던 도중 그는 허리 부상 때문에 목회에서 신학 교육으로 사역을 전환하게 되었고, 그 지역 흑인들의 신학 교육을 위해 세운 신학교에서 신약학, 교회사, 선교학을 가르쳤다.

학문 활동과 신학 성향

이후 보쉬는 남아프리카 대학교의 선교학 교수로 자리를 옮긴다. 이 대학교는 남아프리카에서 유일하게 여러 인종이 모여 공부할 수 있는 학교였다. 이는 학생들이 기숙하지 않고 통학하는 환경 때문에 가능한 일이었다. 보쉬의 모교인 프리토리아 대학교에서는 아파르트헤이트를 옹호했고, 아파르트헤이트에 비판적인 보쉬는 자신의 모교에서 교수직을 할 수가 없었다. 그는 모교보다 오히려 남아프리카 대학교에서 그가 지닌 학문적 소신에 따라 날개를 펼쳤는데, 남아프리카 대학교에서 신학대 학장 직책을 수행했고 학교 학술지인 「복음주의 신학」Theologia Evangelica을 편집했다. 남아프리카 대학교 신학부는 남아공 최대의 신학부다. 보쉬는 또한 남아프리카선교학회Southern African Missiological Society의 창설을 도왔고 1968년부터 타계할 때까지 이 학회의 사무총장을 역임했다. 그러면서 이 학회의 저널인 「미셔날리아」 Missionalia의 편집장으로 1973년부터 타계할 때까지 수고했다.[14] 또한 그는 세계선교학회International Association for Mission Studies의 회원으로 활동했다. 그는 30년 넘게 학자로 살면서 10권 이상의 책과 160편 이상의 소논문을 영어, 아프리칸스어 등 여러 언어로 출간, 편집했다. 방대한 저술 면에서도 영향력 있는 학자였다고 아니할 수 없다.[15]

보쉬는 복음주의 진영과 에큐메니컬 진영 모두에 냉철하게 비판을 가하며 독자적 목소리를 낸 사람이었다. 그는 신학적으로 보면 두 진영 가운데 어느 쪽으로도 낙인찍히지 않은 자maverick라 할 수 있다. 보쉬는 세계교회협의회에서 일하면서도 복음주의 진영의 로잔대회Lausanne Congress와 세계복음주의연맹World Evangelical Alliance에서 활동했다. 그는 1974년 제1차 로잔대회는 물론 그 후속 로잔 모임(파타야)

과 세계교회협의회 모임(멜버른, 샌안토니오)에 두루 참여했고, 1982년 로잔과 세계복음주의협회 World Evangelical Fellowship에서 공동후원한 복음 전도와 사회적 책임의 관계에 관한 그랜드래피즈 협의회 Grand Rapids Consultation on the Relationship Between Evangelism and Social Responsibility 모임의 주 강사였으며, 1983년 세계복음주의협회에서 후원한 휘튼 콘퍼런스의 주요 문서인 "변화"Transformation를 만드는 데도 일조했다. 1987년에는 슈투트가르트에서 열린 세계교회협의회의 전도협의회 Consultation on Evangelism에도 참여했다.[16] 이 모든 모임에서 보쉬는 오해와 비난으로 점철된 양측을 독자적 목소리로 질타하며 탄식했다. 복음주의 진영에서는 복음을 너무 쇠약하게 만들었고, 에큐메니컬 진영에서는 복음을 너무 희석했다는 것이다.[17] 그가 보기에는 양 진영 모두 진실을 부분적으로 말하고 있었고 때로는 지나치게 양극화되어 있었다.[18] 그는 서로가 서로를 상반된 존재로 보기보다는 상호 보완하는 존재로 보면서 존중하고 서로에게 배우는 것이 진정한 기독교의 정신이라고 역설했다.

이러한 보쉬의 정신은 그의 교회 생활과 교회관에도 반영된다. 그는 인종 갈등이 매우 첨예했던 남아프리카 상황에서 아파르트헤이트를 반대했지만, 아파르트헤이트를 지지하던 네덜란드 개혁교회의 일원으로 끝까지 남아 소외되기를 무릅쓰면서 끊임없이 비판의 목소리를 냈다.[19] 그는 인종 문제로 골머리를 앓는 남아공에서 교회는 화해의 대리자로서 이른바 "대안 공동체"Alternative Community가 되어야 한다고 역설했다.[20] 보쉬의 신념은 백인 위주라는 네덜란드 개혁교회의 폐쇄성을 뛰어넘어 흑인에게 다가가며 개혁과 개신교라는 벽을 뛰어넘어 성공회는 물론 가톨릭과 가깝게 지내는 에큐메니즘적 삶을 살게 했다. 그런 만큼 그는 다양한 영역에서 가교 역할을 감당했다.[21] 1979년 7월

남아공의 수도 프리토리아에 남아공기독지도자모임South African Christian Leadership Assembly이라는 이름으로 5,000명 이상의 그리스도인이 모인 일은 분열로 점철된 남아공 상황에서는 거의 기적과 같은 일이었다고 할 수 있다.[22] 이러한 모임이 보쉬의 지도력 아래 모인 것으로 보아 그의 영향력이 실로 컸음을 가늠할 수 있다.

이렇듯 학자이자 지도자로서 쌓은 명망을 보고 미국 프린스턴 신학대학원에서는 그에게 선교학과장직과 교수직을 제안했지만 보쉬는 고국인 남아프리카의 상황을 저버릴 수 없어 본국으로 돌아갔다. 그런데 이후 애석하게도 교통사고로 타계하고 말았다. 이때 보쉬는 62세였는데, 그가 타계한 해는 『변화하는 선교』 출간 이듬해로 그의 생애에서 학자로서 절정에 이른 시기였다.

보쉬의 생애(1929-1992)는 남아공의 아파르트헤이트 기간(1948-1994)과 겹친다. 네덜란드 개혁교회의 일원이었지만 결코 선지자적·비판적 목소리를 아끼지 않았던 그는 정부와 교회의 감시 대상이었다. 하지만 그는 어느 편에도 굴하지 않았는데, 그러한 삶에 대해 그의 제자 가운데 한 사람은 그가 예수의 참 제자로서 이리 가운데 보내진 양 같았으며 비둘기같이 순결하면서도 뱀같이 지혜로운 사람이었다고 평가했다.[23] 극단적으로 양극화된 남아공 현실에서, 보쉬는 극단주의자에게는 너무 온건하다는, 보수주의자에게는 극단적이라는 비난을 받았다.[24] 이러한 그의 위치는 그가 그토록 역설한 "창조적 긴장"creative tension의 삶을 대변한다고 볼 수 있다. 그가 갑작스럽게 세상을 떠난 해인 1992년은 아파르트헤이트 정책이 폐지되기 2년 전이었다. 교통사고 현장에서 그의 죽음에 대한 의문이 제기되기도 했다. 그는 여느 흑인들처럼 구급차를 기다리다가 과다 출혈로 사망했다. 왜 이렇게 늦었

나는 한 목격자의 질문에는 "그가 백인이었다고 말한 적이 없지 않았느냐"는 답변이 돌아왔다고 한다.²⁵ 그는 그가 섬겨 왔던 흑인들과 같은 죽음을 맞이했다. 하지만 분리 정책의 폐지가 결코 갑작스러운 일이 아니었던 만큼, 그의 죽음은 실로 안타까울지언정 헛되지만은 않았다고도 할 수 있겠다.

패러다임 이론의 선행 연구

패러다임 이론은 보쉬가 내놓은 독창적인 생각이 아니다. 이 이론은 이미 물리학자이자 과학사학인 토머스 쿤Thomas S. Kuhn, 1922-1996과 가톨릭 신학자인 한스 큉1928-2021에 의해 각각 자연과학과 신학의 영역에서 논의되었다. 패러다임 이론에 대한 이 선행 연구를 간단히 소개해 보겠다.

토머스 쿤: 자연과학에서의 패러다임

토머스 쿤은 하버드 대학교에서 이론물리학과 과학사를 연구했다. 쿤의 『과학혁명의 구조』 The Structure of Scientific Revolution가 1962년 출간되었을 때 그의 패러다임 이론이 제공한 통찰은 자연과학을 다룬 과학사 발전에 대한 논의는 물론 인문·사회과학 같은 다른 학문 영역에도 거의 혁명적인 영향을 미쳤다.²⁶

쿤이 언급하는 패러다임paradigm은 공동체의 구성원들이 공유할 수 있는 신념 체계 같은 것이다. 쿤 논의의 핵심은 과학이 누적된 결과에 의해 연속적으로 발전하기보다는 혁명에 의해 비연속적으로 발전해 왔다는 것이다. 그가 일컫는 정상과학normal science에서, 정상 연구를 진행하다 변칙 현상anomaly을 만나면 비정상 연구extraordinary research를 하게 되는데, 결국 이러한 위기에 대한 반응으로 새로운 패러다임이 출현한다. 물리학에서는 이를 뉴턴의 고전 역학 패러다임에서 아인슈타인의 상대성 원리 패러다임으로의 전환, 이어서 양자 역학 패러다임으로의 전환으로 설명할 수 있다. 새로운 패러다임과 이전 패러다임 사이에는 공약 불가능성incommensurability이 있어, 결국 새로운 패러다임이 이전 패러다임을 폐기하는 패러다임 전환paradigm shift이 일어나면서 과학이 혁명적으로 발전해 왔다는 게 쿤의 이야기다. 쿤은 이러한 변화가 세계관의 변화를 의미하며 거의 종교적 개종과 같다고 보았다.

한스 큉: 신학에서의 패러다임

한스 큉의 패러다임 논의는 『그리스도교: 본질과 역사』Das Christentum: Wesen und Geschichte에 잘 나타나 있다.[27] 보쉬 사후에 나왔지만 보쉬 생전부터 큉이 전개한 논의를 상세하게 정리한 대표작으로, 여기서는 큉의 이 책을 중심으로 다루어 보겠다. 큉은 『그리스도교』에서 패러다임적 접근의 의미를 이렇게 설명한다.

> 패러다임들 안에서 사고함은 역사를 그 지배적 구조들 안에서 그 꼴지은 인물들과 함께 이해함을 의미한다. 패러다임들 안에서 생각을 전개함은 다양한 그리스도교의 총체적 상황들, 그 발생·성장·경직화를—매우 약술할지언정—분석함을 뜻한다. 패러다임들 안에서 사고함은 전통주의로 경직된 패러다임들이 오늘날 어떻게 잔존하는지 서술함을 의미한다.
> 이 모든 작업은 무엇을 위한 것인가? 현재를 더 깊이 이해하기 위한 것이다. 내가 관심을 갖는 것은 과거 자체가 아니라, **그리스도교가 어떻**

게 또 왜 오늘날의 모습으로 되었는가라는 문제다—그리스도교의 바람직한 가능태를 염두에 두면서. 이러한 유형의 역사 서술의 특징은 단순한 연대기가 아니라 시대들과 문제들을 교차시킴에 있다.[28]

이 책에서 큉은 기독교의 패러다임 전환을 도식화한다. 첫 번째 패러다임(P I)은 예수 그리스도와 그의 제자들(베드로, 야고보, 바울)이 주역이 된 "원그리스도교: 묵시문학 패러다임"이었다. 이것이 로마 제국과 헬레니즘 문화를 거치면서 두 번째 패러다임(P II)인 "고대 교회: 헬레니즘 패러다임"을 맞이한다. 여기서는 교부들(오리게네스, 아타나시우스, 카파도키아의 교부들)이 주축이다. 이것은 로마의 교황들과 게르만족의 황제들을 거치면서 세 번째 패러다임(P III)인 "중세 로마 가톨릭 패러다임"으로 옮겨 가는데 여기서는 스콜라 학자(토마스 아퀴나스, 보나벤투라)가 주축이 된다. 그다음 르네상스와 개혁 공의회를 거치면서 네 번째 패러다임(P IV)인 "종교개혁 개신교 패러다임"이 출현하는데 여기서 주축은 종교개혁자들(루터, 에라스무스, 츠빙글리, 칼뱅, 크랜머)이다. 이후 근대 철학과 자연과학과 국가론 등을 거치며 다섯 번째 패러다임(P V)인 "근대 계몽주의 패러다임"이 등장하는데 여기서는 계몽주의자이며 관념론자였던 프리드리히 슐라이어마허Friedrich Schleiermacher, 자유주의 신학자 아돌프 하르나크 같은 이들이 주축을 이룬다. 마지막으로 산업화와 민주화를 거치면서 여섯 번째 패러다임(P VI)인 "현대의 일치 운동 패러다임"이 부상한다. 각각의 패러다임에서 이에 상응하는 교회 전통이 생겨나는데, 바로 정교회의 정통주의(P II), 로마가톨릭의 권위주의(P III), 개신교의 근본주의(P IV), 자유주의의 근대주의(P V), 포스트모더니즘(P VI)이다.

패러다임은 시대 상황에 따라 변화하는 것으로 사회적·문화적·종교적 상황과 상응한다. 그러나 큉은 그 안에 영속하는 본질적 신앙의 변하지 않는 상수constants가 '예수 그리스도'라고 보았다. 이는 "**언제까지나 타당하고 끊임없이 구속력을 지니며 결코 폐기될 수 없는 것**"을 의미한다.[29] 각 시대마다 예수 그리스도는 "**언제까지나 유효한 것, 끊임없이 구속력을 지니는 것, 절대로 포기할 수 없는 것**"으로 존재한다.[30] 이렇듯 예수는 상수이기에, 각 패러다임에서는 예수에 대한 질문과 기대를 가지고 그가 누구인지 질문하고 그에 대한 이해를 꾸준히 추구한다.

큉의 말처럼 패러다임적 이해가 제공하는 유익은, 역사적인 구조와 변화 속에서 상수와 변수를 구분하는 데 있다. 큉에 의하면 본질은 현실과 떨어져 형이상학적 세계에 독자적으로 존재하기보다는 "오직 변화하는 것 안에만 존재한다.…간단히 말해서 그리스도교의 '본질'은 형이상학적 부동성과 무관계성 안에서 드러나는 것이 아니라, 끊임없이 변화하는 역사적 '**형태**' 안에서만 드러난다."[31] "**그리스도교의 참 본질은 왜곡 안에서 발생한다**"는 그의 말대로, 기독교의 왜곡된 역사는 오히려 본질을 더욱 드러내는 역할을 할 수 있다는 것이다.[32]

패러다임 이론은 교리적·교조적·교단적·분파적 이해를 넘어 넓고도 총체적인 범주에서 기독교의 다양한 전통과 교단을 이해하는 틀과 시각을 제공한다. 그러므로 어느 한 전통이나 정통에서 남을 비판하고 판단하는 일을 유보하고 일단 잘 관찰할 필요가 있다. 큉이 강조하는 바는 "패러다임 전환은 신앙의 변화가 아니"라는 것이다.[33] 변화는 신학과 교회의 변화였지 근본 신앙의 변화가 아니었다.

보쉬의 선교 패러다임 연구

보쉬가 이야기하는 패러다임은 무엇인가? 보쉬는 그의 패러다임 사고가 큉의 역사-신학적 구분을 따랐음을 시사한다.[34] 보쉬는 큉과 큰 차이 없이 다음 여섯 개의 패러다임으로 시대를 구분한다.

1. 초기 기독교의 묵시적 패러다임
2. 교부 시대의 헬레니즘 패러다임
3. 중세의 로마 가톨릭 패러다임
4. 개신교의 종교개혁 패러다임
5. 근대 계몽주의 패러다임
6. 부상하는 에큐메니컬 패러다임

다만 자연과학 영역에 한정해 논의한 쿤의 패러다임 이론을 신학이나 선교학에 적용할 때 나타나는 현상 및 주의해야 할 차이점은, 과학 분야에서는 패러다임이 혁명적으로 이전 것을 대체하는 모습으로 전개되는 데 반해 인문학이나 신학, 더 나아가 선교학 분야에서는 이전 패러다임이 완전히 대체되거나 폐기되기보다는 같이 존속한다는 것이다.[35] "한 패러다임에서 다른 패러다임으로의 변화는 갑작스럽게 일어나지 않는다. 새 패러다임은 옛것을 지키면서 변화하는 안내자의 역할을 한다."[36]

보쉬가 시대를 구분하는 패러다임을 좀 더 살펴보자. 그는 각 시대의 패러다임 유형을 대표할 수 있는 관련 성경 구절을 제시하려 하며, 해당 시대의 선교 역사에 등장하는 대표적인 인물과 사건을 기술한다.

이에 더하여 그는 깊이 있는 신학적 통찰력을 제공한다.

신약성경의 선교 패러다임

보쉬는 신약성경에서의 선교 패러다임을 논할 때 이를 마태, 누가, 바울로 나누어 설명한다. 마태복음에서의 선교 방식은 '제자 삼는 것'이었다. 그는 이른바 '대위임령'The Great Commission이라 일컫는 마태복음 28:18-20을 예수의 사역 말기에 주어진 별도의 명령이 아니라 마태복음 전체의 요약이자 결론으로 보아야 한다고 말한다. 그는 제자가 된다는 것은 예수를 따르는 것이요 그의 가르침대로 사는 것을 의미하며 마태복음은 예수께서 가르치신 바를, 또한 어떻게 살아야 하는지를 상세히 기술한 선교 강령과 다름없다고 보았다.[37]

누가복음에서의 선교 방식은 예수께서 공생애 사역을 시작하며 선포하신 말씀(눅 4:18-19), 즉 성령의 임하심과 가난하고 소외된 자들에 대한 복음 전파를 예언한 이사야 61:1 이하의 말씀과 연관되어 있다. 따라서 누가는 예수의 사역을 성령과 교회의 사역과 일치시키려 했다. 누가복음의 지상명령에 해당하는 구절(눅 24:47)에 언급된 "그의 이름으로 죄 사함을 얻게 하는 회개가 예루살렘에서 시작하여 모든 족속에게 전파될 것"에서 보듯, '죄 사함에 이르는 회개'가 핵심이다. 누가는 이 증인의 일을 위해 성령의 능력을 입어야 함을 강조한다. 이러한 맥락에서 누가가 저술한 누가복음과 사도행전에 등장하는 성령은 '선교의 영'임을 알 수 있다.

보쉬의 논의에 의하면 바울의 선교 방식은 종말론적이며, 또한 교회론 맥락에서 살펴볼 수 있다. 예수 그리스도의 오심으로 인해 하나님의 구속 경륜에서 새로운 시대가 도래했고, 이 시대는 에베소서에서 보여 주듯 은혜의 시대로 막힌 담이 허물어지면서 화해를 이루는 하나님의 사람들로 이루어진 공동체가 세워지는 시대다(엡 2:14-22). 따라서 바울의 선교 방식은 이러한 때를 알리는 일이자 이러한 공동체에 들어오라는 초청으로 볼 수 있다.

이러한 보쉬의 접근은 무엇보다 신약성경을 선교적 의도를 갖고 기술한 선교 문서로 본다는 점에서 선교적 해석학 missional hermeneutic을 시도한 접근이라고 할 수 있다. 그동안 성경을 교리적으로만 혹은 아전인수식으로 해석하며 잘못 취급해 온 습성을 버리고 성경 저자들이 의도한 바를 제대로 이해하기 위해 가려졌던 보고들을 드러낼 새로운 빛이 비추어진 것이다.

교회 역사 속에서의 선교 패러다임

보쉬는 각 시대의 패러다임에서 신학적 논평, 신론, 구원론, 교회론, 성례론, 종말론 등의 변화점을 논한다.

초기 동방 정교회의 선교 패러다임 보쉬는 초기 교회 선교에서 기초로 삼은 핵심 개념을 '사랑'과 '생명'으로 보았다.[38] 그는 동방 교회의 선교 패러다임을 논하는 데 근거가 될 만한 성경 구절을, 사랑과 생명의 사도라 불리는 요한이 기술한 요한복음 3:16, "하나님이 세상을 이처럼 사랑하사 독생자를 주셨으니 이는 그를 믿는 자마다 멸망하지 않고 영생을 얻게 하려 하심이라"로 본다. 초기 교회 시대에는 3세기까지 순회 선교사들의 역할이 있었다. 이 시기 로마의 지경 밖에 선교를 시도한 켈트 기독교와 경교(네스토리우스교)는 뛰어난 선교 매개체였다. 이후 동방 교회에서는 수도사와 왕이 선교 매개체 역할을 했다. 그러나 보쉬가 보기에는, 전반적으로 주요한 선교 매개체는 역시 이름도 없고 빛도 없던 무명의 그리스도인들과 이들이 보인 사랑의 언행이었다.[39]

또한 동방 교회의 복음 이해는 '성육신'이 함의하는 의미와 연관이 깊었다. 이는 플라톤 철학 세계관의 영향 때문이었다. 하나님에 대한 이해는 성경에서 비추는 구체적이고 역사적인 하나님이라기보다는 추상적이고 형이상학적인 개념으로 발전했다. 구원은 육체라는 감옥에서 벗어나 자유로운 영혼의 세계로 가는 것이었다. 이러한 세계관에서 성육신은 희망을 제공한다. 신이 인간이 된 것, 즉 신-인이 된 것을 인간도 신성을 입어 신적 세계로 나아갈 수 있는 문을 열어 준 것으로 받아들였기 때문이다. 이것이 바로 '신화' 神化, theosis, deification 다. 신화 과정에서는 역사뿐 아니라 그리스도인 개인의 여정이 '교육적' 과정이다. 동방 교회의 패러다임에서 윤리적 예수의 가르침은 점차 형이상학적이고 사변적인 신경 creed 으로 바뀌어 버렸다. 역사적이고 임박한 종말론은 영화되어 버렸다. 교회에서 베푸는 성례의 떡은 '불멸의 약'으로 인식되기 시작했다.[40] 또한 교회는 바로 지상에 있는 하나님 나라라는 확신 때문에 선교를 철저하게 "교회 중심적"인 것으로 보았다.[41] 선교의 목표가 교회이지, 교회의 목표가 선교는 아니었다.[42] 그리고 교회의 매우 중요한 표현 양식인 예전이 그 자체로 선교적 의미를 내포한다고 보았다.

중세 로마가톨릭의 선교 패러다임 보쉬는 중세를 주후 600-1500년으로 보았다. 보쉬는 이 시기의 선교 패러다임을 신학적·교회적·수도원적·정치적 정황 속에서 살펴본다. 신학적으로 볼 때 이 시기는 서방 교회인 가톨릭으로 대변될 수 있으며 이는 동방 교회와 여러 면에서 구별된다. 무엇보다 이 시기에는 교회의 언어가 헬라어에서 라틴어로 바뀐다. 신학에서 나타나는 대조적 변화도 흥미롭다. 동방 교회에서는 구속을 하나님의 사랑에 기초해 영생이라는 목적을 향해 배우며 나아가는 교육적 과정으로 보았다. 그 과정은 다분히 신비적이고 형이상학적인 방향성을 띠고 있으며, 따라서 예수 그리스도의 구속 사역 가운데 성육신과 부활에 초점을 두었다. 반면 서방 교회에서는 '법과 질서와 공의'를 중요시한 로마적 특성에 기초해 신학을 구축했다. 따라서 구속은 불법인 죄가 치러야 할 형벌과 십자가상의 대속적 죽음을 통해 이루어진다는 인식이 중세 로마 가톨릭 구원론의 주조를 이룬다.

중세에 일어난 또 하나의 주요 변화는 교회와 국가 권력의 결탁이었다. 그러한 가운데 일어난 정복 전쟁 및 십자군 전쟁 등은 전형적인 중세 선교 패러다임의 예가 되었다. 이 시기 정복을 통한 기독교화의 유형을 대변하는 선교의 예로는 샤를마뉴Charlemagne의 색슨족 정복, 올라브 트뤼그바손Olav Tryggvason의 노르웨이 정복, 십자군 전쟁, 스페인과 포르투갈의 식민지 확장 등을 들 수 있다.

이 시기 수도원 운동은 선교적 모델이면서 또한 문화와 문명과 교육의 중심으로 작용했다. 켈트 수도사들이 바로 그런 사례였다. 보쉬는 여러 인용을 들며 이렇게 설명한다. "그 수도사들은 가난했다. 그리고 그들은 믿을 수 없을 정도로 열심히 일했다. 그들은 쟁기를 갈고 울타리를 치고 늪지대를 간척하고 길과 다리를 만들었다.…훈련되고 지칠 줄 모르는 노동으로 그들은 서구 유럽의 야만성의 물결을 돌렸으며 침입의 시대에 황폐화되고 황량하던 땅을 다시 경작시켜 놓았다."43

보쉬는 이 시기의 선교 패러다임을 대변할 수 있는 성경 구절로 누가복음 14:23을 제시한다. "주인이 종에게 이르되 길과 산울타리 가로

나가서 사람을 강권하여 데려다가 내 집을 채우라." 이 시기 선교의 특징은 정치적 영향력, 전쟁과 영토 정복, 식민지화, 수도사적 이상 등으로 나타난다.

개신교 종교개혁의 선교 패러다임   보쉬는 종교개혁 시대의 선교 본문을 루터에게 결정적 영향을 미친 로마서 1:16-17로 보았다. "내가 복음을 부끄러워하지 아니하노니 이 복음은 모든 믿는 자에게 구원을 주시는 하나님의 능력이 됨이라. 먼저는 유대인에게요 그리고 헬라인에게로다. 복음에는 하나님의 의가 나타나서 믿음으로 믿음에 이르게 하나니 기록된 바 오직 의인은 믿음으로 말미암아 살리라 함과 같으니라." 종교개혁에서는 구원의 객관적 측면보다는 주관적 측면이 강조되고, 공동체적인 부분이 부각되기보다는 개인적인 부분이 내면화되고 심화된다.

보쉬는 종교개혁 시대의 선교 패러다임이 하나님의 주권 사상을 과도하게 강조함으로써 선교적 노력을 마비시켰다고 보았다. "주도권이 하나님의 것이기 때문에 그리고 하나님은 구원받을 자들을 주권적으로 선택하시는 분이시기 때문에, 사람을 구원하려는 인간적인 노력이 신성모독이 될 수 있다."[44] 반면에 종교개혁자들의 이러한 강조가 "선교를 하나님 자신의 사역"으로 이해했다는 면에서 오늘날 이야기하는 '하나님의 선교' *missio Dei*에 더 근접했다고 볼 수도 있다.[45] 하지만 대위임령은 예수의 초기 사도들에게만 주어졌던 명령이라는 주류 종교개혁자들의 제한된 이해는 확실히 선교의 동력을 떨어뜨린 요인이 되었다. 또한 선교의 책무는 목사나 개 교회가 아니라 국가에 귀속된다는 생각도 선교의 동력을 떨어뜨렸다. 종교개혁자들은 "각 종교는 그 지역 통치자의 종교를 따라야 한다" *cuis regio eius religio*는 원칙을 받아들였는데, 그렇게 치외법권 지역에서의 선교는 생각할 수 없었던 종교개혁자들의 정신은 분명 개신교 선교의 한계였다.

그러나 종교개혁 시대가 선교에서 암울하기만 한 시대는 아니었다. 네덜란드의 신학자 아드리안 사라비아Adrian Saravia 같은 이는 대위임령이 모든 시대, 모든 교회에 적용되어야 할 유효한 명령임을 강조했다. 종교개혁 주류와는 신학적 입장이 다른 재침례파Anabaptists 또한 예외적인 선교를 시도했다.

보쉬가 기술하는 종교개혁 시대의 선교 인식에서 시대의 명암이 드러난다 하더라도, 무엇보다 종교개혁자들과 그 시대 성경 번역자들의 공헌이 충분히 선교적이었다는 점은 인정해야 한다. 모든 믿는 자는 만인제사장이라는 믿음과 성경을 자국어로 번역할 수 있다는 확신에 찬 종교개혁의 기치는 성경 번역과 반포를 통해 결국 다음 세기에 임할 근대 선교의 마중물 역할을 했기 때문이다.

보쉬는 종교개혁 이후 루터교 내에서 선교적인 시도와 돌파가 이루어진 경건주의 운동과 칼뱅의 개혁신학을 따르는 청교도주의에 영향을 받은 북미의 대각성 운동 등도 주요 선교 활동으로 다루었다. 보쉬가 이를 종합하여 내린 결론에 의하면, 개신교의 첫 두 세기의 선교 패러다임은 하나님의 주권과 인간의 책임이라는 긴장을, 개신교 정통주의에서 추구한 신앙의 객관화와 경건주의 운동에서 강조한 신앙의 주관화 및 개인적 체험화라는 긴장을 오가는 족적이었다.[46]

근대 계몽주의 선교 패러다임 보쉬는 근대와 후기 근대(포스트모던)를 한데 묶어 서술한다. 근대 계몽 시기는 정치적으로는 혁명의 시대였으며, 과학의 시대가 열리면서 엄청난 파장과 변화가 일어났다. 혁명은 교회와 전통의 권위를 끌어내렸고, 과학은 하나님의 자리에 인간의 이성을 앉혀 놓았다.

보쉬는 이 시기의 선교적 사건으로 영국에서 일어난 감리교 복음주의 운동, 미국에서 일어난 대각성 운동과 학생 자발 선교 운동 등을 든다. 이 시기를 대표하는 모토인 '3C'(Christianity, Commerce, Civilization, 즉 기독교, 상업, 문명)는 이 시기의 선교 의식 속에 무엇이 자리 잡고 있었는지 말해 주며, 전천년설에 입각한 임박한 재림 종말론은 긴박함을 불어넣어 선교에 박차를 가하게 했다. 이는 칼 귀츨라프Karl Gützlaff, 허드슨 테일러J. Hudson Taylor 같은 선교사들이 선교하는 동인이 되었다.47 이 시기는 또한 헨리 벤이나 루퍼스 앤더슨처럼 선교에서 토착화를 강조하는 사람들의 목소리가 등장한 시기였다. 개척 선교사들의 이른바 '믿음 선교'faith mission와 더불어 토착 교회 형성에서 중요한 역할을 하는 '삼자'(3-Self: Self-Governing, Self-Supporting, Self-Propagating, 즉 자치, 자조, 자전) 원칙에 대한 강조는 이 시대의 중요한 선교 정신으로 부상했다. 하지만 보쉬가 지적하길, 근대의 강력한 영향력은 아직도 계몽주의 패러다임이 유령처럼 현 서구 교회를 지배하고 있음을 보여 준다.

이 시기의 선교 패러다임은 무엇보다 마태복음 28:18-20의 대위임령 말씀으로의 회귀다. 이 말씀이 모든 시대에 유효한 명령이라는 인식이 되살아나면서 이 말씀에 순종하는 게 선교의 가장 큰 동력이 되었다. 하지만 계몽주의의 총아인 문명 선교라는 특징, 그리고 서구의 선교적 당위성으로 여겨지는 이른바 '명백한 운명'Manifest Destiny이라는 선민의식이 자아낸 서구 우월주의적 식민주의 등이 이 시기의 대표적 선교 유형으로 나타났다. 이 시기 선교의 특징은 열정주의, 낙관주의, 실용주의, 그리고 여러 호혜적 선교 단체의 설립을 추동한 자발성 등

을 들 수 있다.⁴⁸

이 시기를 대표하는 선교 본문을 한 구절로 꼽기는 어렵다. 사도행전 16:9("밤에 환상이 바울에게 보이니 마게도냐 사람 하나가 서서 그에게 청하여 이르되 마게도냐로 건너와서 우리를 도우라 하거늘"), 마태복음 24:14("이 천국 복음이 모든 민족에게 증언되기 위하여 온 세상에 전파되리니 그제야 끝이 오리라"), 요한복음 10:10("도둑이 오는 것은 도둑질하고 죽이고 멸망시키려는 것뿐이요 내가 온 것은 양으로 생명을 얻게 하고 더 풍성히 얻게 하려는 것이라")과 더불어 마태복음 28:18-20의 대위임령 말씀을 들 수 있다.⁴⁹ 이 구절들은 제각기, 서구에서 비서구 국가를 피선교지로 어떻게 인식했는지(행 16:9)와 서구의 선교가 비서구 세계에 가져다줄 유익(요 10:10)을, 또한 선교의 동인이 대위임령(마 28:18-20)에 대한 순종이면서 종말론적 비전(마 24:14)에 근거하고 있음을 보여 준다.

부상하는 현대의 선교 패러다임

성경과 교회사를 통해 선교 패러다임을 분석한 보쉬는, 현재와 미래를 조망하면서 과거-현재-미래의 순서로 책을 서술했다. 보쉬는 오늘날의 선교 패러다임을 포스트모던 패러다임으로 보았다. 이미 물리학에서는 아인슈타인의 상대성 원리, 하이젠베르크의 불확정성 원리 등이 등장하여 그동안 군림해 왔던 절대적 패러다임에 도전장을 던졌다. 신학계에서는 바르트가 제시한 위기의 신학이 등장했다. 이전 세기의 낙관주의도 순화되고 보다 상호 의존적인 가치들이 나타났다. 주류 기독교에서 외면당한 오순절 운동과 은사주의 운동이 등장했고, 타 종교와 비서구 기독교의 도전이 서구 신학의 틀에 도전장을 내밀고 있다.

디트리히 본회퍼Dietrich Bonhoeffer의 타자를 위한 교회, 더 나아가 타자와 함께하는 교회, 세상과 분리된 교회가 아니라 세상을 향하는 교회, 세상 속에 있으면서도 세상과 구별되는 교회 등 교회 인식에서도 변화가 일어나고 있다. 보쉬는 교회가 세상에 대해 심판자의 자리에 서지 않으며 복음 활동은 억지 개종이나 성장 위주의 확장이 아니라고 냉철하게 비판했다. 근래 복음주의 내에서도(예컨대 로잔운동) 교회가 사회 정의에 관심을 갖고 사회적 책임 의식을 함양해야 한다는 주장이 강조되는 것은 주목할 만하다.

단순한 교회의 범주를 넘어 하나님 나라에 대한 인식으로 지평이 확장되면서, 선교 인식에서도 타자와 함께하는 선교, 교회의 선교적 본질에 대한 인식 등이 등장하기 시작했다. '선교적 교회'와 '하나님의 선교'에 대한 논의는 선교가 교회의 활동이 아니라 하나님의 속성이라는 본질적 인식 변화를 가져오고, 교회는 선교를 주도하지 않고 선교에 참여하는 것이라는 흐름을 형성했다.[50] 선교로 부름받는 것은 하나님의 초대이자 그분의 속성에 참여하는 일이다. 선교의 방향을 이해할 때도 이전처럼 서구에서 비서구로 향하는 게 아니다. 모든 상황이 선교적이며, 모든 곳에서 모든 곳으로from everywhere to everywhere 향해야 한다.

오늘날 해방신학, 상황화 신학, 문화화 신학, 화해와 일치의 신학, 종교신학 등은 신학과 더불어 선교학에 새로운 패러다임을 요청하고 있다. 결론적으로 방대한 선교 역사와 선교 사상을 섭렵하면서 보쉬가 종합한 선교는 '다차원적'일 수밖에 없다. 보쉬의 선교 사상은 예수 그리스도의 생애와 관련한 여섯 가지의 구속 사건, 즉 성육신, 십자가 죽음, 부활, 승천, 오순절, 재림이라는 사건으로 종합되는, 즉 예수 그리스도의 전 생애가 모든 것을 아우르는 통합적 선교 사상이라는 의의가 있다.[51]

그 내용은 이렇게 정리할 수 있다. 구속 사건의 첫째 요소인 성육신 사건은 초기 동방 교회에서 중점을 둔 선교 모델이며, 이는 오늘날 해방신학 논의와도 어느 정도 부합한다. 둘째 요소인 십자가상의 죽음은 중세 로마 가톨릭과 종교개혁의 중심 메시지였으며, 희생과 화해로서의 선교가 이에 부합한다. 셋째 요소인 부활은 당연히 동방 정교회의 두드러진 강조점이고, 기쁨과 희망과 승리의 메시지와 부합한다. 넷째 요소인 승천은 하나님의 통치를 강조한 칼뱅주의 개혁신학의, 또한 사회 개혁과 책임 및 정의와 평화의 문제를 강조한 에큐메니컬 운동의 중심 사상이다. 그리고 다섯째 요소인 오순절은 성령과 은사를 강조하는 오순절주의 및 은사주의의 중심 사상, 여섯째 요소인 재림은 종말을 강조하는 재림주의자들의 중심 사상이다. 교회 역사와 선교 역사를 보며 우리는 이것들 가운데 한 요소에는 하나의 교회 전통이나 사상이나 시기가 치중되어 왔다는 사실을 알 수 있다. 보쉬는 다양한 신학적 함의와 논의를 도출하면서 "창조적 긴장"을 수용하고 강조했다.[52] 어떤 대리자도 완벽하지 않다. 그러나 이 사실이 우리를 절망하게 하지는 않는다. 하나님이 바로 선교의 주도자이시며 따라서 완벽한 균형과 조화로 하나님 자신의 일을 완성하실 것이기 때문이다.

보쉬의 학문적 영향력

보쉬의 갑작스러운 죽음과 그의 죽음 직전에 출간된 『변화하는 선교』는 많은 반향을 일으켰다. 무엇보다 그의 저서가 이젠 거의 모든 학교에서 선교학 과목 주교재로 쓰이고 있다는 사실 자체가 보쉬의 영향력을 반증한다. 그의 학문적 영향력은 그의 사상을 담아 출간된 이후의 저서들을 통해서도 가늠할 수 있다. 여기서는 그와 관련한 몇몇 저서를 간단히 살펴보겠다.

1995년에 노먼 토머스Norman E. Thomas의 편집으로 나온『선교와 지구촌기독교 문헌집』Classic Texts in Mission and World Christianity은 책의 부제인 "데이비드 보쉬의『변화하는 선교』읽기 자료"A Reader's Companion to David Bosch's Transforming Mission가 보여 주듯 보쉬가 인용하여 다룬 수많은 원전의 글을 모아 놓은 일종의 자료집으로, 선교학 연구의 보고다.[53] 이듬해인 1996년 보쉬의 모교 및 전 세계에 있는 그의 동료 선교학자들은 보쉬를 기념하여『담대한 겸손 안에서 이루어지는 선교: 데이비드 보쉬의 작품을 생각하며』Mission in Bold Humility: David Bosch's Work Considered라는 논문집Festschrift을 출간했다.[54] 2005년에는 보쉬의 제자 중 하나인 스탠 누스바움Stan Nussbaum이『변화하고 있는 선교 가이드북』A Reader's Guide to Transforming Mission이라는 책을 썼는데, 이 책은 보쉬의 작품을 제대로 이해한 저자가 독자들의 학습을 위해 요약, 정리한 일종의 스터디가이드다.[55]

또한 보쉬의 패러다임적 접근과 같은 맥락에서 쓰인 작품들도 나타났는데, 앞서 말한 것처럼 보쉬의 패러다임적 방법론에 영향을 미친 한스 큉이 쓴『그리스도교: 본질과 역사』가 바로 그런 작품이다.[56]

한스 큉의 저서와 더불어 가톨릭에서는 또 하나의 중요한 저서가 출간되었다. 바로 2004년에 스티븐 베반스Stephen Bevans와 로저 슈레더Roger Schroeder가 쓴, 한국어로는『예언자적 대화의 선교』Constants in Context: A Theology of Mission for Today, 직역하면『상황 속에서의 상수: 오늘을 위한 선교의 신학』라는 제목으로 번역된 책이다.[57] 베반스와 슈레더는 서론에서 이 책의 목적이 보쉬가『변화하는 선교』에서 제안하는 "모든 신학은 반드시 선교적 신학missionary theology이 되어야 한다"는 도전에 응답하는 것이라 말하며,[58] 기독교 역사는 기독교의 다양한 흐름을 통합하는 "세계 기독교 운동의 역사"로 서술되어야 한다는 취지를 밝힌다.[59]

『예언자적 대화의 선교』는 선교 역사를 신학적 유형론으로 새롭게 고찰하려는 시도다. 베반스와 슈레더는 신학 유형을 크게 A, B, C 유형으로 구별한다. 여기서 A 유형은 "정통·보수 신학"으로 "영혼 구원과 교회 확장으로서 선교"를 추구하고, B 유형은 "자유 신학"으로 "진리의 발견으로서 선교"를 추구하며, C 유형은 "진보·해방 신학"으로 "해방과 변혁에 대한 헌신으로서의 선교"를 지향한다. 베반스와 슈레더는 이 유형을 제시하며 후스토 곤잘레스와 도로테 죌레Dorothee Sölle의 사고를 참고했음을 밝히는데, 이렇게 유형으로 나누는 것은 보쉬와 맥락을 같이하는 패러다임적 접근이다.[60] 한마디로 역사신학, 조직신학, 선교신학의 복합체라 할 수 있다.

이 책은 교회의 선교 경험에 대한 역사적이고 체계적인 신학임과 동시에 체계적이며 신학적인 역사이다. 한편으로 이 책은 중심에 선교가 자리 잡고 있는 조직신학 책이면서, 또 다른 한편으론 사실과 사람과 사건을 집합한 교회 역사이며, 항상 불변하면서도 상황적인 기독교 성서적이고 교리적인 전통에 의하여 형성되는 교회 역사이다.[61]

이 책에서는 수학의 상수constants 개념을 도입해, 변하는 것(상황 contexts)과 변하지 않는 것(상수)을 구분하며 기독교 선교 역사 서술을 시도한다. "기독교 선교는 교회의 전통적 상수를 보존하고 방어하며 선포하는 것이어야 한다. 동시에 기독교 선교는 스스로를 발견해 나가는 상황 가운데 창의적이고도 담대하게 반응해야 한다. 기독교 역사는 선교하는 교회 역사이다."[62] 베반스와 슈레더는 상수적 개념에 해당하는 것으로 기독론, 교회론, 종말론, 구원론, 인간론, 문화라는 여섯 가지 궁극적 요소를 말한다. 어떠한 시대와 상황 속에서도 기독교는 이 여섯 가지 주제를 물으며 자기 이해를 찾으려 했다는 것이다. 또한 베반스와 슈레더는 기독교를 여섯 시기로 나눈다. 첫째 시기는 속사도 시기인 주후 100-301년, 둘째 시기는 313년 콘스탄티누스의 밀라노 칙령에서 907년 당 왕조 멸망, 셋째 시기는 1000년에서 1453년 콘스탄티노플의 함락, 넷째 시기는 지리상 발견을 상징하는 1492년에서 예수회가 해체되는 1773년, 다섯째 시기는 윌리엄 캐리William Carey가 선교를 시작한 1792년에서 제1차 세계대전이 발발한 1914년, 여섯째 시기는 1921년 국제선교사협의회의 시작에서 1991년까지다. 베반스와 슈레더는 각 시기마다 시대 상황, 선교적 특징, 선교 모델, 선교 매개체, 선교신학적 함의 등을 논한다. 이 책에서는 결론적으로 오늘날의 선교를 위한 여섯 요소, 즉 증언과 선포, 예전과 기도와 관상, 정의·평화·창조의 보전, 종교 간 대화, 문화화, 화해를 제시한다. 이러한 구성은 보쉬의 접근과 맥을 같이한다.

기독교를 역사적으로 고찰하는 방식에서 학자들은 그들 나름대로 수학적 개념을 도입하여 설명하곤 했다. 일찍이 독일의 하르나크는 어느 변수에 일정하게 곱해진 상수 인자를 지칭하는 수학 용어인 계수를 들어 기독교의 변화되는 부분과 그렇지 않은 본질을 설명하려고 했다.

대체로 큉의 사상을 따른 보쉬도 변하지 않는 상수라는 개념으로 기독교 역사를 들여다보려고 했고 이 맥락은 베반스와 슈레더의 저술까지 이어졌다. 흥미롭게도 이는 주로 유럽 대륙 배경을 가진 신학자들이 역사에서 나타나는 기독교의 본질적 요소와 비본질적 요소를 가늠하고자 시도하는 방법으로 보인다. 보쉬의 수많은 논의 역시 서구, 특히 유럽 맥락의 이해 방식이 주는 장점이 있는 반면 비서구적 사고라는 맥락에서 보면 여전히 많은 한계를 지닌다고 할 수 있다. 또한 패러다임적 해석은 거시적 이해 측면에서 도움을 주지만 다분히 연역적 접근을 한다는 인상을 지우기 어렵다.

하지만 보쉬가 패러다임을 통해 선교 역사를 고찰한 내용은, 선교에서 나타난 어떠한 사건과 사상도 그 시대의 정치, 경제, 사회, 문화, 종교의 맥락에서 다각적이고 입체적으로 조명해 보아야 함을 강조하면서도 신학적 깊이를 더하는 공헌이었다. 그럼으로써 보쉬는 자칫 파편적으로 생각하기 쉬운 선교적 사고에 총체성과 균형을 제공했다. 오늘날 우리는 복잡한 현실에 직면해 있는데, "모든 교파 속에서 우리가 근본주의자, 보수주의자, 온건론자, 자유주의자와 극단적인 신자들을 함께 발견"하기 때문이다.[63] 더구나 한 사람이 "한 가지 패러다임 이상을 고수"할 수도 있다.[64] 보쉬는 "어떤 패러다임의 변화이든지 단지 복음의 기초 위에서와 복음 때문에 일어날 수 있다"는 큉의 전제를 수용한다.[65] 보쉬는 특유의 종합적 능력을 발휘해 방만한 신학, 선교학 논의에서 기독교 신앙의 핵심을 예수 그리스도에게로 환원시킴으로써 오히려 구세주의 생애 전 과정이 교회의 전 역사를 대변하고 모든 논의를 포괄하기에 충분함을 보여 준다. 각각의 교회와 신학적 전통의 특성은 이러한 그리스도의 모습에 기인하고 있으며, 따라서 신학적 진리는 이러한 기초 위에서 긴장감 있게 유지될 수밖에 없음을 보쉬는 강조한다. 그가 오늘날 모든 그리스도인에게 요청하는 하나의 태도가 있다면 바로 '겸손'일 것이다.

6장

레슬리 뉴비긴

1909-1998

새로운 선교지가 되어 버린 서구에서

1851-1930
Adolf von Harnack

1834-1910
Gustav Warneck

1884-1968
Kenneth Scott Latourette

1900-1984
Stephen Charles Neill

1929-1992
David Jacobus Bosch

1909-1998
Lesslie Newbigin

1942-2019
Lamin O. Sanneh

1928-2021
Andrew F. Walls

레슬리 뉴비긴Lesslie Newbigin, 1909-1998은 20세기 선교학자 가운데 누구보다도 뛰어난 통찰력을 가진 학자로 평가받는다. 물론 지난 장에서 다루었던 데이비드 보쉬가 그렇듯 뉴비긴을 딱 선교역사가라고 할 수는 없다. 오히려 뉴비긴은 통찰력 있는 깊은 사고를 바탕으로 폭넓은 주제에 대해 수많은 글을 쏟아 낸 선교신학자라 할 수 있다.

뉴비긴은 깊은 사고를 지닌 선교학자였을 뿐 아니라 행동하는 실무자였다. 그의 글은 대부분 강연 요청에 따른 혹은 현안에 대한 답변으로 요청된 결과였으며, 조직적 체계를 의도하고 쓴 것이 아니었다.¹ 따라서 그를 탁상 신학자desk theologian가 아니라 실무 신학자task theologian라는 말로 묘사하기도 한다.² 보쉬와 비교하면 뉴비긴의 사상은 조직적이기보다는 그때그때 첨예한 이슈에 전략적으로 대응하고 의견을 제시한 결과였다.³ 그는 에큐메니컬 운동에서도 두각을 나타냈다. 에큐메니컬 운동의 효시요 열매라 부를 수 있는 남인도교회가 1947년에 형성될 때 그는 상당히 공헌하면서 최연소 감독으로 선출되었다.⁴ 뉴비긴은 1959년부터 1961년까지 국제선교사협의회에서 사무총장으로 섬겼으며, 특히 1961년에 국제선교사협의회와 세계교회협의회가 병합(이 병합은 1961년 세계교회협의회 뉴델리 대회에서 크게 논쟁이 되었다)하는 과정에서 큰 역할을 감당했다. 그의 삶은 여러 면에서 스티븐 닐1900-1984과 겹치는 부분이 많다. 에큐메니컬 운동에 중요한 공헌을 한 두 사람 모두 영국 출신으로 인도에서 활약한 선교사였고 감독직을 맡았다. 다만 닐은 성공회의 감독이었으며, 장로교 출신인 뉴비긴은

새로 탄생한 남인도교회의 감독이었다.⁵

뉴비긴의 사상이 균형 잡혀 있다는 사실은 선교mission와 교회 일치 church unity 양면에서 두드러진다. 뉴비긴은 선교와 에큐메니컬 운동이라는 양 날개의 중심부에 서서 균형을 잃지 않으려 했을 뿐 아니라 첨예한 신학 논쟁 속에서 균형을 잡아 준 인물이었다. 그의 신학은 에큐메니컬 진영에서 볼 때는 너무 복음주의적이었고 복음주의 진영에서 볼 때는 상당히 개방적이었다는 평가를 받는다.⁶

이번 장에서 뉴비긴을 선교역사가 측면에서 살펴보려는 것은 그의 신학적 사고와 더불어 역사를 고찰하는 시각와 뛰어난 통찰력은 교회사가 사이에서도 그 공헌을 인정받아 왔기 때문이다. 이번 장에서는 그의 안목이 특별히 선교 역사를 다루는 데 일조한 부분을 살피고자 한다. 전반부에서는 뉴비긴의 생애와 핵심 사상에, 후반부에서는 그의 통찰력 가운데 역사를 보는 안목에 공헌한 부분에 초점을 맞추고, 마지막으로 그가 미친 폭넓은 영향을 살펴보겠다.

뉴비긴의 생애와 선교 사상

선교적 생애

뉴비긴은 1909년 영국 북동부의 노섬벌랜드에서 태어났다. 이 지역은 영국 기독교 역사에서는 주후 635년 당시 노섬브리아Northumbria 왕국으로 불리던 지역으로 초기 기독교인 켈트 기독교가 들어간 곳이기도 하다. 켈트 기독교는 영국과 유럽의 선교 확장에서 매우 중요한 역할을 수행한 고대 기독교의 일파다. 이러한 선교적 유산과 선교사로 살게 될 뉴비긴의 생애와는 지역적으로도 묘하게 맞물려 있다.

뉴비긴은 퀘이커 기숙 학교에서 교육을 받았고, 1928년에 케임브리지 대학교 퀸스 칼리지에 들어간다. 뉴비긴의 소회에 따르면 그는 대학교 입학 당시 생각 많은 불가지론자요 회의론자였지만, 이내 캠퍼스의 기독학생운동 SCM 활동에 이끌리게 되었다. 불가지론자였던 그를 신앙으로 이끈 것은 선배인 아서 왓킨스 Arthur Watkins의 삶이었다.[7] 왓킨스의 경건한 삶과 행동은 뉴비긴에게 삶의 문제를 두고 기도해야겠다는 충동을 일으켰다. 그렇게 끌리던 가운데 뉴비긴은 웨일스 남부의 한 퀘이커 봉사회에서 실직 광부들을 위해 일하는데, 광부들의 황량한 삶을 보며 비통함을 느끼게 되었다. 그러던 어느 날 그는 하늘과 땅을 잇고 온 세상을 아우르는 거대한 십자가의 환상을 경험하는데, 이것이 그의 삶에서 방향을 정한 결정적 계기가 되었다.[8]

2학년에 올라간 뉴비긴은 그때부터 1910년 에든버러선교대회의 결과물 가운데 하나였던 「국제 선교 리뷰」International Review of Missions를 읽기 시작했다.[9] 이는 그가 선교 사역에 깊은 관심을 가지고 있었음을 보여 준다. 이후 그는 한 기독학생운동 콘퍼런스에서 기도하던 가운데 사역자로서의 소명 의식이 강하게 밀려옴을 느끼고 사역자로 헌신한다. 1931년 그는 기독학생운동 스코틀랜드 대표가 되었고 1932년에서 1936년까지 케임브리지에 있는 장로교 학교인 웨스트민스터 칼리지에서 성직자로 안수받고자 신학 교육 과정을 밟는다. 과정을 마치고서는 스코틀랜드 교회 Church of Scotland에서 안수를 받고 1936년 9월에 곧바로 인도로 향한다. 이 과정에서 특별히 로마서가 그의 신학적 사고를 형성했다. 웨일스에서 경험한 십자가 환상은 그의 신학적 이해와 사고 안에 십자가 중심적 사고를 낳았으며, 이로써 뉴비긴의 신학은 자유주의보다는 복음주의 성향에 가까워졌다.[10]

1936년 인도에 도착한 선교사 뉴비긴은 외국인에게 어렵기로 알려진 타밀어를 습득하는 데 주력했다. 인도의 종교를 깊이 이해하기 위해 그는 라마크리슈나 미션Ramakrishna Mission에서 우파니샤드와 요한복음을 모두 원어로 읽는 데 주력했다. 그는 언제나 그가 속한 지역의 언어와 문화에 깊이 몰두했다. 열정과 식견을 한껏 발휘한 뉴비긴은 곧 지도하는 자리에 올랐으며, 1947년부터는 남인도교회 마두라이의 감독으로, 1965년부터 그가 인도 사역을 그만둔 1974년까지는 마드라스(지금의 첸나이)의 감독으로 봉직했다.[11]

뉴비긴의 선교적 삶은 그가 40년 가까이 섬긴 인도 선교사의 삶에서 은퇴하면서 끝나지 않고 새로운 국면으로 이어졌다. 인도에서 사역을 마치고 영국으로 돌아온 1974년은 뉴비긴에게 새로운 전기가 된 해다. 뉴비긴이 돌아와서 마주한 본향은 뜻밖에도 새로운 선교지였다. 그는 영국에 역(逆)선교사로 입국한 셈이다. 어쩌면 그는 인도보다 더 황망한 선교지를 보았을 것이다. 영국을 비롯해 유럽에서 제일 큰 적과 도전은 바로 계몽주의enlightenment라는 거인이었다. 그는 기독교 이전의 이교 상황pre-Christian paganism보다도 복음에 더욱 저항적인 후기기독교적 이교 상황post-Christian paganism이 제기하는 도전을 누구보다 통감했다.[12] 그의 선교적 삶 전반부가 인도에 가서 선교사로 보낸 시간이었다면 후반부는 영국에 돌아와서 역선교사로 보낸 시간이었다. 무엇보다 그는 이 시대의 문화 속에서 복음의 메시지란 무엇인지를 고민하고 그 타당성을 규명하는 데 매진한 선교학자였다. 후세대를 향한 뉴비긴의 선교 사상과 영향력은 그의 인생 후반부에서 더 비롯되었다고 볼 수 있다.

뉴비긴의 선교 사상

뉴비긴의 주요 선교 사상의 발전과 핵심을 그의 저술을 중심으로 정리하고자 한다.

계몽주의 비판   1970년대 영국으로 돌아온 뉴비긴은 영국인들이 진리를 확신하지 못하는 상황을 두고 깊이 고민했다. 그는 이 상황을 관찰하면서 영국인들의 내면에 계몽주의의 그림자가 깊게 드리워져 있음을 보았다. 뉴비긴은 1983년에 저술한 『서구 기독교의 위기』The Other Side of 1984[13]에서, 철저한 회의론으로 근대철학의 문을 연 르네 데카르트René Descartes의 명제 "나는 생각한다. 고로 나는 존재한다"cogito ergo sum가 가져온 폐해를 신랄하게 비판한다.[14]

티머시 예이츠Timothy Yates는 이를 다루면서, 뉴비긴이 1950년대에 헝가리 출신의 화학자인 마이클 폴라니Michael Polanyi와 그의 저서 『인격적 지식』Personal Knowledge에 영향을 받았다는 사실을 언급한다. 폴라니는 과학적 사고의 기반에는 아우구스티누스가 말한 "나는 이해하기 위해 믿는다"credo ut intelligam라는 믿음의 행위가 있다고 주장한다. 모든 과학자의 과학적 행위는 자연계에 질서가 있으리라는 전제에서 출발한다는 것이다. 그러므로 일종의 믿음이라는 기반에 서지 않은 관찰이나 이론은 없다. 이러한 인식론은 절대적이고 객관적인 지식만을 강조하는 계몽주의 인식론에 도전장을 던진다. 뉴비긴에게 유럽의 계몽주의 세계관은 적이었다. 그는 폴라니의 주장과 맥을 같이하여 유럽의 계몽주의적 사고를 비판했다.

공적 진리로서의 복음   계몽주의의 유희장이 된 유럽 상황에서 과학은

'사실'fact을 추구하는 영역으로, 종교는 '가치'value를 추구하는 영역으로 나뉘어 이원화되었다. 기독교 신앙은 이른바 객관적·공적 영역에서 주관적이고 사적인 견해라며 점점 내몰렸다. 그러나 뉴비긴은 복음이 사적 영역이나 개인의 가치에 머무는 게 아니라 '공적 진리'public truth임을 천명한다. 1986년에 나온 그의 저서 『헬라인에게는 미련한 것이오: 복음과 서구 문화』Foolishness to the Greeks: The Gospel and Western Culture[15]는 1984년 프린스턴 신학대학원의 워필드 강연B. B. Warfield Lecture의 결과물이었다. 뉴비긴이 본 후기 계몽주의 문화post-Enlightenment culture는 사실상 선교라는 과제를 수행할 영역이 되었다. 후기 계몽주의 사회의 개인주의 문화 속에서 복음은 공적 진리라는 자리를 잃어버리고, 절대 진리에 대한 불신이 팽배한 사회 속에서 복음은 개인 구원을 위한 메시지로 전락했다. 뉴비긴은 복음이 사회와 국가와 문화를 향해 외칠 수 있는 진리가 되어야 한다고 역설한다. 그는 초기 교회에서 기독교 신앙은 공적 진리로 선포되었다고 보았다.

그의 저서 중 가장 많이 읽혔다고 여겨지는 『다원주의 사회에서의 복음』The Gospel in Pluralist Society[16]은 1989년에 출간되었다. 이 책 역시 1988년 글래스고 대학교의 알렉산더 로버트슨 강연Alexander Robertson Lecture의 결과물이었다. 여기서 그는 현대 유럽이 세속주의secularism보다는 이교주의paganism의 지배를 받고 있다고 진단했다. 절대 진리인 하나님의 자리를 수많은 다른 신이 차지했기 때문이다. 아울러 뉴비긴은 1991년에 출간된 『복음, 공공의 진리를 말하다』Truth to Tell: The Gospel as Public Truth[17]에서도 공적 진리로서의 복음을 강조한다.

교회의 본질 및 공동체로서의 중요성   1953년에 출간된 뉴비긴의 저서 『교회란 무엇인가?』The Household of God[18]에는 교회의 본질에 대한 뉴비긴의 생각이 담겨 있으며, 이는 그의 신학적 사고 중심에 교회와 선교가 있음을 보여 준다. 그는 신앙공동체인 교회에 대해 이렇게 기술한다.

> 결코 없어질 수 없는 중요한 것으로 예수께서 남기신 것은 책이나 신조나 사상 체계나 삶의 규례가 아니라 바로 가시적 공동체다.…그분은 구원 사역 전부를 바로 그 공동체에 일임하셨다. 그분의 공동체가 어떠한 사상을 중심으로 형성되어 마치 사상이 원초적이고 공동체는 부차적인 게 아니었다. 그분 자신이 택하신 공동체였으며, 그 공동체는 그분이 누구이며 무엇을 하셨는지 극명히 보여 주었다. 그러기에 원초적인 것이 공동체였으며, 어떠한 신학적 이해라도 그것은 부차적이었다.[19]

그러나 이러한 가시적 공동체가 존재한 원초적 근원은 예수 그리스도를 통해 일하시는 하나님의 주도적 행위에 있다. 그리스도인 공동체의 역할은 바로 이 하나님의 행위를 증언하는 데 있다.[20] 특별히 다원화된 사회에서 복음을 어떻게 '살아 내야' 하는가? 이러한 사회에서 교회는 해석학적 공동체로서 교회의 역할을 수행하는데, 교회의 삶과 언행을 통해 교회가 믿는 바를 해석한다.[21]

무엇보다 뉴비긴이 최고로 관심을 가진 사안은 '교회'와 '교회의 본질적 사명'이었다. 선교사 뉴비긴은 서구 역사에서 교회와 선교가 철저히 분리되어 있다고 통렬히 지적한다. 교회의 목적과 본질적 사명은 바로 '선교', 즉 복음 증언에 있다는 것이다. 이러한 사명을 망각한 교회를 그는 "변형되어 망가진 교회"deformed church라 부른다.[22] 이런 논의를 통해 우리는 뉴비긴에게서 교회론의 패러다임이 바뀌고 있음을, 즉 크리스텐덤의 교회론에서 선교적 교회론으로 이동Shift from Christendom Ecclesiology to Missional Ecclesiology하고 있음을 볼 수 있다.

뉴비긴은 인도의 선교사였던 만큼 인도의 상황에서 야기되는 선교적 논의에도 답변을 제시했다. 우리는 그 예를 M. M. 토머스Thomas와의 논쟁에서 볼 수 있다. 회심 과정에 교회 공동체 소속이 필수인가? 이는 힌두교 배경에서 그리스도를 믿는 신자들이 반드시 유형有形의 그리스도인 공동체인 교회에 소속되어 있어야 하느냐는 질문이었다. 선교 상황에서 교회론을 두고 제기되는 이러한 도전에 대해, '교회'를 누구보다 강조한 뉴비긴의 답변은 명확하다. "신약성경에서는 순전히 정신적이고 영적인 공동체 관계를 발견하기 어렵다."[23] 다시 말해, 신앙은 가시적 그리스도인 공동체라는 관계를 떠나 논할 수 없다. 뉴비긴은 교회를 이른바 영화spiritualization시키기를 거부한다.[24] 그는 이를 새로운 형태의 가현설docetism로 보고 비판한다. 가현적 교회론docetic ecclesiology은 존재할 수 없다는 것이다.[25]

선교적 삼위일체론을 향하여　　뉴비긴에게서 나타나는 또 다른 사상은 하나님에 대한 선교적 이해missional understanding다. 이미 '하나님의 선교' 개념은 뉴비긴 활동 당시에 많이 논의되던 신학 담론이었지만 선교 현장 경험이 있는 뉴비긴은 이를 선교적 입장에서 더욱 구체화하려 했다. 그는 1963년 발간된 『삼위일체적 선교』*The Relevance of Trinitarian Doctrine for Today's Mission*[26]라는 소책자에서 이를 시도했다. 그동안 선교에서는 그리스도를 중심으로 삼는 내용을 상당히 강조해 왔다. 뉴비긴은 그런 강조가 약화되어서는 안 된다고 하면서도, 그리스도 중심으로만 선교를 생각해 온 결과 성부와 성령의 역할에 대한 이해가 약화되었다고 지적한다. 그는 선교를 올바르고 균형 있게 이해하기 위해서는 특별히 성령을 선교적으로 이해하는 일이 강조되어야 한다고 역설한다.²⁷ 물론 여기서 성부와 성령은 그리스도를 향하여 말씀하고 증언하신다. 이러한 삼위일체적 선교 이해는 선교의 주도권이 전적으로 하나님께 있음을 보여 준다.

선교 역사에 대한 뉴비긴의 안목과 공헌

미국의 저명한 교회사가 마크 놀Mark A. Noll은 『역사와 기독교 역사가』 History and Christian Historian에 수록된 "역사의 위기를 위한 선교학의 잠재력"The Potential of Missiology for the Crises of History이라는 글을 통해 교회사의 위기를 벗어나게 할 선교학의 가능성을 심도 있게 논한다.²⁸ 특별히 위기에 빠진 교회사는 다름 아닌 선교학자들을 통해 안목을 새롭게 할 수 있다는 것이다. 놀은 뉴비긴을 포함해 케네스 스콧 라투렛, 피어스 비버R. Pierce Beaver, 스티븐 닐, 데이비드 배럿David Barrett, 사무엘 마펫, 애드리언 헤이스팅스Adrian Hastings, 데이나 로버트Dana Robert, 루스 콤프턴 브라우어Ruth Compton Brouwer, 앤드루 월스, 라민 사네 같은 이름을 언급한다.

놀은 두 가지를 강조한다. 첫째, 선교학은 역사 지식의 본질을 바라보는 새로운 안목을 제공한다. 놀은 문화적 맥락을 중시하는 선교학적 안목을 통해 서구 역사가들이 마치 편견 없이 가치 중립적 역사를 쓰리라고 믿는 생각을 교정할 수 있음을 예리하게 인식한다. 이는 역사학계에 팽배한 인식론적 문제에 일종의 해답을 제시하는 것이다. 둘째, 선교학은 교회사 서술에서 지구촌적 안목을 제공함으로써 절대적 기준처럼 쓰인 서구 교회사를 상대화한다.²⁹ 실제로 뉴비긴은 서구 기독교를 논할 때 유럽 반도European peninsula, 서구의 민속 종교the folk religion of the West 같은 표현으로 서구 기독교를 가리키면서, 유럽의 신학자들이 인식하는 기독교 이해가 얼마나 좁은 지역적 울타리를 벗어나지 못했는지 지적한다.³⁰

놀은 또한 "현대 교회사의 도전, 현대사의 딜레마, 구조를 위한 선교학"The Challenge of Contemporary Church History, the Dilemmas of Modern History, and Missiology to the Rescue이라는 또 다른 글에서 교회사 서술의 딜레마에 대한 해결책으로 선교학이 어떠한 시각을 제시하는지 설명한다.³¹ 놀이 '선교학'의 안목이라고 강조하는 바는 문화적 감수성, 문화 간 접촉, 타 문화 속에서 복음의 번역이 갖는 함의, 기독교의 총체성 등이다. 선교적 안목은 당연히 새로운 '자료'를 제공하지만, 사실 더 근본적인 공헌은 새로운 '시각'을 제공하는 것이다. 즉, 선교적 안목은 복음을 받아들이는 수용자의 문화, 복음을 전달하는 선교사의 문화 등을 모두 존중한다.³² 이런 맥락에서 뉴비긴이 공헌한 바를 살펴보자.

타 문화권 경험의 중요성

선교사의 경험 가운데서도 가장 소중한 경험은 바로 타 문화를 경험함으로써 복음, 문화, 교회, 심지어 선교 자체에 대한 인식이 새로워진다는 것이다. 여기서 새로움은 더 풍성해지고enriched 정제되는refined 것을 의미한다. 오랜 세월 인도에서 타 문화 경험을 쌓은 후 본국인 영국에 돌아와 "복음과 우리 문화"The Gospel and Our Culture 운동을 전개한 뉴비긴이야말로 이러한 경험의 장본인이다. 그는 자신의 경험을 이렇게 진술한다.

내가 어떠한 방식으로 내 문화를 스스로 이해할 수 있단 말인가? 중국 속담 가운데 이런 말이 있다. "물을 정의하기 위해 물고기에게 물어서는 안 된다."…내가 유럽을 이해하기 위해 서야 할 적당한 곳은 어디인가? 과연 나는 어떤 기반에서 내가 자라며 내 인식의 일부로 형성되어 버린 것의 본질을 평가할 수 있는가?…내가 속한 이 유럽 문화의 본질을 이해하기 위해 설 수 있는 비판대는 바로 타 문화, 즉 인도의 문화에서 사는 경험이라는 사실을 알게 되었다.[33]

이는 바로 타 문화 경험이야말로 자신을 이해할 수 있는 안목을 열어 주는 열쇠가 됨을 의미한다. 서구 기독교는 타 문화를 경험하는 시각에서 비로소 타인뿐 아니라 자신의 정체성도 이해할 수 있다는 것이다. 서구 기독교 역사를 서술하는 데에도 이를 적용할 수 있는데, 타 문화를 경험함으로써 서구의 한계를 보는 시각이 열리기 때문이다. 그러므로 선교 운동은 서구 기독교가 타 문화권을 경험함으로써 배우는 경로가 된다. 이러한 인식론적 통찰이 바로 선교 운동이 신학과 역사학에 주요하게 일조하는 바다.

복음과 역사

뉴비긴은 『다원주의 사회에서의 복음』에서 세 장에 걸쳐 역사를 고찰한다.[34] 모든 종교는 역사적 사건에 진리를 둔 종교와 비역사적 교훈에 강조를 둔 종교로 구별된다. 예를 들어 유대교, 기독교, 이슬람교가 전자에 속한다면 고대 그리스의 종교, 힌두교, 불교는 후자에 속한다. 기독교의 진리는 역사적 사실에 기반을 두었으며, 이 역사적 사건은 하나님이 자신의 뜻을 알린 계시다. 이 계시는 특정 민족, 특정 개인에게 향하는 것처럼 보인다. 하지만 뉴비긴은 성경이 사실상 특정한 이야기particular story를 넘어 보편적 이야기universal history라고 강조한다. 왜 이러한 괴리가 생기는가? 뉴비긴은 그것이 하나님의 방법이자 경륜이라고 본다. 하나님의 목적은 전 지구적, 전 우주적이지만 그 경로는 특정 지역과 특정 사람이라는 것이다. 이 특정성particularity은 바로 '선택'election을 의미하는데, 여기서 선택은 구원을 위한 것이라기보다는 목적을 이루는 수단이다. 따라서 뉴비긴에게 선택 교리doctrine of election는 구원론적soteriological이기보다는 선교적missional이다.

뉴비긴이 보기에 역사에는 목적이 있고 완성의 정점이 있다. 이는 바로 그리스도로 귀결되는데, 그분의 오심과 관련되어 있다. 역사는 내재적인 진화나 진보를 통해 발전하거나 완성되는 게 아니라 하나님의 경륜과 그리스도를 향해 발현되고 완성된다. 종말의 시점은 최후 운명을 선택해야 하는 오메가 포인트다. 예수 그리스도를 받아들일지 거부할지 둘 중 하나를 선택할 수밖에 없게 만드는 지점이라는 것이다. 하나님의 선교 역사는 인류 역사를 이러한 방향으로 몰아간다. 따라서 뉴비긴이 역사를 고찰할 때 선교, 선택과 더불어 이를 이루기 위해 언급되어야 할 것으로 교회가 빠질 수 없다. 뉴비긴이 이렇게 선교와 역사를 고찰하는 내용은 1963년에 쓴 『삼위일체적 선교』의 "선교와 세계 역사의 형성"Missions and the Shape of World History이라는 장에 나타나 있다.[35] 성부는 역사를 주관하시고 성자를 보내신다. 성자는 구속 사역을 성취하시고 성령을 보내신다. 성령은 세상 속에서 교회를 통해 그리스도를 증언하신다. 따라서 교회는 성령이 보내신 증인으로서 그리스도의 지상 사역을 계속 이어 간다. 교회의 선교 사역은 궁극적으로 삼위로 계신 하나님의 사역에 동참하는 일이다. 교회는 하나님의 목적이 이루어지는 과정에서 매우 중요한 복음과 선교의 에이전트다.

선교 역사: 택하심-부르심-보내심의 메커니즘

『오픈 시크릿』The Open Secret: An Introduction to the Theology of Mission은 뉴비긴이 인도 선교 사역을 마치고 돌아와 영국의 셀리 오크 칼리지에서 5년 동안 가르치면서 사유한 내용을 모은 책이다.[36] 통찰력이 빛나는 이 책은 뉴비긴 선교신학의 결정체로, 1978년에 처음 출간되었고 1995년에 개정판이 나왔다. 이 책의 한 장인 "복음과 세계 역사"The Gospel and World History에서 뉴비긴은 자신이 선교 역사를 바라보는 시각을 명료하게 정리한다.[37]

그는 복음에는 보편적 측면과 특정적 측면이 있다고 설명한다. 복음은 모든 민족과 모든 피조물을 향한 것이라는 점에서 전 지구적이며 우주적이다. 그러나 모든 사람에게 들려야 할 보편 복음은 하늘로부터 모든 사람이 이해할 수 있는 보편적인(따라서 매우 추상적일 수밖에 없는) 언어로 모두에게 동시에 떨어져서 들리는 게 아니라, 반드시 누군가를 '통해서' 특정 언어로 특정 사람들에게 전달되어 왔다. 보편 개인, 보편 민족, 보편 언어, 보편 문화라는 것은 존재하지 않으며, 모두가 특정 모습으로 존재하기 때문이다. 이러한 복음 전파의 섭리를 설명하며 뉴비긴이 역설하는 독특한 인간 이해를 '선교적 인간론'missiological anthropology이라 할 수 있다.

뉴비긴은 선교적 맥락에서 인간이 본질적으로 어떤 존재인지 숙고하는데, 이는 선교 역사 메커니즘에 의미심장한 통찰력을 제공한다. 인간은 기본적으로 남자와 여자로 창조되었고 이는 인류가 지녀야 할 기본적인 사회적 속성을 보여 준다.[38] 이 상호 보완적이고 상호 의존적인 사회성 속에 인간 존재의 양상이 있다. 인간은 하나님 앞에 있는 단독자monad로 존재하는 게 아니라 다수의 관계망 속에 존재한다.³⁹ 한마디로 인간은 "관계적 존재"being-in-relatedness다.⁴⁰ 이는 삼위로 계신 하나님의 '관계적' 속성을 반영하는 것이다.

뉴비긴은 이스라엘이 완악해진 일을 설명하면서, 그 일은 하나님이 이스라엘을 버렸다는 뜻이라기보다는 오히려 구원 역사 속 하나님의 놀라운 전략이라고 본다.⁴¹ 성경을 자세히 살펴보면, 하나님이 구원을 이루시는 전략은 누군가가 하늘에서 직접 계시를 받는 수직적 양상으로 이루어지기보다는 이웃과의 관계에서 누군가에게 도움을 받는 수평적 양상으로 이루어짐을 알 수 있다.⁴² 즉, 구원 역사는 관계망 안에서 이루어진다.

로마서 11장이 보여 주듯, 바울은 이스라엘이 궁극적으로 그들이 이방인으로 여긴 이들에게 마음을 열고 그들의 초대를 받아들임으로써 구원의 선물을 받게 되리라고 예견했다. 구원의 섭리는 반드시 상호 관계 속에서 복음의 소식을 전달하고 그 소식을 받음으로써 이루어진다. 인간은 관계적 존재로서, 관계 맺는 양상 안에서 구원의 열매도 맺힌다. 우리 모두는 관계 속에 얽혀 있다. 하나님의 선택은 바로 단독자를 구원하는 선택이라기보다는, 누군가에게 보내져 하나님의 선교를 감당할 복음 매개체로 부르심을 받는 선택이다.⁴³ 이러한 관점에서 처음 복음을 듣고 이를 이방인들에게 전해 준 선택받은 백성 이스라엘에 특별한 가치가 있음을 부인할 수 없다. 그러나 자신들만 구원받고 이방인은 구원의 대상이 아니라며 선택을 오해했던 이스라엘의 잘못된 선민사상이 심각한 문제가 되었다. 이제 역사의 섭리는 이스라엘조차 구원받은 이방인에게 복음을 들어야 할 대상이 되게 했다. 인류의 역사는 결국 하나님의 구속을 이루어 가기 위해 '선택받고'chosen, '부름받고'called, '보냄받는'sent 일이 연속해서 일어나는 역사다.44 여기서는 누구도 자신만 하나님에게 직접 선택받아 구원받았다고 자랑할 수 없다(롬 11:18). 유대인이든 이방인이든 복음 전도자든 복음 수혜자든 누구도 자랑할 수 없게 하는 것이 하나님의 깊은 경륜이요 지혜다. 뉴비긴의 선교 역사 이해는 이 성경의 패러다임에 기초하며, 근원적으로는 하나님의 영원한 목적까지 거슬러 올라가 구약과 신약, 특정성과 보편성을 아우르는 특징을 지닌다.

선교 역사의 함의: 참여, 하나님을 닮아 감

뉴비긴의 선교 역사 서술에서 강조되는 특유의 함의점은 바로 '참여'다. 선교의 주체는 하나님이시고 우리는 그분의 선교에 '참여'한다. 아브라함부터 예수까지, 예수부터 오늘날까지 적어도 4,000년의 긴 시간이 흘러왔다. 누군가는 선교의 역사가 왜 이렇게 기나긴 여정을 거쳐야 하는지 물을 수 있다. 선교는 인간의 '관계망' 속에서 진행된다는 뉴비긴의 선교 이해에 비추어 보면, 그러한 질문에 응답하여 다음과 같은 비유를 제시할 수 있다. 하나님은 번갯불과 촛불이라는 두 방편을 사용해 선교를 하실 수 있다. 번갯불은 효능 면에서 촛불과 비교할 수 없다. 하나님이 번갯불을 쓰신다면 하루만에 온 인류를 회심시키실 수 있을 것이다. 하늘을 스크린 삼아 마치 하늘에서 쏘는 프로젝터 빔처럼 그분의 위엄과 사랑을 직접 드러내신다면 말이다. 그러나 하나님은 그러한 방법을 쓰시지 않았다. 오히려 촛불을 쓰셨다. 촛불은 바람이 불면 꺼질 수도 있고, 불을 여러 사람에게 전달하는 데 많은 시간이 소요된다. 촛불과 번갯불의 근본 차이는, 번갯불을 사용하는 일은 하나님만이 가능하시며 사람의 손이 필요 없는 반면 촛불을 사용하는 데는 사람을 동원해 참여시키는 일이 필요하다는 것이다. 그런데 하나님이 번갯불보다 촛불을 더 즐겨 쓰신다는 것은 하나님이 사람의 도움을 필요로 한다는 말이 아니다. 우리를 하나님의 일에 '참여'시키신다는 더 큰 목적이 있기에 하나님은 촛불을 쓰신다. 하나님이 우리를 참여시키시는 것은 결국 우리를 하나님의 마음에 참여시키기 위해서다. 그 마음에는 죄인을 향한 하나님의 사랑, 인내, 구원의 환희 등이 담겨 있다. 우리는 그렇게 참여함으로써 비로소 하나님의 심정과 속사정을 조금이나마 알 수 있게 되지 않는가? 그러므로 뉴비긴이 제시하는 비전에 의하면 선교는 명령이요 의무이기 이전에 거룩한 초대요 하나님을 닮아 가는 특권이다. 하나님은 많은 사람의 동참을 바라신다. 그분은 시공간을 초월해 계시기에, 오랜 시간이 걸리는 것을 답답해하시지 않는다. 오히려 하나님은 그분의 심정을 헤아리지 못하는 우리의 마음 때문에 답답해하시는 게 아닐까? 복음의 매개체인 교회는 성령의 역사로 선교하시는 하나님의 심정에 참여하며 그 마음을 닮아 가는 공동체다.

뉴비긴의 영향

뉴비긴 사후 그의 사상을 담아낸 다양한 출판물과 네트워크, 프로젝트, 운동 등이 출현했다. 그에게 영향을 받은 이른바 '뉴비긴파 학자들'Newbiginologists로 인해 그의 존재감은 서구, 특히 영미권의 유럽과 북미에서 확실히 각인되었다. 이 수많은 출판물과 프로젝트는 뉴비긴의 저술을 참고하고 인용하면서 그의 생각을 여러 지역과 영역에 실천적으로 적용하며 확장하고 있다. 뉴비긴의 저술들은 수집, 분류되어 인터넷을 통해 접할 수 있고,⁴⁵ 그에 대한 연구 센터와 프로그램 등도 세워지고 있다.⁴⁶ 여기서는 그 영향력을 크게 두 가지로 나누어 살펴보겠다. 첫째는 성경에 대한 선교적 재조명, 둘째는 교회에 대한 선교적 재조명이다.

성경에 대한 선교적 재조명: 거대한 선교의 이야기인 성경

『파문을 일으키는 예언자』A Scandalous Prophet: The Way of Mission after Newbigin⁴⁷는 뉴비긴을 기념하기 위해 1998년 버밍엄에서 열린 국제 콘퍼런스의 결과물이다. 여기에는 그를 기리는 여러 학자의 글이 수록되어 있는데 특히 찰스 테이버Charles R. Taber는 "진정한 메타내러티브로서의 복음"The Gospel as Authentic Meta-Narrative이라는 글에서 절대성을 강조하는 모던과 상대성을 강조하는 포스트모던은 둘 다 '강요'를 통해 인류를 오도한다고 비판하며, 성경에서 말하는 진정한 복음은 강요가 아니라 겸손함을 갖추고 희생하는 모습으로 인류를 설득할 수 있는 거대 담론임을 천명한다.⁴⁸

무엇보다 뉴비긴의 영향력은 성경을 선교적 관점에서 재조명하는 인식으로 이어졌다. 복음주의권에서 로잔운동을 이끄는 크리스토퍼 라이트Christopher J. H. Wright는 『하나님의 선교』The Mission of God: Unlocking the Bible's Grand Narrative⁴⁹에서 선교적 시각으로 성경을 재조명한다. 그는 중요한 질문을 던진다. "나는 성경에 비추어 기독교 선교를 이해하려는 것인가, 아니면 하나님의 선교에 비추어 성경을 이해하려는 것인가?…이 책은 성경적 선교신학인가, 아니면 선교적 성경 해석인가?"⁵⁰ 라이트는 이른바 '선교적 해석학'을 시도했다. "성경은 온통 선교에 대한 내용이라 해도 과언이 아니다. 그러므로 선교의 성경적 기초에 대해서뿐 아니라 성경의 선교적 기초를 밝히는 작업 또한 가능할 것이다."⁵¹ 이러한 토대에서 과연 닭이 먼저인지 달걀이 먼저인지 묻는 질문처럼 그는 교회와 선교의 근본적 관계를 이렇게 규명한다. "하나님은 세상에서 그분의 교회를 위해 선교를 두시지 않고 그분의 선교를 위해 교회를 두셨다. 선교가 교회를 위해 만들어진 게 아니라 교회가 선교, 곧 하나님의 선교를 위해 만들어졌다."⁵² 교회의 선교적 목적을 강조한 뉴비긴과 일맥상통하는 말이다.

마이클 고힌Michael W. Goheen은 『열방에 빛을』A Light to the Nations: The Missional Church and the Biblical Story⁵³이라는 책에서 뉴비긴의 선교적 교회 사상과 성경을 연관 지어 서술했다. 고힌에 따르면, 구약에서 하나님의 선교적 사명을 위해 이스라엘 민족이 선교 공동체로 조성된 것처럼, 신약에서는 선교 공동체로 예수 그리스도를 따르는 교회가 세워졌다. 뉴비긴의 시각으로 성경의 내러티브를 재조명한 것이다.

교회에 대한 선교적 재조명

선교 대상이 된 문화: 복음과 우리 문화 네트워크   1981년 영국교회협의회British Council of Churches에서는 뉴비긴에게 당시 영국 사회와 교회의 위기 상황에 대한 견해를 요청했는데, 그 결과로 나온 것이 『서구 기독교의 위기』다. 영국교회협의회의 관할 아래 시작된 프로그램인 "복음과 우리 문화"는 당대의 문화 속에서 복음의 타당성relevancy을 확인하려는 시도였다.⁵⁴ 이러한 운동의 영향력은 1987년 북미에서도 "북미의 복음과 우리 문화 네트워크"The Gospel and Our Culture Network in North America 운동으로 이어졌고, 이와 관련된 결과물이 인터넷 및 여타 출판물로 나오

기 시작했다.[55]

아울러 조지 헌스버거George R. Hunsberger와 크레이그 밴 겔더Craig Van Gelder가 공동으로 편집한 『복음과 문화 사이에 선 교회: 북미에서 부상하는 선교』The Church between Gospel and Culture: The Emerging Mission in North America[56]가 나왔고, 프린스턴 신학대학원의 대럴 구더Darrell L. Guder가 편집한 『선교적 교회: 북미 교회의 파송을 위한 비전』Missional Church: A Vision for the Sending of the Church in North America[57]이 "복음과 우리 문화" 시리즈로 출간되었다. 또한 같은 해에 이 시리즈로 헌스버거의 『성령의 증언을 따라: 레슬리 뉴비긴이 말하는 문화적 다원성의 신학』Bearing the Witness of the Spirit: Lesslie Newbigin's Theology of Cultural Plurality[58]이 나왔다. 어떻게 보면 선교의 첫 번째 대상은 선교 인식이라는 면에서 잠들어 있는 교회 자체일 것이다. 구더는 선교에 대한 재인식의 필요성을 고취하고자 『교회의 선교적 사명에 대한 신선한 통찰』The Continuing Conversion of the Church[59]을 출간했다.

선교적 교회 운동 뉴비긴의 영향력 가운데 또 하나의 두드러진 양상은 선교적 교회론의 등장이다. 라이트는 『하나님의 선교』에 이어 뉴비긴의 사상을 담은 또 다른 저서 『하나님 백성의 선교』The Mission of God's People: A Biblical Theology of the Church's Mission[60]를 출간했다. 여기서 그는 뉴비긴의 『교회란 무엇인가?』를 인용하면서 그리스도의 승천과 성령의 강림과 교회의 시작은 '교회를 통한 하나님의 선교'가 본격적으로 시작되었음을 알리는 '취임식' 사건이라고 했다.[61] 선교적 성경론에 당연하게 따라오는 결말은 선교적 교회론이었다. "복음과 우리 문화" 시리즈의 편집장이었던 겔더는 드와이트 샤일리Dwight J. Zscheile와 『선교적 교회론의 동향과 발전』The Missional Church in Perspective: Mapping Trends and Shaping the Conversation[62]을 썼으며, 캐나다 리젠트 칼리지의 로스 헤이스팅스Ross Hastings가 쓴 『선교의 하나님, 선교적 교회: 서구의 재복음화를 꿈꾸며』 Missional God, Missional Church: Hope for Re-Evangelizing the West[63]는 하나님의 선교에 대한 이해를 강조하고 선교적 교회의 중요성을 역설한 뉴비긴과 보쉬 같은 이들의 사상에 기초하여 나온 결과였다.

탈크리스텐덤적 재조명: 복음, 예배, 선교학, 신학 분야로의 확장 21세기를 조망하면서 크리스텐덤을 극복한 복음 이해, 선교 이해, 예배 이해 등의 새로운 양상이 다양한 분야에서 출판물로 쏟아져 나왔다. 이러한 저술에서는 모두 선교적 교회론을 강조한다. 하지만 '선교적'이라는 말이 교회론에만 적용될 수는 없다. 여러 분야에서 이 수식어가 붙는 저술이 점점 더 나타나고 있다.

아프리카의 선교학자인 옥부 칼루Ogbu U. Kalu를 추모하며 출간한 『크리스텐덤 이후의 선교: 현대 선교에서 부상하는 주제들』Mission after Christendom: Emergent Themes in Contemporary Mission[64]에서는 유럽으로 대표되는 크리스텐덤의 해체를 다루며, 라이언 볼거Ryan K. Bolger가 편집한 『크리스텐덤 이후의 복음: 새 목소리, 새 문화, 새 표현』The Gospel after Christendom: New Voices, New Cultures, New Expressions[65]에서는 구패러다임을 극복하는 선교 개념을 제시하고 복음의 재고찰을 시도한다. 예배와 관련해서는 크라이더 부부Alan Kreider and Eleanor Kreider의 『크리스텐덤 이후의 예배와 선교』Worship and Mission After Christendom[66]가 2009년에 출간되었다. 서구의 오랜 전통 속에서 예배와 선교는 철저히 분리되어 왔다. 크리스텐덤의 약화 이후 분리된 이 두 실체는 하나가 되어야 한다고 강조하는 저자들에게서 우리는 예배가 선교적이어야 한다는 설득력 있는 주장을 들을 수 있다.

신학 분야에서도 그동안의 전통적 조직신학을 선교적으로 재조명하려는 시도가 나타났는데, 게리 타이라Gary Tyra의 『선교적 정통: 후기 기독교 맥락에서 본 신학과 사역』A Missional Orthodoxy: Theology and Ministry in a Post-Christian Context[67]에서 그 예를 볼 수 있다. 이 책은 전통적 조직신학의 범주(계시론, 신론, 기독론, 성령론, 인간론, 구원론, 교회론, 종말론)를 이른바 "선교적 정통"missional orthodoxy, 즉 기독교 신학을 이 시대에 선교적으로 상황화하면서도 복음의 본질적이고 순수한 메시지를 잃어버리지 않으려는 시도로 참신하게 접근한다.

선교학 분야에서는 애즈베리 신학대학원의 총장 티모시 테넌트 Timothy C. Tennent가 『세계 선교학개론』Invitation to World Missions: A Trinitarian Missiology for the Twenty-first Century[68]을 썼다. 선교학자들은 지난 2,000년 역사를 살피며 선교의 주도권이 하나님께 있음을 보았다. 이렇게 등장한 '하나님의 선교' 개념은 삼위로 계신 하나님이 행하시는 선교에 담긴 함의를 더욱 고찰하면서 선교학을 삼위일체 관점에서 재정립하는 시도를 낳게 했다. 테넌트의 논지는 뉴비긴이 일찍이 1963년에 쓴 『삼위일체적 선교』에 기초해 있다고 볼 수 있다.

∽✢∽

뉴비긴은 비서구 지역의 선교 현장에서 선교를 뼛속까지 체험한 베테랑 선교사였다. 동시에 그는 자신의 뼈와 살을 형성한 서구가 처한 선교적 상황을 고민한 진정한 선교사였다. 뉴비긴이 인지한 서구는 하나님 없는 세속 사회가 아니라 거짓 신으로 가득한 이교 사회였다. 이 새로운 선교 상황에서 그가 일깨우고자 한 대상은 바로 교회였다. 교회의 선교적 사명을 위해 경종을 울린 그의 공헌과 위상에 대해 제프리 웨인라이트Geoffrey Wainwright는 『레슬리 뉴비긴: 신학적 생애』Lesslie Newbigin: A Theological Life[69]에서 그를 "교회 교부"Fathers of the Church 가운데 하나로 다루었다.[70] 뉴비긴이 시대를 품고 고민하며 낳은 사상과 제시한 방향은 다음 세대를 위한 유산이었다. 그는 위기의 늪에 빠진 선교를 새로운 기회의 바다로 이어 준 거대한 다리와 같았다.

뉴비긴은 인류 역사 전체를 하나님의 선교가 이루어지는 과정으로 보았다. 그리고 그 과정에서 '선택'과 '부름'과 '보냄'이라는 거대한 성경의 내러티브가 선교 역사의 내러티브로 이어진다고 보았다. 선교가 결여된 전통 신학을 선교라는 시각으로 심화·확장한 그의 공헌은 성경, 삼위일체, 예배, 신학 등 제반 영역에 걸친 '선교적' 운동으로 이어졌다.

그런데 그리스도의 교회와 하나님 나라의 외연 확장만이 하나님이 바라시는 선교의 목적일까? 그 배후에 하나님이 정말로 바라시고 의도하시는 바가 있다면, 그것은 그분의 성정을 뼛속까지 닮은 한 사람, 한 사람으로 이루어진 하나님 자녀들의 공동체를 이루시는 게 아닐까? 하늘에 있는 뉴비긴이 우리를 위해 한마디 한다면 바로 이러한 외침이 아닐까 싶다.

하나님을 위한 우리의 선교가 아니다. 우리를 위한 하나님의 선교다!
Not our mission for God; But God's mission for us!

7장

라민 사네

1942-2019

아프리카 시각에서 본 기독교 신앙의 정수

예일 대학교의 교수였던 라민 사네Lamin O. Sanneh, 1942-2019는 2019년 1월 6일에 타계했다.¹ 아프리카 감비아 출생의 사네는 이슬람교 신자였다가 가톨릭으로 개종한 독특한 회심 배경을 지니고 있었다. 그는 아프리카 출신 비서구 신학자로서 서구 학계에 영향력 있는 목소리를 낸 몇 안 되는 학자 중 한 사람으로, 오늘날 지구촌기독교의 상황을 대표하는 상징적 인물이었다. 이번 장에서는 사네의 생애와 회심, 그가 선교역사가로서 주장하는 쟁점, 선교 역사 서술에 공헌한 부분 및 선교 역사에서 차지하는 중요성을 살펴보고자 한다.

사네의 생애와 저술

전향적 생애와 회심

사네의 삶은 한마디로 '전향'적 생애였다. 그중 한 번은 이슬람교에서 기독교로 전향한 일, 또 한 번은 비서구에서 서구로 활동 무대를 옮긴 일이다. 사네는 2012년에 출간한 자서전 『주변에서의 소환』Summoned from the Margin: Homecoming of An African에서, 자기 생애의 지적·영적 여정을 소개하면서 회심 과정도 상세히 기술한다.²

사네는 감비아강에 위치한 맥카시 섬의 작은 마을 잔잔부레(과거에는 조지타운이라 불림)에서 태어났다. 그 섬은 일찍이 영국의 감비아 식민지화의 전초 기지였으며, 감리교 선교사들의 정착지이기도 했다. 또한 자유를 얻은 노예들뿐 아니라 종교 탄압을 피해 온 무슬림들이 머무는 곳이기도 했다. 다시 말해, 사네는 이슬람교, 서구 식민주의, 선교사라는 정황이 교차하는 복합적 환경에서 살았다. 그의 부친은 왕족 가문 출신으로 영국 식민 정부의 행정관으로 일했다. 사네 부친에게는 두 명의 아내가 있었고, 사네는 열한 번째 자녀로 태어났다. 사네의 어머니는 동네 가게에 물건을 내다 파는 일을 했다. 과거에 왕족이었다는 가문 배경이 있었지만 사네 가정의 형편은 어려웠다. 사네는 어린 시절을 회상하면서 아프리카의 일부다처 문화에서 한 아버지와 두 어머니 사이에서 태어난 그의 형제자매들과 성장하는 과정에서 겪은 복잡한 속내를 털어놓으며, 경쟁 관계 속에서 일종의 연합과 다양성의 이슈를 체감하며 자랐다고 진술한다.³ 이는 훗날 그의 신학적·선교학적 사고를 형성하는 데에도 적지 않은 영향을 주었을 것이다.

사네는 어린 시절부터 지적 호기심이 왕성해 질문이 많았고 생각도 깊었다고 한다. 학교에 입학하기도 전인 어린 나이에 동네 상점 앞에 쌓인 물품 상자에 쓰인 글자와 그려진 그림을 보면서 스스로 알파벳을 배웠다고 하니, 타고난 학구열과 지식욕을 지니고 있었다고 할 수 있다. 열악했던 삶의 정황에서 기적같이 헬렌 켈러Helen Keller, 1880-1968의 저서를 만난 것은 행운이었다.⁴ 어린 나이에 접한 그녀의 자서전 『나의 이야기』The Story of My Life, 1902를 통해, 빵도 지식도 갈구했던 어린 사네는 운명 같은 환경을 극복하는 열쇠가 바로 '교육'에 있음을 깊이 느끼게 되었다. 이 마음은 이후 사네의 삶을 이끄는 동력이 된다.

이후 전개되는 그의 삶에서 가장 큰 사건은 기독교 신앙으로 전향한 일이다. 그는 10대 시절에 감리교로 개종했다. 그가 기독교로 전향한 과정 및 회심의 근본 이유를 살펴보겠다.

이슬람교에서 기독교 신앙으로　사네는 쿠란 학교에서 만난 교사를 통해 여러 영향을 받았는데, 그중 하나는 쿠란의 언어인 아랍어를 절대적으로 느끼고 경외감을 가진 일이었다.[5] 아랍어에 대한 이런 태도를 가짐으로써 그는 어떤 나라의 언어도 신앙과 예배를 위한 적합한 언어가 될 수 없다고 생각하게 되었다.[6] 이 경험은 훗날 그가 선교학자로서 이슬람교와 기독교의 근본 차이를 이해할 때, 언어에 대한 태도에서 차이가 있는, 즉 자국어나 모국어가 신앙의 언어가 될 자격이 있는지를 두고 큰 차이를 보이는 두 종교를 심도 있게 다루는 토대가 된다. 사네는 정부에서 운영하는 기숙 학교에서 고등학교 생활을 했다. 입학 경쟁이 치열해 들어가기 힘든 학교였다. 이곳에서도 계시된 신의 언어인 아랍어는 그를 위축시켰다. 학교에서 배우고 써야 하는 학습 언어인 영어와 이슬람교의 예배 언어인 아랍어는 사네 자신이 태어날 때부터 배우고 써 온 모국어의 위상을 한층 더 초라하게 만들었기 때문이다.

　고등학교를 마친 사네는 미래를 확실히 결정하지 않은 가운데 일을 하는데, 그러면서 기독교 신앙에 대한 질문을 품고 있었다. 식민지 상황에서 서구인들이 보이는 모습을 통해 사네의 머릿속에서는 자연스럽게 질문이 일어났을 것이다. 사네는 자신이 자라면서 가진 이슬람교와 기독교 사이에서 괴리를 느끼고 있었다. 무슬림 대다수는 기독교를 진리에서 타락한 종교로 인식했다. 더구나 기독교 국가라는 유럽에 사는 그리스도인들의 삶과 태도는 무슬림들이 보기에 전혀 신앙적이지 않았다. 하나님을 믿는다면서 성탄절에 술에 취해 흥청망청하는 그리스도인들의 모습은 기독교에 대한 괴리감을 더할 뿐이었다. 사네에게 적어도 이슬람교는 기독교보다 훨씬 도덕적인 종교였다.

　하지만 그리스도인들의 겉모습과 행동만으로 이슬람교 신앙이 우월하다고 단정 짓고 내면의 종교적 고민을 해소하기에는 사네의 마음이 꽤 복잡했다. 그의 마음속 깊이 자리한, 신(하나님)에 대한 궁금증과 구도심은 쉽사리 사그라들지 않았다. 쿠란의 강령에 의하면 신에 대한 불순종과 방탕한 삶은 반드시 고통과 형벌을 초래한다. 그렇다면 신에 대한 순종과 바른 삶은 그 반대여야 하지 않은가? 하지만 이런 단순한 논리와 달리 현실은 뒤죽박죽이다. 신의 뜻에 따르고자 하는데도, 올바르게 사는데도 벗어날 수 없는 고통스러운 현실은 어떻게 설명해야 하는가? 고통이 너무도 만연한 현실은 인류 모두가 신의 저주와 형벌 아래 살고 있다는 결론인가?[7] 사네는 한 번도 기독교 학교나 미션 스쿨을 다녀본 적 없는 자신이 이러한 종교적 질문을 품고 신에 대한 구도심을 가진 일은 스스로 보기에도 이해할 수 없는 특별한 일이었다고 회고한다.[8]

    결국 사네가 맞닥뜨려야 했던 고민은 기독교 신앙의 핵심이라 할 수 있는 예수의 십자가 죽음과 부활 사건이었다. 이것이 역사적 사실이라면 이는 무슬림에게 극히 불편한 진실이었다. 사네는 "기독교는 내가 추구하고 싶은 종교는 아니었다. 하지만 죽임당한 기독교의 신은 무덤에서 살아나 내 생각 속에서 나를 집요하게 쫓고 있었다"고 고백한다.[9] 그는 "내가 과연 이 예수를 좇아야 하는가?" 하고 묻는다. 무슬림들은 예언자들의 가르침을 잘 좇아야 한다고 배운다. 따라서 쿠란에서 예언자라고 인정하는 예수의 가르침을 좇는 것이 무슬림인 사네 자신에게 크게 납득되지 않는 행동은 아니었다. 문제는 예수의 죽음과 부활이었다. 이를 인정하지 않는 이슬람교가 바로 벽이었다. 쿠란에서는 예수가 살해되지 않고 알라가 예수를 적들의 손에서 구출하여 하늘로 올렸다고 설명한다(쿠란 4:157-158). 하나님이 보내신 존귀한 예언자라면 이러한 일이 있는 게 마땅하다는 것이 이슬람교의 가르침이다. 십자가에서 '죽음'을 맞이하는 것은 이슬람교에서 이해하는 하나님의 속성으로 볼 때 있어서는 안 될 수치와 모욕이다. 그런데 기독교에서 주장하는 예수의 죽음과 부활 사건이 조작된 이야기가 아니라 실재하는 사건이요 실체적 진실이라면 그 일을 허락하신 하나님의 마음은 과연 무엇인가?[10] 그토록 신성모독이라 여겨지는 십자가 사건을 하나님이 사실 그대로 용인하고 수용하신 것이 사실이라면 이는 무엇을 의미하는가? 이것이 바로 사네를 고민하게 한 질문이었다.

사네는 자서전에서 그를 회심까지 몰고 간 이 사건의 실체와 의미를 결국 깨닫게 되었다고 진술한다. 이슬람교에서 주장하는 바처럼 십자가 사건이 예수가 아닌 다른 사람의 즉흥적 위장이나 환각에 의한 것이었다고 보기보다는, 있는 그대로의 모습처럼 십자가에 달린 이가 예수였다는 과격한 사실을 받아들이는 게 오히려 하나님의 마음, 즉 죄 용서와 구속을 위해 작정하신 하나님의 의도에 가깝다는 것이다.[11] 하나님의 진정한 마음은 위장이나 환각을 이용해 죄 없는 예수를 구출하는 데 있지 않고 죄 있는 우리를 구출하기 위해 예수를 십자가에 내버려 놓으셨다는 데 있다는 사실을 사네는 깨달았다. 사네는 이러한 하나님의 의도를 기록한 성경을 예로 든다. "여호와께서 그에게 상함을 받게 하시기를 원하사 질고를 당하게 하셨은즉"(사 53:10). "그리스도가 이런 고난을 받고 자기의 영광에 들어가야 할 것이 아니냐"(눅 24:26). "그는…십자가를 참으사 부끄러움을 개의치 아니하시더니"(히 12:2).[12]

하지만 사네에게는 마지막 질문이 남아 있었다. 죽으시고 부활하신 예수가 자신의 삶과 무슨 상관이 있느냐는 것이다.[13] 하나님의 구속이 나와 어떤 관계에 있느냐는 개인적·실존적 질문이었다. 그동안 사네는 선지자 예수는 죽지 않아야 한다고 주장하는 이슬람교의 가르침에 서서 그 가르침을 옹호하는 편에 서 있던 자신을 보았다. 그러나 이제는 반대편에서 겸허히, 예수가 죽었어야 하며 죄 용서를 위한 그 대속의 죽음을 인정하고 시인하는 게 더 나은 결론이라는 데 도달한 자신의 변화를 보았다. 용서를 받아들이지 않는 자로 예수의 옹호자 unforgiving defender가 되기보다 차라리 용서를 받아들이고 예수의 용서 받은 적forgiven enemy of Jesus이 되는 게 하나님의 의도에 더 부합한다는 사실을 받아들인 것이다!14

죄 없는 예언자 예수를 진정 변호하고 옹호하는 일은 이슬람교나 사네 자신의 일이 아니라 하나님의 일이었음을 사네는 깨달았다. 하나님이 예수를 옹호하는 일은 예수가 죽기 전에 그를 '구출'하는 게 아니라 죽은 이후의 '부활' 사건으로 이루어진다는 점과 더불어! 바로 이 깨달음의 시점에서 그는 그동안의 모든 저항을 내려놓고, 죽으시고 부활하신 예수와 그분으로 말미암은 죄 용서를 받아들이게 되었다. 예수는 절대로 죽어서는 안 된다고 믿었기에 그를 구출해야 한다며 저항해 온 일이, 자신의 손으로라도 예수를 구출해야 한다는 그 알량한 의무감이 얼마나 하나님의 의도와 동떨어졌는지 깨달았다. 자신을 용서하기 위해 모든 수모를 감당하고 살아나신 그분의 손에 안겨야 함을 깨달았다. 구출하는 자는 사네 자신이 아니라 바로 십자가의 예수였다는 사실을, 구출받아야 하는 자는 예수가 아니라 사네 자신이었음을 보았다.15 그는 비로소 그의 삶을 바꾼, 십자가에서 죽으시고 부활하신 예수를 따르기로 한 눈물의 회심을 이렇게 고백한다. "더 이상 혼동은 없었다. 완전히 새로운 해방감과 자유가 찾아왔다. 전적으로 고요한 평화가 스며들었다. 새 생명, 거듭났다는 말밖에 설명할 길이 없었다."[16]

10대의 나이에 이러한 종교적 성찰과 회심 과정을 거치며 이슬람교에서 기독교로 전향했다는 간증은 참으로 놀랍다. 게다가 기독교 신앙으로 전향한 사실은 그의 주변 친구들에게는 경악할 만한 일이었다. 사네는 친구들에게 회심의 의미를 이렇게 설명한다.

내가 교회에 간 것은 이슬람교를 포기해서가 아니라 무슬림으로서 하나님을 존중해야 함을 알았기 때문, 그래서 이제는 하나님을 사랑하고 싶어졌기 때문이다. 이슬람이 나를 내친 게 아니라 단지 복음이 나를 끌어당긴 것뿐이다.[17]

나는 신앙을 포기한 게 아니다. 오히려 그 반대다. 내가 예수를 받아들인 것은 하나님을 존중한다는 생각에서 도저히 그분을 저버릴 수 없었기 때문이다.[18]

내가 교회에 끌린 것은 이제 진리, 즉 하나님은 어느 한 부족이나 계층에 의해서만 소유될 수 없다는 진리에 도달하는 데 이르렀기 때문이다. 나는 진리가 우리만 소유할 수 있는 게 아니라는 사실을 깨달았다.[19]

그런데 이러한 격랑 속에서 극적인 회심에 도달했음에도, 그가 기독교로 전향했을 때 지역 교회에서는 그에게 세례 베풀기를 꺼려 했다. 사네는 이것이 전혀 예상치 못한 충격이었다고 진술한다. 그는 1961년 19세의 나이가 되어서야 세례를 받았는데, 세례를 통해 그를 부른 하나님의 요청에 응답했다고 확신했으며 시공을 초월하는 하나

님의 백성이라는 새 가족의 일원이 되었다고 고백했다.[20]

사네의 회심 과정을 상세히 진술한 것은 이슬람교에서 기독교로 전향하는 과정에서 나타나는 첨예한 이슈를 볼 수 있기 때문이다. 사네 안에 자리한 깊은 종교적 성찰은 궁극적으로 그가 독특한 배경을 지닌 종교학자, 비교선교학자, 선교역사가로서 보여 주는 여러 혜안을 설명할 단초를 제공한다.

비서구에서 서구로 회심에 이르는 가운데서도 그는 왕성한 지식욕을 보이며 아놀드 토인비Arnold Toynbee, C. S. 루이스Lewis 등 여러 영향력 있는 사상가의 저술을 만났다. 지적·영적 여정 속에서 사네는 종교에 깊은 학구열을 보이며 그 방향을 따라 공부할 뜻을 세운다. 사네는 자신의 삶을 묵상하고 조망할 때마다 무슨 목적으로 이 땅에서 살아가느냐는 물음 앞에서 하나님께 대한 '신앙'과 '교육'이 그가 부름받고 살아야 할 목적이라는 소명 의식을 갖게 되었다고 거듭 밝힌다.

사네는 1963년에 미국에 도착한다. 그가 처음에 아프리카 학생들을 위한 장학금을 얻고 진학했던 대학은 역사적으로 흑인들을 위한 대학이었다. 당시 미국에서는 흑백 갈등과 시민운동이 한창 일어나고 있었고 그 와중에 그는 비난의 대상이 되었다고 한다. 사네가 자신의 경력에서 그때 다닌 학교의 이름을 굳이 밝히지 않는 것은 당시에 좋지 않은 경험을 했기 때문이었다고 본다.[21] 사네는 인종의 벽을 몸으로 느꼈다. 그는 뉴욕주 스키넥터디에 있는 유니온 칼리지로 전학해 역사를 전공하고 1967년에 졸업했다.

이후 그는 영국 버밍엄 대학교(M.A., 1968)에서 수학하고, 레바논 베이루트의 근동 신학교(1968-1969)에서 짧게 신학 공부를 하고서 영국 런던 대학교에서 이슬람 역사를 연구해 박사 학위(Ph.D., 1974)를 받았다. 그리고 가나의 가나 대학교(1975-1978), 스코틀랜드 애버딘 대학교(1978-1981), 미국의 하버드 대학교 신학대학원(1981-1989)과 예일 대학교 신학대학원(1989-2019)에서 교편을 잡았다. 그는 또한 미국 해외사역연구센터Overseas Ministries Study Center의 이사로도 활동했다.

사네는 자신의 회심 과정과 더불어 아프리카, 유럽, 아시아, 미주 등 다양한 지역과 학교에서 살아온 여정이 그의 지적·경험적 지평을 확장하는 데 지대한 역할을 했다고 진술한다.

> 나는 세계의 유수한 대학에서 가르칠 수 있었고, 거기서 만나고 접할 수 있던 동료 교수, 학생, 자료를 통해 엄청난 특권을, 또한 누구에게도 쉽게 주어지지 않는 전례 없는 기회를 누렸다. 내게는 특별히 유리한 지점과 자격이 주어졌다고 생각한다. 4개 대륙에서 교육을 받은 일만으로도 여러 사람, 장소, 이념을 만나 이해의 폭을 넓히고 깊이를 더할 수 있었다.[22]

저술

사네는 200편이 넘는 소논문을 남겼으며, 저술했거나 편집자로 참여한 책이 20여 권이 넘는다. 그는 또한 에큐메니컬 진영의 「크리스천 센추리」The Christian Century 주필로, 또한 미국의 해외사역연구센터의 출간물인 「국제 선교 연구지」International Bulletin of Missionary Research의 편집자로, 또한 "옥스퍼드 지구촌기독교 연구"Oxford Studies in World Christianity 시리즈의 편집자로 일하는 등 왕성한 집필 활동을 했다. 그의 저술을 책 중심으로 살펴보면 크게 (1) 아프리카 기독교 역사 연구 (2) 선교 운동과 지구촌기독교 담론 (3) 이슬람 역사 심층 연구로 분류할 수 있다.

여기서는 이 저술들을 간략히 소개하고, 책의 주요 논지는 그보다 뒤에서 사네의 선교 사상을 설명할 때 더 구체적으로 이야기하겠다.

아프리카 기독교 역사 연구　『서부 아프리카 기독교: 그 종교적 영향력』 *West African Christianity: The Religious Impact*[23]은 사네의 초기작이다. 여기서 그는 아프리카 기독교가 근대 선교의 산물이라는 인식을 불식하고자, 아프리카 기독교가 시작부터 현지인의 역할 및 이해에 기반을 두고 있음을 초기 역사에서부터 작금에 부상하는 아프리카 독립 교회 운동 등을 열거하며 서술한다. 이에 대한 각론이라고도 할 수 있는 『해외 노예 폐지론자: 미국 흑인들과 근대 서부 아프리카의 형성』 *Abolitionists Abroad: American Blacks and the Making of Modern West Africa*[24]에서는 특히 영국의 노예 제도 폐지와 맞물려 영국의 주도로 서부 아프리카 국가 시에라리온이 탄생한 일과 이곳에서 기독교가 확장하는 가운데 해방 노예들인 아프리카 그리스도인들이 행한 주도적 역할을 구체적으로 보여 준다.

선교 운동과 지구촌기독교의 개념화　『말씀을 번역하다: 문화에 대한 선교의 영향력』 *Translating the Message: The Missionary Impact on Culture*[25]은 사네의 핵심 선교 사상을 명확하게 보여 주며, 『서구와의 만남: 기독교와 글로벌 문화의 과정』 *Encountering the West: Christianity and the Global Cultural Process*[26] 과 『기독교는 누구의 종교인가?: 서구를 넘어선 복음』 *Whose Religion is Christianity? The Gospel Beyond the West*[27]은 각각 서구 유럽 중심의 기독교가 선교 과정에서 드러내는 한계와 기독교의 복음이 문화와 맺는 관계에서 보여 주는 지구촌적 특성을 심도 있게 다룬다. 『온 나라의 제자화: 지구촌기독교의 기둥들』 *Disciples of All Nations: Pillars of World Christianity*[28]에서는 기독교의 역사적 행보를 2,000년 넘게 세워 온 건축물에 비유하면서 지구촌기독교의 특성을 이 건축물을 떠받치는 8개의 기둥으로 묘사하며 소개한다.

이슬람 역사 심층 연구 『왕관과 터번: 무슬림과 서부 아프리카의 다원성』 *The Crown and the Turban: Muslims and West African Pluralism*[29]에서는 서부 아프리카의 세속 정부와 이슬람교 사이의 긴장과 복잡한 관계를 역사적으로 해명한다. 아프리카 출신이자 이슬람 배경을 가진 사네가 자신의 풍부한 경험과 해박한 지식을 바탕으로, 아프리카의 종교적 토양 및 그 토양 위에 세워진 기독교와 이슬람이 초래한 현상과 문제를 탁월하게 풀어낸 저술이다. 최근에 나온 그의 저서 『지하드를 넘어: 이슬람 서부 아프리카와 그 너머의 평화주의자들의 영향력』*Beyond Jihad: Pacifist Impetus in Muslim West Africa and Beyond*[30]은 흔히 이슬람의 확장을 '지하드'와 연결해 무력을 행사하며 진행되었으리라 생각하는 획일화된 인식을 교정하는 시각을 제시하는 연구로, 서부 아프리카의 한 공동체에 뿌리내린 이슬람의 평화적 정착 과정을 사례로 보여 준다.

선교 역사에 대한 사네의 안목과 공헌

복음과 문화에 대한 이해

복음의 번역 가능성　사네 선교 사상의 핵심은 그가 주장하듯 기독교 복음의 주요 속성이 '번역 가능성'translatability이라는 것이다. 사네의 사상을 담은 『말씀을 번역하다』는 이를 설명하는 사네의 대표 저술인데, 여기서 그는 기독교 역사를 보면 "복음의 번역 가능성이야말로 바로

기독교가 문화를 가로지르는 원천"이었다고 설명한다.³¹

기독교 선교의 번역 가능성을 보여 주는 전형적 사건은 기독교가 유대인에게서 헬라인에게로 넘어가는 과정에서 나타난다. 사네는 메시아(그리스도)로 인식된 복음 메시지가 예루살렘에서 안디옥으로 넘어가는 사건이야말로 기독교가 이후 유럽, 아시아, 아프리카로 확장되는 과정에서 되풀이되는 선교 역사의 전형이라고 보았다.³² 기름부음받은 자, 곧 메시아로서 약속된 이를 기다리며 표적을 구하던 유대인들에게 그리스도로 인식되고 전해진 복음은, 이제 이방 세계인 헬라 권역으로 이동함에 따라 그들의 전통 속에서 지혜를 찾던 헬라인들에게 로고스로 인식되었다. 사네는 메시아에서 로고스로, 즉 신적 이성이며 우주를 다스리는 원칙으로 그리스도를 이해하는 과정을 번역 가능성이라고 보았다. 그리스도의 의미가 형이상학적 세계관을 가진 헬라인에게서는 다르게 표현되었다는 것이다. 오리게네스와 같은 헬라 교부에게 예수 그리스도는 역사적 맥락에서 이해되기보다 삼위일체의 제2위격으로 이해된 것도 그 한 예다.³³

복음의 번역 가능성은 기독교의 진수다.³⁴ 번역 가능성은 성경 번역에서 가장 대표적으로 나타나지만, 번역이 단지 언어 영역에만 해당하는 것은 아니다. 사네는 예술 작품 표현에서도 번역 가능성이 적용된다고 언급한다.³⁵

오순절 사건의 의미: 성경 번역의 정당성과 그 신학적 근거 사네는 성경에서 번역 가능성을 명확하게 언급한 예가 '오순절 사건'임을 강조한다. 성령의 강림으로 인한 역사에서 모든 민족의 방언대로 복음이 선포되었다는 것은 하나님의 구속 사역에서 모든 문화가 인정되고 존중됨을 하나

님이 확증하신다는 것이다.³⁶ 히브리어, 헬라어, 라틴어라는 세 언어 외에는 쓸 수 없다는 언어 이데올로기는 전혀 성경적이지 않다. 하지만 서방 교회는 실제로 이런 오류를 범하고 말았다.

오순절 사건은 성육신 사건과 더불어 성경 번역의 신학적 정당성과 근거를 제공하는 사건이다. 성육신이 제2위의 하나님이신 성자께서 역사 가운데 오신 초유의 사건이라면, 오순절 사건은 제3위의 하나님이신 성령께서 역사 가운데 오신 또 다른 초유의 사건으로, 두 사건 모두 하나님이 하나님을 파송하는 '하나님의 선교'다. 사네는 복음의 번역 가능성을 주장하는 앤드루 월스와 더불어 이 두 사건 모두를 신성이 인성으로 '번역'되는 선교적 사건으로 이해한다.

자국어 운동으로서의 선교 사네에게 언어는 문화를 대표하는 가장 강력한 힘이다. 환언하면 선교와 언어의 상관관계는 복음과 문화라는 등식으로 정리된다. 그에게 기독교 선교는 자국어 운동 vernacular movement 이다. 그가 어렸을 때 쿠란 학교에서 경험한 언어 감수성은 이러한 그의 선교 사상에 강력하게 반영되어 있다.

역사를 돌아보면 기독교 선교는 항상 자국어 향상에 기여했다. 선교는 그만큼 획일성이나 중앙으로부터의 통제력을 약화시키는 힘이었다.³⁷ 사네는 "기독교 확장의 성공 여부는 자국어 개발과 밀접하게 관련되어 있다"고 주장한다.³⁸ 물론 자국어를 강조하는 선교는 민족의식의 강화를 초래한다. 역사에서 예를 들면, 9세기경 모라비아 지역에 확장된 동방 정교회의 선교는 자국어를 쓰는 토착화 운동이라는 유산을 남겼다. 기독교가 자랑하는 '번역 가능성'은 한 언어만을 교조화·우상화하는 오류를 저지한다.

흥미로운 점은, 16세기 개신교 종교개혁을 이러한 각도에서 보면 성경 번역을 주도한 종교개혁 운동은 일종의 자국어 운동이라는 선교적 의미를 지닌다는 것이다. 가톨릭과 개신교의 지리적 경계만 보아도 가톨릭 지역이 로마 제국의 영향권이 강한 지역에 한정되어 있다면 대부분의 개신교 국가는 가톨릭 세력이 미치지 못하는 변방에 분포되어 있음을 알 수 있다.

상대화와 비낙인화 기독교의 번역 가능성은 두 가지 결과를 가져온다. 기독교는 전수 과정에서 유대교의 뿌리를 '상대화'relativize 하고, 이방의 문화를 '비낙인화'destigmatize 했다.

기독교는 그 기원에서부터 아람어와 히브리어를 번역할 필요를 깊이 인식하고 있었다. 거기서 역사적으로 두 가지 힘이 발휘되었다. 하나는 유대교의 뿌리를 상대화하는 작업, 다른 하나는 이방 문화의 오점을 제거하는 비낙인화 작업으로 새로운 신앙의 생명력을 확장해 나가는 것이었다. 비낙인화 작업은 상대화 작업을 보완하여 유대교와 이방을 하나로 묶는 역할을 하는데 이것이 바로 새로운 기독교 신앙의 진면모라 할 수 있다.[39]

사네에 의하면 상대화와 비낙인화는 기독교 전파의 두 힘이다.[40] 그는 "모든 문화는 신적 섭리의 차원에서 볼 때 모두 동등하다"고 주장한다.[41] 즉, 모든 문화는 기독교의 진리를 담을 수 있는 충분한 가치가 있으며 복음은 어느 한 문화권의 표현으로만 대표될 수는 없다는 것이다. 하나님이 이 땅에 펼친 구속 사역의 활동 방식은 다문화적이

었다.⁴²

이러한 원칙을 갖고 사네는 "한 문화의 우상화를 방지하는 가장 좋은 방법은 번역 가능성이 장려하는 급진적일 정도의 복수주의"라고 주장한다.⁴³

하나님의 무게 중심은 어느 한 문화를 중심점으로 한정하지 않고 여러 변경에 걸쳐 자리해 있다. 이제 더 이상 어느 한 문화권만이 독단적 표준으로 하나님의 진리를 대변할 수 없다. 이러한 입장은 유대 문화권에 가차 없이 도전했고 그리스-로마 문화권에도 동일하게 도전했다.⁴⁴

사네는 그동안 역사에서 사라진 수많은 기독교 공동체의 소멸 원인이 '배타성'에 있었다고 지적한다.⁴⁵ 그 한 예가 초기 교회의 배타적 유대 공동체였던 에비온파 Ebionites였다.

선교 역사에 대한 이해

선교 역사는 번역의 역사   선교는 '번역'이라고 본 사네에게 선교 역사는 '번역의 역사'다. 이것이 지니는 함의는 무엇인가? 사네에게 기독교의 확장은 단순한 지리적 확장, 수적 성장이 아니다. 번역 translation 이 무엇인지 이해하기 위해 사네는 그와 반대되는 '확산' diffusion 이라는 개념을 거론한다. 확산이 복음의 메시지와 전달자의 문화가 분리되지 않고서 이루어지는 일이라면, 번역은 복음의 메시지가 수용자의 문화 속으로 들어가는 일이다.⁴⁶

복음이 한 문화 속으로 침투하고 또 다른 문화 속으로 이행되는 선교의 역사는 전 기독교의 역사를 유대기, 헬레니즘기, 야만인기, 서방

기, 해상기, 남반구기로 나누어 설명하는 월스의 구도에서 이해된다.[47] 이런 시각으로 번역 가능성을 강조하는 월스의 선교 역사 이해는 사네의 선교 역사 이해와 공유하는 지점이 있다. 다만 사네가 번역을 기독교 선교의 중요한 방편means임을 강조한다면, 월스에게서는 번역이 기독교 확장 과정의 한 유형pattern으로 나타났다는 데서 둘의 차이가 있다는 견해도 있다.[48]

기독교와 이슬람교의 확장: 기독교 대 이슬람교 사네는 번역과 확산이라는 두 개념의 극명한 차이를 기독교와 이슬람교의 확장 과정의 차이에서 볼 수 있다고 설명한다.[49] 사네가 보기에, 기독교 선교는 '번역 가능성'에 기초해 진행되었다면 이슬람교의 확장은 쿠란의 '번역 불가능성' non-translatability에 기초해 진행되었다.[50] 즉, 이슬람교의 확장은 '확산'이었고 기독교의 확장은 '번역'이었다.

함의	기독교 선교	이슬람 확장
번역적 함의	번역 가능성	번역 불가능성
역사적 함의	오순절	히즈라
언어적 함의	자국어	공용어(아랍어)
성육신적 함의	예수 그리스도	쿠란
영토적 함의	포스트크리스텐덤	이슬람 세계
확장적 함의	순차적	동심원적
선교학적 함의	회심	개종
문화적 함의	변혁	순응
사회 정치적 함의	지역적	초국가적

기독교 선교와 이슬람 확장의 비교

역사적 함의로 볼 때, 오순절에 대응하는 이슬람의 사건은 히즈라 Hijrah, 즉 예언자 모하메드가 메카에서 메디나로 피신한 때(622년)로, 이슬람교에서는 이때를 이슬람 원년으로 본다. 이슬람교의 공식적 기원을 모하메드의 탄생이나 쿠란의 계시를 받은 때로 두지 않고 히즈라 사건에 두는 것은 이를 이슬람 공동체 탄생의 기원으로 보기 때문이다. 예언자의 망명으로 인해 그를 추종하는 세력과 본격적으로 이슬람 공동체가 시작되었고 이때부터 이슬람교는 운명 공동체로 확장 과정을 진행한다. 이를 교회 공동체가 확장되기 시작한 오순절과 비교할 수 있다. 이슬람교에서 성육신 개념에 대응하는 것은 예언자 모하메드가 아니라 쿠란이다. 기독교에서는 말씀이 성육신한 것이 예수 그리스도지만, 이슬람교에서는 쿠란이 이 땅에 성육신한 하늘의 말씀과 다름없다.

기독교 역사에서는 한때 기독교의 영토 확장을 선교로 인식하던 때(중세)가 있었지만 지구촌기독교의 양상은 그러한 크리스텐덤적 모습과 다르다post-Christendom. 이에 비해 이슬람교는 영토적 개념이라 볼 수 있는 다르 알-이슬람Dar al-Islam, 이슬람 세계을 추구한다. 또한 이슬람교의 확장은 이슬람교의 영속적 중심인 메카를 중심으로 동심원적concentric으로 이루어졌다고 할 수 있는 반면, 기독교는 역사적 시발점(예루살렘)이 있지만 그 시발점은 더 이상 영속적 중심이 아니다. 기독교 선교는 월스의 주장처럼 항상 중심점이 예루살렘에서 안디옥으로, 또 로마 등으로 바뀌면서 이동하는 순차적serial 운동이었다.

기독교의 회심이 개별적이고 내면적으로 중생하여 그리스도를 향해 방향을 바꾸는 삶이라면, 사회 문화적으로 공동체적 성격이 강한 이슬람교의 경우에는 신앙을 받아들이면서 외적 규범을 따르고 그에 부합하기를 요구받는다. 이를 회심conversion과 구별하여 개종proselytization

이라 부를 수 있다. 회심이 삶의 양식에서 변혁transformation을 추구한다면 개종에는 순응conformation이 요구된다. 사회 정치적 면에서는, 기독교에서는 지역적local 성향이 인정된다면 범이슬람pan-Islam을 지향하는 이슬람교에서는 초국가적trans-national 성향이 강하게 나타난다고 볼 수 있다.

서구 선교의 죄책에 관한 교정된 인식 사네는 누구보다 서구 선교의 죄책에 관한 교정된 인식corrective view to the Western guilt complex of Christian mission이 필요하다고 목소리를 높인 학자다. 기독교 선교가 복음 전파에서 자국어를 강조하는 특성을 지닌다는 점을 고려하면, 사네는 기독교 선교야말로 자국 문화를 파괴하거나 억압하는 힘으로 작용하지 않았으며 오히려 자국 문화를 권장하고 풍성하게 한 힘이었다고 주장한다. 그래서 사네는 선교사가 제국주의자요 문화 파괴자라는 비난을 강하게 거부한다.[51] 가톨릭의 로베르토 드 노빌리Roberto de Nobili가 인도 경전의 언어인 산스크리트를 배우고 개신교의 윌리엄 캐리가 벵골어 르네상스를 초래한 것이 그 예다.[52] 한국에서도 구한말 개신교 선교가 한글의 보급과 확장에 크게 기여했다.

사네의 유산과 영향

지구촌기독교의 학문화

사네의 공헌이자 유산은 지구촌기독교 현상에 대한 예리한 관찰자로서 이 분야의 전문가인 월스와 더불어 지구촌기독교 분야를 학문 담론으로 이끌어 내 새로운 학문 영역으로 개척한 것이다. 그는 월스와 더불어 1992년 3월에 예일-에든버러 그룹Yale-Edinburgh Group on World Christianity and the History of Mission이라는 모임을 출범시켰다. 첫 모임의 주제는 "크리스텐덤에서 지구촌기독교로"From Christendom to World Christianity였다.[53] 이 그룹은 부상하는 지구촌기독교에 대한 연구와 선교 역사 연구를 문서화하는 데 주요하게 공헌했다.

사네의 목소리는 이제 교회사학자들에게도 깊이 있고 영향력 있는 목소리로 인식되기 시작했으며,[54] 선교학자 월스의 책과 사상은 미국 교회사학회에 소개되었다. 이 학회의 회장을 역임했던 케네스 스콧 라투렛이 선교학자로서 교회사가들에게 선교적 안목의 중요성을 강조한 것을 넘어, 한 세대 후에 이 학회의 회장을 역임한 교회사가 마크 놀이 선교역사가들과 지구촌기독교 학자들의 말에 깊은 관심을 갖고 귀를 기울인 것은 주목할 만하다.[55]

앞서 말했듯 사네는 "옥스퍼드 지구촌기독교 연구"의 편집자로 일하면서 『온 나라의 제자화』를 출간했다. 그 책에서 그는 '지구촌기독교'가 공식official 기독교와는 다른 형태의 기독교라고 주장한다.

> 서구 식민주의 시대 후기에 출현한 지구촌기독교는 대도시 중심metropolitan의 고전 기독교와 비교할 때 그 특색 면에서 놀라울 정도로 전혀 다른 선을 긋는다. 여기에는 이단 심판, 신학 논쟁, 종교 전쟁, 군사력을 동원한 대규모 개종 같은 현상이 없다. 오히려 지구촌기독교는 민간인적 특징을 지니고 대체로 평화로운 가운데 국가 권력에 의지하지 않고 발현하는 형태를 갖춘다.[56]

사네는 『온 나라의 제자화』에서 그 나름의 독특한 비유로 지구촌

기독교의 개요를 소개한다. 부제목을 "지구촌기독교의 기둥들"이라 한 것처럼, 그는 지구촌기독교를 받치는 여덟 개의 기둥을 역사적 비유로 소개한다. 첫째 기둥인 "제국 기둥"Pillar of Empire은 기독교가 로마에 소개되면서 자리 잡는 과정으로, 유대 중심의 틀을 벗어나 이방 세계에서 자리 잡는 놀라운 변혁 과정을 보여 준다. 둘째 기둥인 "비교 기둥"Comparative Pillar은 기독교와 이슬람교를 비교하는 이해에서 세워지는 기둥이다. 시리아와 아랍 지역의 동방 그리스도인과 이슬람교의 등장으로 두 종교는 대치 국면으로 치닫는데, 이는 유럽 기독교가 나아갈 다음 활로인 대양으로 안내하는 길목이 된다. 셋째 기둥인 "대서양 횡단 기둥"Trans-Atlantic Pillar은 유럽 지역에 국한된 기독교가 대서양을 넘어 확장되는 놀라운 과정을 설명한다. 하지만 새로운 대륙으로 확장된 기독교는 단순히 유럽의 연장선에 있는 유럽판 기독교로 성장할 것은 아니었다. 넷째 기둥인 "선교와 식민주의 기둥"Missions and the Colonial Pillar은 근대 선교의 모습으로, 선교와 식민주의가 불가분의 관계로 여정을 같이하는 양상을 보여 준다. 이 연결을 억지로 떼어 놓으려는 시도는 역사의 현실을 무시하는 처사다. 그럼에도 선교는 본질적으로 식민 정책과는 별개로 에이전트 역할을 수행한다. 다섯째 기둥인 "은사적 갱신 기둥"Pillar of Charismatic Renewal은 17세기 경건주의에 그 뿌리를 두고 시작되었다가 점차 비서구 지역에서도 그 특징인 '독립적'independent 영성을 발휘하여 다양한 운동으로 발현되는 모습을 보여 준다. 여섯째 기둥인 "원초적 기둥"Primal Pillar은 아프리카에서 쉽게 볼 수 있는 예언자적 성격을 묘사한다. 일곱째 기둥인 "비평 기둥"Critical Pillar은 선교지에서 한계를 드러내는 서구 기독교의 모습 및 그와 대조적으로 현지인에 의해 구현되는 지구촌기독교의 모습을 보여 준다. 여

넷째 기둥인 "대나무 기둥"Bamboo Pillar은 중국에서 기독교가 엄청나게 성장한 일과 그 시사점을 논한다. 2,000년 넘게 건축되는 지구촌기독교의 건설에 참여한 이들이야말로 책의 제목인 '온 나라의 제자화'가 시사하듯 모든 종족 가운데서 온 제자라 할 수 있다.

아프리카 기독교의 공헌

아프리카인들의 주도권 사네는 아프리카가 선교 및 지구촌기독교의 부상에서 중요한 모델이요 실험장으로서 면모를 드러내며 공헌하고 있음을 여러 저술에서 강조한다. 무엇보다 아프리카에는 고대로부터 이어지는 장구한 기독교 역사가 있다. 북아프리카 지역은 물론 나일강 상류의 고대 왕국인 악숨 왕국과 누비아 지역의 1,000년간 지속된 기독교 역사가 이를 대변한다. 이후 15세기에서 18세기 초엽까지 서구에서 선교의 물결이 밀려왔다. 그런데 여기서 아프리카인의 주도권Initiatives으로 서구 아프리카에 복음이 확산된 역사가 주목을 끈다. 그 예로 시에라리온의 형성 과정에서 노바스코샤에 임시로 정착해 있다가 시에라리온에 돌아온 해방된 노예 그리스도인들이야말로 아프리카 독립 교회에 영적·정신적 DNA를 제공한 이 지역의 1세대 그리스도인이다.[57]

이렇게 서구 선교사들에게 기원을 두지 않은 이 지역 기독교의 역사는 아프리카 현지인 주도로 이루어진 선교 및 교회 발전을 보여 주는 분명한 예다.[58] 나이지리아 서부에서 태어나 13세에 노예로 붙잡혀 가던 중 영국 해군에 의해 시에라리온에 풀려난 아자이Adjai라 불리는 소년의 이야기는 또 하나의 기억해야 할 일화로 소개된다. 그는 새뮤얼 크라우더Samuel Crowther라는 이름으로 세례를 받고 영국 런던의 성공회 대학교에서 공부하고 안수를 받은 후 아프리카로 돌아와 니제르 지역의 선교 사역에 동참한다. 그는 삼자3-Self 운동의 대부라 할 수 있는 영국성공회선교회 총무 헨리 벤에게 신임을 얻어 선교 사역 리더로 세워져 서부 아프리카를 관할하는 현지인 성공회 감독이 되었다. 원래 요루바 출신이었던 크라우더가 이끄는 니제르 델타 선교팀은 구성원 모두가 현지인이었다. 그들은 요루바어로 설교하고 요루바어 단어를 수집하고 요루바어 성경을 만드는 등 요루바 지역 선교에 결정적으로 공헌했다. 그 과정에서 현지인과 서구 선교사 사이에 발생한 오해와 불신으로 인해 아프리카 출신 감독 크라우더가 경질되는 일이 일어났지만, 여기서 비롯된 반감은 오히려 아프리카 독립 교회 운동에 더욱 박차를 가하는 결과로 이어졌다.59

아프리카인의 기독교   지구촌기독교의 단면을 볼 수 있는 아프리카 기독교는 어떠한 특징을 보이는가? 사네는 그 하나의 예로 이른바 "아프리카 신경"African Creed 이라 불리는 마사이족의 신앙고백을 그의 여러 저서에서 거론한다.60

> 우리는 높은 곳의 하나님, 사랑으로 아름다운 세계를 지으시고 이 세상에서 행복하게 살도록 사람을 지으신 그분을 믿습니다. 그분은 이 땅의 많은 나라와 부족을 사랑하십니다.…그분은 또한 그 아들 예수를 유대 부족으로 오게 하셨는데, 가난하고 작은 마을 출신의 예수는 초원에서 항상 좋은 일을 행하셨고 많은 이를 치유하셨습니다.…비록 그분은 장사되어 무덤에 뉘었지만, 하이에나가 그를 건드리지도 않았으며 결국에는 하늘로 올려지셨습니다. 우리는 죄 용서 받음을 믿으며, 신앙이 있는 자라면 항상 죄를 슬퍼해야 합니다. 우리는 그분의 오심을 기다리지만, 그

분은 여전히 살아 계십니다.[61]

여기서 우리는 사도신경 같은 역사적 신앙고백이 아프리카의 공동체적 특징(내가 아닌 우리)과 지역적 특징(높은 곳의 하나님, 부족, 초원, 하이에나 등)을 반영한 용어로 표현되어 있음을 볼 수 있다. 이러한 신앙고백을 발견한 선교사 빈센트 도너번Vincent Donovan은 서구 근대 철학의 대부 데카르트를 들며, 데카르트의 명제인 "나는 생각한다. 고로 나는 존재한다"I think, therefore I am는 아프리카인에게는 "나를 사람들이 안다. 고로 나는 존재한다"I am known, therefore I am라고 표현되어야 한다고 말한다.[62] 아프리카의 공동체적 특징은 아프리카인의 속담인 "빨리 가고 싶으면 혼자 가라. 멀리 가고 싶으면 함께 가라"If you want to go quickly, go alone; If you want to go far, go together와도 일맥상통한다.

아프리카 연구의 중요성: 사네연구소   사네의 학문적 유산을 기념해 가나 대학교에서는 사네연구소The Sanneh Institute를 세우고 2020년 2월에 창설식을 가졌다. 이슬람교와 기독교의 가교 역할을 했던 사네를 기리는 목적으로 창설된 연구소답게, 종교와 사회를 포괄하는 주제를 연구하고자 "영토와 환대: 그리스도인과 무슬림이 함께 사는 법 배우기"Territoriality and Hospitality: Christians and Muslims learning to live together라는 국제 학술회의를 개최하기도 했다. 아프리카에서 첨예하게 나타나는 이슬람교와 기독교 사이의 긴장과 충돌을 염두에 둔 주제다. 서부 아프리카에서 이슬람교와 기독교의 갈등은 종교적 주제나 이념 담론으로 인한 갈등보다는 삶 속에서 매일매일 이웃 간의 충돌이 벌어지는 현실적 갈등으로 나타난다.

새로운 역사 서술 및 신학 담론

선교역사가로서 사네가 남긴 유산은 새로운 역사 서술에 끼친 영향력이다. 아프리카 격언 가운데 "사자들이 스스로 그들 자신의 역사가를 갖기 전까지 사냥담에서 영웅은 언제나 사냥꾼일 것이다"Until lions have their historians, tales of the hunt shall always glorify the hunters라는 말이 있다. 사네가 강조하려는 맥락에서 충분히 공감이 가는 말이다.

선교역사가로서 사네는 라투렛이나 닐의 역사 서술이 식민지 틀을 벗어나지 못한 '오래된 역사 서술'Old Historiography에 속한다고 거침없이 비판한다.

> 닐의 경우 여전히 서구가 문화적 중심이 되는 틀, 아무리 해도 그 언저리를 벗어나지 못하는 틀에 매여 있다는 점에서 실패했다. 그의 저술은 아무래도 유럽 중심이다. 닐이나 그와 같은 부류가 쓴 선교 역사는 여전히 유럽 선교사들의 이야기에 불과하다. 그들이 현지에서 어떻게 활동했으며 현지인들에게 어떻게 영웅시되었는지에 관한 내용 말이다.[63]

사네에 의하면 문제는 이러한 역사 서술의 불균형이 실제 역사를 심각하게 왜곡할 수 있다는 데 있다. 또한 더 위험한 점은, 그 행보를 답습하는 후대 역사가들이 왜곡된 서술을 항구적으로 고착시킬 수 있다는 것이다. 전형적인 교회사 서술의 한계는 복음의 문화 간 진행 과정cross-cultural process이라는 시각을 심각하게 결여하고 있다는 데 있다. 지구촌기독교는 이제 더 이상 가톨릭, 정교회, 개신교라는 3개의 (서구적) 전통만으로 기술될 수 없는 현실이 되었다.[64] 새로운 역사 서술은 이 한계를 극복하고 더욱 다양한 기독교의 모습을 담아내야 한다.

사네가 제시하는 '새로운 역사 서술' New Historiography 은 현지인이 복음의 에이전트가 되어 현지의 토착 문화적 방식을 따라 행하는 역사 서술을 말한다. 위로부터가 아니라 아래로부터 서술하는 방식이다.

역사가의 책무는 여전히 우위에 서고자 하는 서구의 압력에 맞서 역사 서술을 이전과는 다른 측면인 저변부, 즉 아래로부터 접근하는 것이다. 이는 공식 선교사로 간주되지 않는 복음의 매개인, 즉 교리 강습자, 교사, 간호사, 전도사, 번역자 등 교회 개척에서 역할을 담당한 이들의 행보를 추적하는 일이다.[65]

사네의 이러한 목소리는 최근에 쏟아져 나오는 많은 저술에 반향되어 있다. 대표적인 예가 가나 출신 신학자 콰메 베디아코 Kwame Bediako 가 쓴 『아프리카의 기독교: 비서구 신앙의 갱신』 Christianity in Africa: The Renewal of a Non-Western Religion[66] 과 『예수와 아프리카의 복음: 역사와 경험』 Jesus and the Gospel in Africa: History and Experience[67] 이다. 『아프리카의 기독교』는 사네의 입장과 맥락을 같이하여 아프리카 기독교를 재조명하며, 『예수와 아프리카의 복음』은 예수가 누구인지 묻는 질문에 대한 아프리카의 인식을 다루고 있어 매우 흥미롭다. 사네와 조엘 카펜터 Joel Carpenter 가 편집한 『변화하는 기독교의 얼굴: 아프리카, 서구, 세계』 The Changing Face of Christianity: Africa, the West, and the World[68] 에서는 아프리카와 아시아에서 부상하는 지구촌기독교의 모습을 구체적 사례를 들어 설명하면서 사네가 강조하는 복음의 번역 가능성을 다시 한번 천명한다. 토머스 오든 Thomas C. Oden 이 쓴 『아프리카 기독교 역사: 서구 기독교 형성의 모판』 How Africa Shaped the Christian Mind: Rediscovering the African Seedbed of

Western Christianity[69]은 아프리카가 기독교에 미친 영향력과 유산을 성경, 교리, 신경, 수도원 운동, 순교 등의 예를 거론하며 설명하면서, 아프리카야말로 초기 기독교 형성에 결정적 역할을 한 모판이었음을 강조한다. 오늘날 유럽이라는 서구 이미지로 대표되는 기독교보다 훨씬 오래되고 폭넓은 신앙이 있음을 천명한 것이다.

성경 분야에서는, 에드윈 야마우치Edwin M. Yamauchi가 쓴 『아프리카와 성경』Africa and the Bible[70]이 있다. 이 책에서는 구약성경에서 언급하는 함의 저주, 모세가 취한 구스 여자, 솔로몬 시대, 에티오피아의 내시, 구레네 사람 등 성경 속 아프리카를 주제로 엮어 흥미롭게 소개하는데, 앤드루 월스는 이 책의 가치를 높게 평가한다. 키스 오거스터스 버턴Keith Augustus Burton이 쓴 『아프리카의 축복』The Blessing of Africa[71]은 오랜 시간 이슬람과 유럽의 지배 아래에서 편견과 오해로 얼룩진 성경 해석과 역사 속 아프리카에 대한 인식을 교정하는 시각을 제시한다. 조너선 그로브스Jonathan D. Groves가 쓴 『지면 수준에서 로마서 읽기: 현대 농촌 아프리카 관점』Reading Romans at Ground Level: A Contemporary Rural African Perspective[72]은 로마서의 핵심 구절을 아프리카 말라위 지역에 어떻게 적용하고 선포해야 하는지 성경해석학적·사회학적 연구와 통찰을 담아 구체적으로 적용한 시도다.

기타 신학·선교학 담론을 담은 저술도 몇 가지 언급하자면, 우선 조지프 힐리Joseph G. Healey와 도널드 사이버츠Donald Sybertz가 쓴 『아프리카 내러티브 신학을 향하여』Towards An African Narrative Theology[73]에서는 구술 문화에 기반을 둔 아프리카에서 내러티브 신학을 어떻게 구축해야 하는지 예수 이해, 교회 이해, 성만찬 이해, 선교 이해 등 핵심 영역에서 구체적 사례를 거론하며 토착화 신학을 소개한다. 펠릭스 무침

바Felix Muchimba가 쓴 『아프리카의 영혼을 해방하다: 아프리카와 서구 기독교의 음악과 예배 형식 비교』Liberating the African Soul: Comparing African and Western Christian Music and Worship Styles[74]는 책의 부제목처럼 서구와 아프리카의 음악과 예배 스타일을 비교하면서 복음과 문화의 상관관계를 예배와 음악 영역에서 재정립한다. 조지프 힐리의 『옛날 옛적 아프리카에서는: 지혜와 환희의 이야기』Once Upon A Time in Africa: Stories of Wisdom and Joy[75]는 아프리카의 격언과 민담을 모아 놓은 책으로, 아프리카의 독특한 가치관과 지혜를 엿보게 한다. 같은 형식으로 출간된 제임스 크루거James H. Kroeger와 유진 탈만Eugene E. Thalman의 『지혜의 땅 아시아의 생명』Once Upon A Time in Asia: Stories of Harmony and Peace, 직역하면 『옛날 옛적 아시아에서는: 조화와 평화의 이야기』[76]도 아시아 지역의 특유한 세계관과 사상을 소개하는 책이다. 아프리카의 영성과 세계관을 다룬 로렌티 마게사Laurenti Magesa의 『신성하지 않은 것: 아프리카의 영성』What is Not Sacred: African Spirituality[77]에서는 성과 속의 구분이 없는 아프리카의 전통적 영성이 아프리카에 들어온 서구 기독교에도 얼마나 지속적으로 영향력을 미치는지와 이것이 지구촌기독교에 공헌하는 바가 무엇인지 논한다.

───── ✦ ─────

사네는 오늘날 지구촌 곳곳에서 세계인의 신앙으로 부상한 지구촌 기독교를 아프리카 출신으로서, 또한 이슬람교에서 기독교 신앙으로 전환한 독특한 배경을 갖고서 통찰력 있게 재조명했다. 그가 남긴 유산은 이 시대의 선교역사가로서 탁월하게 공헌한 결과물로 그 가치가 매우 높다. 그는 비서구 출신으로서 아프리카 기독교의 모습을 알려 주면서 아프리카 시각에서 본 기독교 신앙의 정수가 무엇인지 깨닫게 했다. 또한 기독교 선교에 대한 오해를 바로잡고 선교의 진정한 공헌이 무엇이었는지 보게 했다. 서구에서 선교를 대하는 부정적 인식에 대해 비서구 그리스도인의 시각에서 일침을 가했다고도 할 수 있다. 그는 사안을 공정하게 바라보아야 할 학자의 책무를 다했다.

한 가지 아쉬운 것은, 사네는 아프리카 출신인 만큼 지구촌기독교를 담론화할 때 아프리카의 공헌은 많이 다루는 데 비해 아시아의 시각이 담긴 입장은 상대적으로 약하게 다룰 수밖에 없었다는 점이다. 이를테면, 사네가 강조하는 기독교의 '번역 가능성'은 아프리카에서 이슬람교와 대비되며 매우 선명하게 나타났지만, 아시아에서는 기독교 외에도 불교가 번역을 통해 확장해 나간 일종의 선교적 성격을 지니고 있었다. 즉, '번역 가능성'이 과연 기독교만의 특성을 대표하는 개념이냐는 물음을 제기할 수 있다. 아시아에서도 사네에 버금가는 통찰력 있는 학자가 등장해 관련 연구가 이루어지기를 바란다.

사네를 추모하는 여러 추모사에 담긴 내용 중, 어느 학자가 사네에게 던진 질문에 대한 사네의 대답이 담긴 내용이 떠오른다. "당신은 대체 얼마나 시간이 많기에 그토록 많은 저술을 썼습니까?" 이 질문에 대한 사네의 대답은 이랬다고 한다. "간단히 말해, 저는 그날을 두려워했기 때문입니다. 하나님 앞에 서서 제 시간을 어떻게 썼는지 회계하자는 그때 말입니다. 그 말씀에 답할 수 있기를 바랐을 뿐입니다."[78] 학자로서 참으로 귀감이 되고 도전을 주는 대답이다. 그는 정직한 청지기로서 자신이 맡은 바를 최선을 다해 수행하고 간 이 시대의 그리스도인이었다.

8장

앤드루 월스

1928-2021

지구촌기독교 연구의 토대를 세우다

오늘날 선교 역사 및 지구촌기독교 등장에 관한 담론에서 가장 많이 주목받는 이를 한 사람 고른다면 앤드루 월스Andrew F. Walls, 1928-2021가 꼽힐 것이다. 월스는 서구와 비서구의 기독교 인구 비중이 뒤바뀐 현상demographic shift이 의미하는 바가 무엇인지 예리하게 관찰하여 통찰을 제공한 인물이다. 지구촌기독교의 판도는 제2차 세계대전이 끝난 1945년을 기점으로 서구 제국 식민주의의 쇠퇴와 더불어 신생 국가들의 독립 및 비서구 세계 교회의 부흥으로 전환점을 맞이한다. 이 외형적 변화는 곧 내면적으로 교회의 예배 및 신학의 변화도 함의한다.

선교역사가 월스는 오늘날 기독교의 새로운 지형도가 갖는 의미를 과거, 현재, 미래를 조망하는 가운데 심도 있고도 친근감 있게 알려 주는 주요 안내자다. 이번 장에서는 월스의 생애와 저술, 선교 역사를 바라보는 안목, 지구촌기독교 이해, 공헌 및 영향력을 살펴보겠다.[1]

월스의 생애와 저술

월스의 생애

스코틀랜드 혈통의 월스는 1928년 영국 뉴밀턴에서 태어났다. 월스는 교부학의 성지 옥스퍼드 대학교에서 초기 교부학을 공부하고서 엑서터 칼리지를 우등으로 졸업했다(B.A., 1948). 이어서 그는 동 대학원에서 신학과 교회사를 전공했으며(M.A., 1952), 교부학의 대가 F. L. 크로스Cross의 지도 아래 초기 교회를 연구해 문학사를 받았다(B.Litt., 1954). 그는 1952년에 케임브리지에 위치한 복음주의 학문 연구소인 틴들하우스Tyndale House에서 도서관 사서로 일하며 F. F. 브루스Bruce를 비롯해 많은 복음주의 신학자와 친분을 맺었다.[2]

월스의 삶은 이후 선교지에서 이어진다. 감리교 평신도 설교자였던 월스는 1957-1962년에 아프리카 시에라리온의 푸라베이 칼리지에서 교회사를 가르쳤고 그곳에서 (후술하듯) 새로운 '학문적 회심'을 경험했다. 1962-1966년에는 나이지리아 응수카 대학교University of Nigeria, Nsukka에서 종교학과 학과장으로 재직하며 가르쳤다. 1962년에 월스가 있던 시에라리온 프리타운에서 아프리카교회사학회The Society for African Church History가 설립되었는데, 그는 1963년에 이 단체의 학술지인 「아프리카 교회사 학회지」The Bulletin of the Society for African Church History를 창간하고 초대 편집장을 지냈다.

월스는 1966년에 스코틀랜드 애버딘 대학교의 교회사 교수로 지명되어 영국으로 돌아와 1985년까지 가르쳤다. 그러던 가운데 1967년에는 「아프리카 종교 저널」Journal of Religion in Africa을 창간하고 초대 편집장을 지냈으며, 1970년에는 애버딘 대학교에 종교학과를 설립하고 초대 학과장이 되었다. 비서구 세계 기독교의 가치와 중요성을 누구보다 먼저 인식하고 강조한 월스는 1982년 비서구세계기독교연구소 Centre for the Study of Christianity in the Non-Western World를 설립해 비서구 기독교 자료를 수집하고 연구하는 데 전력했다. 비서구세계기독교연구소는 1986년에 애버딘 대학교에서 에든버러 대학교로 옮겼고, 이후 세계기독교연구소Center for the Study of World Christianity로 이름이 바뀌었다. 최근에는 그의 업적을 기념하면서 영국의 리버풀 호프 대학교에 앤드루월스연구소Andrew F. Walls Centre for the Study of Asian and African Christianity가 설립되기도 했다. 월스는 1987년에 영국 왕실로부터 학문적 업적을 인정받아 대영 제국 훈장Order of British Empire을 받았고, 1988년에는 애버딘 대학교에서 명예 신학박사 학위를 받았다. 1995년에는 에든버러 대학교에서 「세계 기독교 연구」Studies in World Christianity를 창간했다.

이후 1997-2001년에는 미국 프린스턴 신학대학원에서 에큐메니컬 및 선교학 객원 교수로 재직했고, 2000년에 하버드 대학교 신학대학원의 몬라드 패밀리 세계기독교 강좌 석좌교수로 임명되었다. 역사가로서 꾸준하게 공헌해 온 월스는 2007년 미국교회사학회로부터 공로상을 받았다. 그는 1953년에 도린 하든Doreen Harden과 결혼했으며, 사별한 후에는 2012년 미국 장로교PCUSA 선교부 연구원인 잉그리드 르네Ingrid Reneau와 재혼했다. 그리고 2021년에 타계했다.

월스의 저술

월스는 영향력 있는 저서와 논문을 비롯해 다량의 글을 쏟아 냈다. 월스의 저술은 그의 학문적 기여를 기념해 2011년에 출간된 『지구촌 기독교의 이해: 앤드루 월스의 비전과 업적』Understanding World Christianity: The Vision and Work of Andrew F. Walls[3]에 자세하게 목록화되어 있다. 단행본 9권, 소책자 4권, 백과사전에 기고한 에세이 24편, 북챕터 70여 편, 소논문 80여 편, 서평 20여 편, 서문 15편, 3개 학술지에 기고된 문헌 정보 등 일일이 헤아리기 어려울 정도로 많다.

월스의 주옥같은 글이 많지만, 그동안 출간된 저서 가운데 그의 사상을 대변하는 대표 3부작을 소개하는 것이 그를 설명하는 데 적절할 것이다. 3부작 중 제일 먼저 나온 『세계 기독교와 선교 운동』The Missionary Movement in Christian History: Studies in the Transmission of Faith, 1996, 직역하면

『기독교 역사에 나타난 선교 운동: 신앙 전수에 대한 연구』[4]은 미국의 복음주의 잡지 「크리스채너티 투데이」Christianity Today에서 1997년 신학 분야 '올해의 책'으로 선정되었다. 「크리스채너티 투데이」에서는 2007년에 월스에 대해 "시대를 앞선 역사가이지만 당신이 모를 수 있는 가장 중요한 사람"이라고 논평했다.[5] 하지만 지구촌기독교의 중요도가 점점 부상하고 월스의 학문적 위상이 높이 평가받고 있음에도 한국의 독자들은 아직 그의 신학과 사상을 제대로 접하지 못했다. 그래도 몇 년 전 『세계 기독교와 선교 운동』이 한국어로 번역된 것은 고무적이다.[6] 3부작 중 두 번째 책은 『기독교 역사에 나타난 타문화권 이행 과정: 신앙의 전수와 전유에 관한 연구』The Cross-Cultural Process in Christian History: Studies in the Transmission and Appropriation of Faith, 2002,[7] 세 번째 책은 『문화의 국경을 넘다: 지구촌기독교의 역사에 관한 연구』Crossing Cultural Frontiers: Studies in the History of World Christianity, 2017로,[8] 그의 사상은 대체로 이 3부작에 담겨 있다.

월스는 선교 문헌의 보고라 할 수 있는 예일 대학교 신학대학원 도서관 내 데이선교도서관에 있는 방대한 자료를 분석하며 연구했는데, 그의 3부작에는 주요 원문에 기초한 자료를 바탕으로 연구한 주옥같은 논문들이 수록되어 있다. 3부작 전체를 셋으로 나누어 3부작의 각 저서가 한 부분씩 담당하고 있다고도 할 수 있다. 그렇게 보면 1부는 세계 선교 역사에서 이루어진 기독교 신앙의 전파를 총론 차원에서 다룬 논문 모음, 2부는 기독교 역사에서 특별히 아프리카를 다룬 연구 논문 모음, 3부는 서구에서 특징적으로 나타난 선교 운동을 다룬 연구 논문 모음이다.

이제 3부작에 실린 월스의 다양한 논문을 다루며 그의 사상, 공헌, 영향력을 소개해 보겠다.

선교역사가 월스

학문적 회심: 교회사가에서 선교역사가로

선교역사가 월스의 사상과 공헌을 논하기 전에 그의 생애에 나타난 중요한 학문적 전환점을 살펴볼 필요가 있다. 월스는 『기독교 역사에 나타난 선교 운동』 서문에서 이렇게 진술한다.

> 내게 새로운 깨달음을 주었던 날의 충격을 나는 아직도 기억한다. 그때 나는 2세기의 다양한 문헌 조각들을 엮어 내는 작업에 관해 거드름 피우며 즐겁게 이야기하고 있었는데, 실제로는 지금 여기서 내가 2세기의 어느 교회 속에서 살고 있다는 깨달음이 번뜩 들었다. 기독교에 헌신된 2세기 어느 공동체의 삶과 예배와 이해가 내 주위에 온통 펼쳐지고 있었던 것이다. 거만하게 이야기하는 것을 멈추고 내 주위에서 일어나고 있는 모든 일을 관찰하지 않을 이유가 없었다.…그날의 경험은 연구자로서의 나를 완전히 바꾸어 놓았다. 이전의 방식인 고대 문헌으로부터 추론해 적용하는 방식을 버리고, 내 주변에서 일어나고 있는 모든 종교적인 사건의 관점에서 그 2세기의 자료들을 이해하기 시작했다.[9]

월스가 깨달은 사실은 2세기 고대 교회사를 이해하는 데 그 어떤 고대 문헌보다도 아프리카 교회사 연구가 더 중요한 빛을 비춰 준다는 것이다. 월스는 계속해서 이렇게 고백한다.

> 나는 나 자신이 점점 더 새로운 분야에 이끌리고 있음을 발견했다. 아프리카로 인해 이미 나는 부족하나마 그런 방향으로 가고 있었다. 그리스

도인으로서의 의무가 나를 교회사에서 종교사로 이끌었다.[10]

이는 초기 교부 연구자로서 교회사를 가르쳤던 그에게 연구 맥락의 범위가 더 넓어졌음을 의미한다. 초기 및 서구 교회사라는 반경에서 현대 및 비서구 종교사의 맥락까지 그 반경이 넓어짐으로써 월스의 역사 이해는 더욱 폭넓고 깊게 이루어졌다. 이는 기독교 선교 및 복음 이해 역시 새로워졌음을 의미한다. 월스는 단순히 교회사가에 머물기보다는 더 넓은 맥락에서 기독교를 성찰할 수 있는 종교사학자이자 선교역사가의 길로 나아갔다.

월스는 교회사 및 선교 역사뿐 아니라 종교사, 세계사 등의 분야를 넘나들며 기독교의 뿌리를 탐구했다. 특히 교부학을 연구한 월스는 초기 교부를 문화적·선교적 배경에서 재해석함으로써 순교자 유스티노스와 오리게네스 같은 교부를 복음과 문화의 관계 측면에서 뛰어난 선교적 변증가로 재조명하는 등 초기 교부 역사를 선교학에 접목해 교회사 연구에서 새로운 장을 열었다.

월스가 지적하는 바는, 기독교는 본래 비서구적이었으나 압도적으로 많은 서구 이야기로 인해 교회사 기록에 상당한 공백이 생겼다는 것이다. 초기 기독교 역사에서 로마 제국 밖에 존재했던 기독교 이야기, 기독교의 동진 등 기독교의 다양성 및 선교와 관련한 주제가 많았음에도 그동안 전통적 교회사 기술은 이를 철저히 외면해 왔다. 지구촌기독교 역사 서술에서 비서구 지역의 잃어버린 교회 역사와 선교 역사를 회복하고 기독교 확장에서 선교 운동 외에 이민이나 난민 같은 이주 현상, 디아스포라 연구 등에도 각별히 관심 갖기를 주장하는 월스는 바로 그 점에서 성경 내러티브에 주목한다. 그가 보기에 성경 전체는 이주, 난민, 디아스포라에 관한 이야기로 가득 차 있다. 그리고 인류 역사는 이 성경적 패러다임을 따른다. 비서구 세계 출신의 그리스도인들과 그들의 신앙이 이제 서구에서 꽃피우며 새로운 활력을 보이고 있다. 선교 운동의 주도권이 현재 비서구 교회에 있다는 사실은 서구 교회에 대한 비서구 교회의 영향력을 보여 주는 방증이다. 그는 그동안 선교라는 상황을 배제한 서구의 연구 관행을 통렬히 비판하며, 교회 역사와 선교 역사는 뗄 수 없는 하나의 이야기임을 강조한다.

선교역사가라는 위치: 선교 역사 서술 2세대로의 안내자

월스 이전에 선교적 안목을 갖고 기독교 역사 전체를 조망해 그 의미를 새롭게 밝힌 역사가를 한 사람 꼽자면 당연히 케네스 스콧 라투렛을 들 수 있을 것이다. 선교역사가 반열에서 보면 월스는 일곱 권의 『기독교 확장사』[11]를 저술한 선교 역사의 대가 라투렛에 필적하는 학자다. 하지만 그는 라투렛과는 다른 방식으로 선교 역사를 조망했다. 라투렛과 월스는 선교 역사 서술에서 20세기 전반과 후반을 각각 대표하며, 선교 역사 서술의 발전에서 나타나는 두 국면을 보여 준다. 이는 역사 기술 방식을 라투렛적Latourettean 기술과 월스적Wallsean 기술이라는 두 세대로 나누어 그 발전 양상을 살펴볼 수 있다는 의미이기도 하다.[12] 여기서 잠시 라투렛과 월스를 비교함으로써 월스가 특별히 강조한 게 무엇이었는지 살펴보자.

라투렛은 기독교 확장을 밀물과 썰물이라는 조류로 묘사하며,[13] 이 조류의 간격은 금세기로 오면서 주기가 점점 더 짧아지지만 강도는 더 강해진다고 주장했다. 라투렛은 이 운동의 원천을 역사 속에서 계속해서 영향력을 발휘하는 '예수의 박동'impulse of Jesus으로 보았다. 반면 월스는 기독교 확장을 타 문화 속으로 이행되는 복음의 번역 과정 속에서 성령의 역사로 나타나는 성육신적 속성으로 본다. 기독교 확장에서 라투렛은 복음의 지리적 확장에 초점을 둔 반면, 월스는 복음의 문화 간 이행 과정에 초점을 두었다. 라투렛에게 가장 괄목할 만한 세기가 선교 운동으로 기독교 확장이 절정에 다다른 19세기였다면, 월스는 그 결과로 기독교가 비로소 서구의 틀에서 벗어나 진정한 세계적 신앙으로 부상한 20세기에 더 중요한 의미를 부여했다. 이런 의미에서 라투렛이 명명한 '선교'의 "위대한 세기"the Great Century of Mission는 월스에게서 지구촌기독교로의 탈바꿈이 이루어진 '변혁'의 위대한 세기the Greater Century of Transformation로 전환된다. 월스에 의하면 20세기는 19세기보다 더 위대한 세기일지도 모른다.

라투렛이 기독교 역사를 선교 역사의 관점에서 파악해 주로 서구 선교사들을 통한 기독교 영향력 확장에 강조점을 두었다면, 월스는 기독교 복음의 속성에 초점을 맞추되 현지인들의 입장과 역할의 중요성을 간과하지 않는 방식으로 기독교 역사를 이해했다.

월스의 핵심 사상

복음의 외연 확장에서 복음의 내재적 본질 탐구로 월스에게서 두드러지게 나타나는 선교 이해와 통찰은 무엇인가? 라투렛의 대표 저작인『기독교 확장사』에서는 기독교의 외연 확장에 초점을 맞춘다. 라투렛은 기독교 확장의 원천을 예수의 박동으로 보고 세상에 미친 예수의 영향력을 측정하고자 애썼다. 하지만 월스는 기독교 확장을 가져온 복음의 본질이 무엇이며 그것은 어떠한 과정을 통해 세상 속에 전파되었는지에 더 초점을 맞추었다. 기독교 확장이 라투렛에게는 '예수의 영향력'이라는 틀로 해석된다면, 월스에게는 '예수의 성육신'이라는 틀로 해석된다. 성육신 사건의 선교적 의미는 무엇인가?

성육신 사건: 복음의 번역 가능성　월스는 복음의 본질과 성격이 그리스도의 성육신에 근거한다고 보았다. 성육신을 통해 신성이 인성을 취한 것은 인간이라는 문화적 틀 속에 들어온 원초적 번역이며 최초의 선교적 사건이다. 이후 전개되는 선교의 역사는 복음이 타 문화권으로 들어가 이 원초적 번역 과정을 되풀이하는 양상으로 전개된다. 따라서 선교 역사는 번역의 역사라고 볼 수 있으며, 이는 곧 복음이 타 문화로 침투하며 이행되는 과정으로 볼 수 있다. 기독교 복음의 독특한 속성과 힘은 바로 이 복음의 '번역 가능성'에 있다.[14]

복음의 두 가지 속성: 토착화 원칙 및 순례자 원칙　월스에 의하면 복음은 특별히 두 가지 양상으로 나타내는데, 바로 '토착화'indigenizing 원칙과 '순례자'pilgrim 원칙이다.[15] 토착화 원칙은 복음에는 듣는 자의 문화적 상황에서 복음의 의미를 납득시키는 힘이 있다는 것이며 the Gospel is contextualized in recipient's culture, 순례자 원칙은 복음에는 듣는 자의 문화를 변혁하는 힘이 있다는 것이다 the Gospel transforms the recipient's culture. 복음의 양면성은 신학적 긴장을 낳고 교회 역사나 선교 역사에서 긴장 관계로 나타나는데, 이는 복음이 갖는 이중적 본질에서 비롯된다.

월스의 선교 역사 조망

문화적 국면으로 본 선교 역사　이러한 맥락에서 월스는 전체 기독교 역사를 여섯 개의 문화적 국면으로 나누어서 본다.[16] 제1국면(Jewish phase,

주후 30-70)은 유대기로, 이 시기 그리스도인은 대개 유대인이었다. 그들은 예수를 메시아Messiah로 이해했는데, 유대 전통인 구약에서 내려온 메시아 사상에 연유한 것이다. 이후 복음이 안디옥에서 헬라인에게 전파되었을 때 예수가 주Kyrios로 전파되는 이행 과정이 사도행전 11:19-20에 언급된 것처럼, 복음이 헬라어 문화권으로 들어가면서 메시아 개념은 영혼의 구주 개념으로, 개인적이고 내면적인 양상을 띠며 전이된다. 제2국면(Hellenistic-Roman phase, 70-500)은 기독교가 헬레니즘 사상의 틀 속에서 점차 정형화되는 시기로, 정통주의orthodoxy를 낳는 방향으로 전이된다. 제3국면(Barbarian phase, 500-1100)은 복음이 로마 변방의 야만족으로 확산되는 시기로, 이 시기 기독교는 국가적·영토적 개념의 기독교로 발전한다. 기독교화 과정에서 공공의 관습과 질서가 기독교의 수용 가치를 결정하는 형성 요인이 되었다. 제4국면(Western phase, 1100-1600)은 서구적 국면으로, 기독교 신앙은 점차 개인 선택으로 인식되기 시작했다. 제5국면(Maritime phase, 1500-1920)은 기독교가 지리상 발견과 해상 확장을 이룬 시기로, 기독교는 본격적으로 유럽권 밖으로 진출한다. 제6국면(Southern phase, 1920년 이후)은 기독교의 무게 중심이 북반구에서 남반구로 이동하는 시기다.

월스는 역사적으로 다른 시대와 장소에서 뿌리내린 기독교의 다양한 모습을 보며 문화적 힘이 기독교의 형세를 결정하는 데 중요한 요인이 됨을 간파했다. 서구에 자리 잡은 기독교에서는 헬라의 철학, 로마의 법률, 게르만족의 관습 등이 기독교 형성에 중요한 문화적 틀을 제공했다. 복음이 확산됨에 따라 이 문화적 틀 속에서 복음은 번역 과정을 거치는데, 이 과정이야말로 역사 속에서 전개된 기독교의 기조다. 복음은 다양한 문화적 틀 속에서 번역될 수 있다.

종교사학자로서 윌스는 이러한 토대에서 기독교와 이슬람교의 차이를 설명한다. 기독교 경전은 히브리어와 헬라어로 기록되었다. 그러나 기독교에서는 이 언어를 절대화하지 않는다. 기독교에서는 성경 번역을 중시하며 번역된 성경 또한 성경으로 이해한다. 반면에 이슬람교에서는 경전 쿠란의 언어(아랍어)를 절대적인 것으로 간주해 번역된 쿠란을 진정한 쿠란으로 여기지 않는다. 기독교에서는 예수 그리스도께 절대성을 두지만, 이슬람교에서는 모하메드가 아니라 쿠란에 절대성을 둔다. 즉, 번역을 대하는 태도에서 기독교는 다양성을 인정하는 반면 이슬람은 획일성을 강조한다. 이러한 패턴이 기독교의 확장 과정에서도 나타난다는 것이 윌스가 제시한 주요 통찰이다.

기독교의 순차적 확장 윌스가 관찰한 기독교 확장의 모습은 어떠한가? 기독교는 고정된 하나의 원을 중심으로 동심원적으로 균일하게 확산되지 않는다. 그런 일은 오히려 이슬람교에 가깝다. 기독교는 중심이었던 지역이 변방이 되고 변방이었던 지역이 중심이 되는 식으로 중심점이 이동한다. 그는 이슬람교와 같은 형태의 확장을 '점진적'progressive 확장, 기독교와 같은 확장을 '순차적'serial 확장이라고 명명했다.[17] 이슬람 확장의 중심축은 메카나 메디나처럼 항구적인 곳이지만, 기독교 확장의 중심축은 고정되지 않고 계속 이동했다. 이를 기독교 인구비의 무게 중심이 이동한 것과 맥을 같이한다고 볼 수도 있다.

예루살렘은 기독교의 출생지이자 한때 초기 교회의 중심축이었지만, 주후 70년 이후에는 더 이상 선교의 중심축이 아니었다. 로마가 초기 교회 확장의 중심축이었고 가톨릭교회의 상징은 될 수 있어도 더 이상 지구촌기독교를 대변하지는 않는다. 마찬가지로 과거 유럽과 미주를

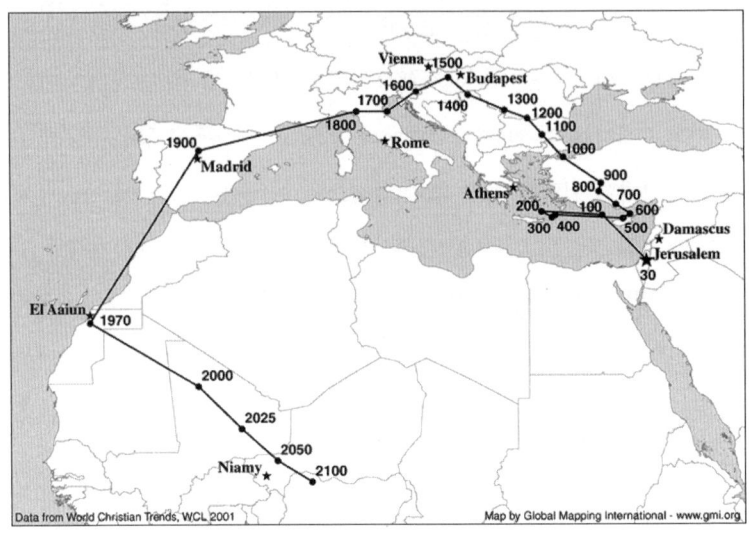

기독교 무게 중심의 이동
출처: Todd M. Johnson and Sun Young Chung, "Tracking Global Christianity's Statistical Centre of Gravity, AD 33-AD 2100," *International Review of Mission* 93, no. 369 April 2004: p. 167.

중심으로 선교 운동이 활발히 전개되어 비서구 세계로 기독교 확장이 이루어졌지만, 이제 유럽과 미주에서 교회와 선교의 활력은 줄어들었고 오히려 비서구 세계에서 부흥과 교회 성장과 선교 운동이 일어나고 있다. 마치 불이 시작된 곳에서 아직 타지 않은 주변으로 번지듯 발화 지점에서는 점차 불길이 사그라들고 주변은 점차 타오르는 것과 같다.

윌스의 선교학적·역사적·신학적 통찰

회심에 대한 선교학적 성찰

윌스는 선교학자로서 회심conversion을 선교학적으로 이해하여 신학에 새로운 통찰을 제공한다. 그는 회심을 정적 개념이나 대체 개념으로 이해하기를 거부하고, 회심을 개종proselytism과 구분해 그리스도를 향한 방향 전환으로 파악한다. 개종이란 헬라인이 그리스도인으로 회심할 때 헬라인의 정체성을 버리고 유대인이 되어 할례 같은 율법을 지키는 것이다. 이는 이미 사도행전 15장의 예루살렘 공의회를 통해 명확하게 다루어졌다. 공의회에서 헬라인들은 유대인들이 지켜야 할 율법을 준수하도록 강요받지 않았다. 오히려 '이미 가지고 있던' 헬라의 전통과 사상을 그리스도께 향하도록 하는 게 회심이었다. 그동안 우리는 복음을 선교사 자국의 기독교 문화나 전통과 혼동한 나머지 그 문화와 전통으로 수용자의 전통과 사상을 대체하려 했다. 이는 우리에게 복음을 처음 전한 선교사들을 포함해 여러 선교사가 대표적으로 범한 실수다. 월스에 따르면, 회심은 기존 것을 새것으로 대체하는 게 아니라 기존 것의 방향을 바꿔 그리스도께 향하도록 하는 일에 가깝다.[18]

기독교 역사의 의미

월스의 선교 역사 사상에는 역사에 대한 인식론적 의미가 담겨 있다. 월스에게 기독교의 역사성은 두 가지 중요한 의미를 내포한다. 하나는 그리스도 이해 증진, 다른 하나는 복음의 본질에 대한 인식 향상이다. 월스는 기독교의 역사적 과정은 그리스도를 발견하는 데 그 목적이 있다고 주장한다. "그리스도를 변방의 타 문화와 타 언어 속에서 증언하려는 시도에서 우리는 이전에 한 번도 깨닫지 못한 그리스도의 의미와 중요성을 발견한다."[19] 타 문화권으로 복음이 침투해 들어갈 때 나타나는 현상은 이전의 다른 문화권에서는 한 번도 등장하지 않은 질문들이 새로운 문화권의 세계관 속에서 일어난다는 것이다. 이 질문들에 대한 해답을 찾으려는 시도가 바로 '신학화' 작업이다. 유대인의 역사적 세계관 속 메시아 이해가 헬라의 철학적 세계관에서는 로고스 이해로, 로마와 게르만의 법률적 세계관에서는 속죄 이론으로 발전해 나간다. 윌스는 여기에 수반되는 번역 과정이 "위험하며, 고통스러운 작업"이지만 이는 결코 그때까지 이어 온 전통을 부인하는 게 아니라 오히려 전통의 의미를 향상시켜 왔다고 말한다.[20] 타 문화로 확장되는 복음의 여정은 그리스도의 인격과 사역을 이해하는 폭을 넓혀 왔다.

이러한 역사적 과정을 분석하고 해석하면서 윌스는 그가 명명하는 이른바 "에베소적 시점"The Ephesian Moment 에 관해 언급한다.[21] 윌스에게 역사는 구원을 향한 과정이고 이는 수천 년이라는 시간 동안 "세대를 가로지르는 긴 역사의 과정"이다.[22] 윌스는 역사라는 시간은 하나님의 구원을 위한 활동의 장이요 매질이라고 설명한다. 이 모든 역사 과정 속에 등장하는 각 시대와 지역의 공동체는 총체적 구원을 구성하는 한 요소이며 모두 필요하다. 윌스는 각 공동체가 그리스도의 몸을 구성하는 부분 부분의 요소로서 모두 필요하다고 말한다. 이 공동체들의 의미는, 공동체의 부분적 총합을 통해 복음과 그리스도를 총체적으로 이해하는 데 기여할 수 있다는 것이다. 이는 에베소서 2:19-22에서 말하듯 유대인과 이방인이 한 분이신 그리스도의 몸에 연결되어 가는 것이다. 그래서 윌스는 이를 "에베소적 시점"이라 부른다. 복음 전파 및 수용 과정의 문화적 다양성 속에서 이해된 예수 그리스도를 훨씬 더 풍성하고 충만하게(엡 1:23; 4:13) 이해하는 데 이르는 과정이다.

문화에 대한 새로운 통찰

윌스는 바로 이 맥락에서 문화와 연결 지어 이해하는 새로운 통찰을 제공한다. 윌스가 보기에 모든 교회에는 문화적 특성이 있으며, 모든 신학은 문화적 맥락과 구체적 정황 속에서 창출된다. 그런 의미에서 문화는 기독교 신학의 "작업장"이다.[23] 우리는 통상 서구의 신학을 '신학'이라 부르고 아프리카나 아시아나 라틴아메리카의 신학을 '제3세계 신학' 혹은 '상황화 신학'이라 불러 왔다. 마치 유럽이나 미국에서 발현된 신학은 상황화 과정이 없는 규범적 신학인 것처럼 말이다. 하지만 월스가 보기에 모든 신학은 자발적으로 상황화 과정을 거친다. 표준 신학이 따로 있고 주변화 신학이나 상황화 신학이 따로 있는 게 아니다. 서구는 서구 나름의 특정 문화 속에서 상황화 과정을 거쳤다. 하지만 지역적 특수성이나 문화적 속성에서 자유롭지 않은 상황은 신학을 제약하지 않는다. 오히려 지구촌기독교라는 큰 틀에서 보면 이 상황으로 말미암아 나타나는 부분들의 총합을 통해 복음과 그리스도를 총체적으로 이해할 수 있다. 월스는 선교학자이자 선교역사가로서 기독교 역사의 문화적 중력, 곧 성경이 번역되는 과정뿐 아니라 기독교가 신학화되는 과정에서 감당하는 문화의 무게와 영향력의 의미를 간파했다.

지구촌 시대의 새로운 에큐메니즘

지구촌기독교의 전령이자 전도사인 월스는 기독교의 인구비 이동이 의미하는 바를 강조한 대표적인 학자다. 북미와 유럽 등 서구권의 그리스도인보다 아시아, 아프리카, 라틴아메리카 등 비서구권의 그리스도인이 훨씬 많다는 사실은 기독교 신앙이 더 이상 서구인의 신앙이 아니라 지구촌의 신앙이 되었다는 뜻이다. 월스는 비서구권을 통칭하는 남반구 기독교와 서구권을 통칭하는 북반구 기독교를 새로운 에큐메니즘의 대결 양상으로 설명한다. 기독교의 판도와 형세가 바뀌었다.

새로운 현실을 봐야 할 시점에 이르렀다. 폭발적으로 부흥하는 아프리카 교회는 더 이상 서구 선교사들이 심은 교회의 모습이 아니다. 이른바 아프리카 독립 교회는 예언자로 부름받았다고 믿는 은사주의 지도자들을 중심으로 예언, 환상, 영적 치유 등의 사역을 하며 급성장하고 있다. 가톨릭권이었던 라틴아메리카에서는 대다수 교회에 오순절 운동의 바람이 불고 있다. 해방신학이 그랬듯 라틴아메리카 상황에서 일고 있는 새로운 바람이다. 더 이상 권위를 교회나 정치 체제가 아니라 성령 체험 속에 두려는 새로운 움직임이다. 역사가들은 이러한 권위의 재편을 또 다른 종교개혁으로 보기도 한다. 아시아에서는 중국의 지하 가정교회 운동 같은 현상이 일어나, 선교사들이 꿈꾸지 못했던 교회 성장이 눈앞에서 펼쳐지고 있다.

이제 기독교는 수적으로 보면 더 이상 서구인의 신앙이라고 이야기할 수 없게 되었다. 지구촌 곳곳에서 자생적으로 생겨나고 폭발적으로 부흥하는 교회들을 서구의 전통 교회 범주(정교회, 가톨릭, 개신교 등)에 넣어 이해하는 일이 가능한가? 예배나 신학의 범주도 이제 서구의 틀에 부합하지 않는다. 오늘날의 지구촌기독교는 어느 때보다 문화적 특성을 강하게 드러낸다. 나아가 비서구 기독교는 성경의 입장을 더 보수적으로 견지하면서 진보적인 서구 기독교와 대립하는 글로벌 에큐메니즘이라는 모습으로 새롭게 부상했다. 월스는 지구촌기독교의 개념을 설명하고 이해할 수 있는 근본 틀을 마련했다. 지난 19세기까지만 해도 지배적이었던 영토적 개념의 서구 기독교, 즉 크리스텐덤의 모습이 무너지며 새로운 양상의 지구촌기독교 시대가 도래했다.[24]

월스의 공헌, 유산, 영향력

자료의 발굴, 보존, 공유

지구촌기독교의 역사가로서 월스의 공헌은 무엇보다 서구 및 비서구 지역의 자료를 발굴하고 정리해 목록화한 일이다. 월스는 그가 관여했던 주요 학회나 학술 저널에 사료와 자료를 소개하는 문헌 정보를 제공했다. 그는 1967년 「아프리카 종교 저널」에 그가 몸담았던 아프리카 교회사학회의 소장 자료를 소개했다.[25] 1972년부터는 주요 선교 학술지인 「국제 선교 리뷰」에도 선교 연구 문헌을 제공했다.[26]

그의 이러한 활동과 공헌은 최근 세계선교학회의 40년 역사를 기록한 『지구촌기독교의 증인: 세계선교학회 1972-2012』Witness to World Christianity: The International Association for Mission Studies, 1972-2012, 2012[27]에서도 살펴볼 수 있다. 이 학회의 태동기에 서기를 맡은 월스는 특히 현존하는 문헌 자료 정보 및 이를 활용하는 일이 중요하다는 견해를 피력했다. 이는 곧 세계선교학회에서 주도한 문서, 고증, 서지, 구전 역사에 관한 작업인 이른바 DABOH Documentation, Archives, Bibliography, and Oral History 프로젝트의 효시가 되었다.[28] 이 학회의 첫 모임에서 실행 위원의 한 사람으로 중요한 방향 제시를 한 월스는 이후 1974년에 이 학회의 총무로 선임되었고 문헌 정리 프로젝트 추진 그룹의 의장으로 활동하면서 그야말로 기억에서 사라질 뻔한 수많은 자료를 구출하는 일에 헌신했다.

내가 프린스턴 신학대학원에서 박사 학위 과정을 밟으며 월스에게서 배운 중요한 가르침이 하나 있다면, 바로 선교 역사 연구에서 1차 자료인 원전 자료primary source의 중요성이었다. 미출간 문헌을 발굴하는 일, 구술 문화 전통이 강한 비서구에서 문헌화되지 않은 구술 역사를 문헌화하는 일 역시 월스가 강조한 내용이었다.

아프리카 재이해

월스는 아프리카 기독교를 앞서서 연구한 아프리카 전문가Africanist다. 그는 아프리카 기독교를 연구하려면 기독교가 무엇인지 먼저 연구해야 하는 것과 마찬가지로, 기독교를 더 알기 위해서는 아프리카를 연구해야 한다고 역설한다. 그는 아프리카의 원시 종교 안에 하나님 인식과 하나님의 이름이 이미 존재한다는 놀라운 사실을 깨닫고, 아프리카에서 일어나는 현상들이 기독교 선교 과정을 압축해 놓은 모형과 같다는 결론을 내린다.[29]

또한 지구촌기독교의 출현에서 현지인의 역할이 중요함을 인식했던 월스는 사하라 이남의 서아프리카가 어떻게 복음화되었는지에 관한 잘 알려지지 않은 일화를 들려준다.[30] 바로 노예 무역으로 인해 이 지역에서 잡혀간 서아프리카인들에 관한 이야기다. 대각성운동 시기에 노예로 영국과 미국에 팔려 갔다가 그곳에서 복음을 접하고 그리스도인이 된 그들은 대각성운동의 결과로 노예의 몸에서 해방되어 그들을 위해 마련된 땅(시에라리온)으로 다시 돌아온다. 이집트에서 노예 생활을 하다 해방되어 약속의 땅으로 갔던 이스라엘을 떠올리며 본향으로 돌아온 이들은 백인 선교사들의 무덤이라 불리던 서아프리카를 복음화하는 데 결정적 역할을 한다. 월스는 이 놀라운 이야기를 자신의 책에서 감동적으로 소개하며, 아프리카가 기독교 운동의 중심에 위치해 있으며 세계에서 가장 기독교적인 대륙이 되었다고 주장한다. 그의 동료이자 예일 대학교 교수였던 라민 사네는 월스에 대해 "아프리카 기독교가 지구상에서 특이하고도 호기심을 일으키는 일부 현상이 아니라 앞으로 도래할 기독교를 대변하게 될 것임"을 본 선구적 학자로 평가한다.[31] 아프리카에 대한 월스의 애정은 남다른데, 이는 그의 후반기 삶에서 확인할 수 있다. 월스는 일찍이 아프리카 시에라리온과 나이지리아에서 선교사로 신학 교육자로 헌신했으며, 1998년부터 가나의 아크로피 크리스탈러 신학연구소Akrofi-Christaller Institute of Theology, Mission, and Culture의 객원교수로 일하며 많은 후학을 길러 냈다.

지구촌기독교의 학문화

월스의 또 다른 공헌은 이른바 '지구촌기독교' 담론을 이끌어 내고 이를 학문화하는 데 선구자적 촉매 역할을 한 것이다. 월스는 샤네와 함께 1992년부터 시작한 "선교 운동과 지구촌기독교에 관한 예일-에든버러 그룹"[32]에 소장 학자들을 적극 참여시켜, 부상하는 지구촌기독교에 대한 관심을 촉구하고 학문적 풍토를 다지기 위한 학문의 장을 마련했다. 여기서 발표된 논문들은 현재 지구촌기독교 연구의 주요 밑거름이다. 2018년부터는 월스가 한때 객원교수로 몸담았던 프린스턴 신학대학원에서도 "지구촌기독교 콘퍼런스"World Christianity Conference가 시작되어 역사학, 종교학, 언어학, 인류학 등 다양한 영역에서 활동하는 학자들이 모여 지구촌기독교 담론을 이어 나가고 있는데, 이 역시 그의 영향력과 유산이라는 평가를 받는다.

그동안 서구에서는 '지구촌기독교'라는 명칭이 학술 심포지엄, 학술 저널, 교과목, 교수 직함, 출판 시리즈, 도서 등에 반영되면서 새로운 학문 사조로 등장했다. 『선교와 지구촌기독교 문헌집』Classic Texts in Mission and World Christianity[33]은 선교 역사 및 지구촌기독교에 대한 1차 문헌을 모은 사료집이다.『선교와 지구촌기독교에 대한 주요 소고집』 Landmark Essays in Mission and World Christianity[34]에서는 칼 바르트, 레슬리 뉴비긴, 앤드루 월스 등이 쓴 15편의 에세이가 선교와 지구촌기독교에 대한 통찰을 성경, 역사, 신학 등 다양한 측면에서 담아낸다. 신학 교육에서도 그동안 '선교학'을 가리키는 명칭이 선교학Missiology이나 선교연구Mission Studies에서 다문화학Intercultural Studies으로 바뀌었는데, 요새 지구촌기독교World Christianity라는 표현이 어떻게 쓰이는지 보면 그런 식의 변화가 여기에도 반영되고 있음을 실감할 수 있다.

신학 교육에 대한 기여

우리는 월스의 또 다른 면모를 교육가라는 특성에서 살펴볼 수 있다. 그는 신학 교육에서 선교학이 중요함을 누구보다 강조한 선교교육가였다. 그는 선교를 기독교 역사 말미에 등장한 부록이나 서구 기독교의 결과물 정도로 여기는 상투적 이해를 통렬히 비판했다.[35] 월스는 '기독교 신앙은 본질적으로 그리고 역사적으로 선교적임'을 천명했다. 그는 선교 없이 기독교 신학을 논하거나 기독교 역사를 서술하는 일은 모순이라고 주장했다. 나아가 서구 기독교의 자기 인식에 선교가 공헌한 점을 강조했다. 서구 기독교는 선교 운동을 통해 비로소 타 종교, 비서구 문화와 접함으로써 자기를 인식하고 역사적 한계를 볼 수 있게 되었다는 것이다. 그에 따르면 문화 간 경계를 넘나드는 경험은 타자뿐 아니라 궁극적으로 자기 자신을 보는 안목을 열어 준다. 타 문화 경험을 통해서 참된 자기 발견이 가능하다는 논의는 문화 인류학에서도 심도 있게 논의되었다. 타 문화 경험을 일선에서 가장 현저하게 체험하는 선교사와 선교학자의 통찰이야말로 서구의 신학자와 교회사가의 제한된 지평을 넓히는 길이다. 이 점에서 마크 놀 같은 기독교 역사학자는 월스를 포함해 선교학자들이 끼친 공헌을 매우 높게 평가한다.[36] 선교적 시각으로 세계를 바라보는 안목이 교회사를 구원하는 결정적인 빛이라고 본 것이다. 놀은 그동안 유럽과 북미가 기독교 역사 기술에서 전통적으로 차지해 온 절대적 크기와 중심적 위치를 '상대화'한 장본인은 타 문화 체험을 통해 지구촌적 안목을 경험한 선교역사가들이었다고 격찬한다.

앞서 말한 『지구촌기독교의 이해: 앤드루 월스의 비전과 업적』은 월스의 동료이자 각 대륙과 나라에 흩어진 제자 20여 명의 기고문을 모아 지구촌기독교 담론을 이끌어 낸 월스의 학문적 업적, 성격, 영향력을 기린 책이다. 이 책 서문에서는 월스에 대해 "월스는 자신의 학문적 경력을 함양하기보다는, 그가 창간한 학술지에서 그가 세운 연구소에 이르기까지 다른 이에게 힘을 실어 주고 보다 넓은 공동체의 학문 활동을 부추기며 고양하는 데 주력했다"고 소개한다.[37] 그는 학자라는 지평을 넘어 지역의 설교자, 찬송 작가, 스승으로도 그 영향력을 미쳤다.

나 역시 월스의 제자로서 그를 만난 것을 축복으로 받아들인다. 프린스턴 신학대학원에서 열린 수많은 수업과 세미나는 기독교 역사를 보는 새로운 지평을 열어 주었고, 거기서 아시아와 아프리카와 라틴아메리카 교회사 등 비서구 세계의 기독교 역사를 배운 시간은 무엇보다 소중했다. 그가 타계하기 얼마 전 오랜만에 만났는데, 학문적 권위와 높은 명성을 지닌 학자임에도 겸손하고도 따뜻하며 자상한 모습은 변함없음을 다시 한번 확인했다.

분명 월스는 우리 시대 최고의 선교역사가이자 선교학자 가운데 한 사람이다. 선교학자로서 월스는 무엇보다 복음의 본질과 속성, 문화의 영향력을 누구보다 예리하게 파악했다. 그는 선교 역사의 단초가 바로 성육신 사건임을 간파하고 전체 선교 역사를 문화적 차원에서 구속을 향한 번역 과정으로 풀어낸 거시적 역사가이기도 하다.

그의 생애에서 살펴보았듯, 그는 가는 곳마다 현지의 자료를 보물처럼 중요히 여기고 발굴했으며 학회를 세우고 학술지를 창간했다. 비서구의 시에라리온, 나이지리아는 물론 서구의 애버딘, 에든버러, 하버드, 예일, 프린스턴 등 전 세계에서 많은 후학을 배출했다. 90세가 넘은 고령에도 가나의 아크로피 크리스탈러 신학연구소, 뉴욕 더시티 신학교 등에서 명예교수로서 노익장을 발휘했다. 그가 왕성한 집필 활동과 강의를 통해 배출한 제자들은 서구권과 비서구권 구분 없이 전 세계에서 활동하고 있다. 그의 학문성과 영향력은 복음주의와 에큐메니컬, 개신교와 로마가톨릭의 경계를 넘어 두루 인정받는다.

생애 마지막까지 열정적이었던 이 학자에게 어울리는 말을 한마디 한다면, 그가 속한 감리교의 전통을 따라 이렇게 묘사할 수 있을 것이다.

존 웨슬리에게 세계가 그의 교구였다면,
월스에게는 세계가 그의 교실이었다.
If for John Wesley the world was his parish,
for Walls the world is his classroom.[38]

나가는 말

선교의 역사는 거대한 대양과 같다. 대양을 탐구하면서 그 거대한 면과 구체적인 면을 한데 엮어 내려면 엄청난 양의 지면과 시간이 필요할 것이다. 이 책은 그 대양을 직접 들여다보기보다는 우리보다 앞서 자신들 나름대로 선교 역사를 총체적으로 이해하고 서술하려 했던 8인의 스토리텔러와 그들의 스토리텔링을 소개하는 시도다. 앞서간 사람들의 역사적 통찰과 혜안을 통해 간접적이나마 선교 역사 서술의 여러 모양새를 보고 선교 역사 전반을 이해하는 데 도움이 되었기를 바란다. 여기서 더 나아가 이들의 저술을 직접 읽는다면 더할 나위 없이 좋을 것이다.

이야기 자체도 중요하지만 누가 그 이야기를 전하는지가 이야기 못지않게 중요하다. 역사란 언제 어디서 무슨 일이 어떻게 발생하였는지 단순히 기록하는 연대기와 다르다. 어떠한 사건에 대한 기록이 있다면 이를 보고 해석하는 주관적 요소가 어우러져 전해진 내용이 바로 역사다. 따라서 역사 서술에서 역사가의 사관은 매우 결정적이며, 역사가 개인의 배경과 경험의 영향을 받는다. 어떠한 개인도 자신의 시대와 문화를 초월해서 존재할 수 없기에 그의 시대는 역사 서술의 한정 요인이 된다. 여기서 소개한 학자 8인도 수많은 저술가 중 내 판단 기준에 따라 주관적으로 선택한 사람들일 뿐이다. 따라서 선교 역사를 완전히 이해하는 일은 하늘나라에서나 가능할 것이다!

우리는 하르나크에게서 당시 독일에 팽배했던 자유주의 신학의 관점에서 기독교의 핵심을 간파하고 동시에 기독교가 가진 보편성과 유연성을 통해 초기 선교 역사를 조명하려는 시도를 보았다. 선교의 목표를 개인의 영혼 구령을 넘어 민족교회 설립에 두었던 바르네크에게서는 각 문화의 특성을 존중하며 제자화 선교를 강조한 모습을 보았다. 선교 운동과 에큐메니컬 운동이 고조되어 절정이었던 시기의 영미권 학자 라투렛과 닐에게서는 복음에 대한 확신과 서구 선교에 대한 자신감으로 쏟아 낸 다작의 야심찬 선교 역사 서술을 보았다. 선교 이해에서 나타나는 차이로 인해 에큐메니컬 진영과 복음주의 진영이 분열되고 갈등이 첨예화되던 시기에 보쉬와 뉴비긴은 복음의 진정한 정신을 지키며 균형을 잃지 않으려고 긴장의 끈을 놓지 않았다. 지구촌 기독교가 가시화된 시점에 샤네와 월스는 각 문화권 속에 꽃피운 기독교 선교의 DNA인 복음의 번역 가능성을 통해 선교 전반과 기독교의 다양성을 이해하려 했다.

이들 각자는 자신의 시대 속에서 분명하게 공헌했지만, 동시에 자신의 시대와 관점이라는 한계 안에 있었다. 그럼에도 이들은 이전 시대의 한계를 극복하고 더 폭넓고 심층적이며 향상된 시점에서 역사를 이해하고 서술하려 했다. 종전의 선교 역사 서술은 복음의 매개를 선교사 위주로 본 서술이 많았지만, 이제는 수용자의 입장과 역할이 크게 중요하다는 관점으로 확장되었다. 이전에는 선교회나 교회를 선교의 주체로 여겼지만, 이제는 삼위 하나님 자신을 선교의 주체로 이해하게 되었다. 아울러 복음 전파가 디아스포라 상황이나 난민 상황 같은 과정을 통해서도 다채롭게 진행되고 있음을 알게 되었다. 그런 점에서 선교 이해가 더욱 다각적으로 이루어지면서 균형 잡히고 성숙해지고 있음을 본다.

지금까지 소개한 8인의 스토리텔러가 선교를 여러 각도에서 조망하여 다각적이고 입체적으로 이해하는 여러 렌즈를 제공했기를 바란다. 이제 더욱 온전하고 원만한 선교 역사 이해와 서술은 이전보다 유리한 지점에서 지구촌기독교를 조망하며 현재와 미래를 살아갈 우리의 몫으로 남겨져 있다.

주

1장 아돌프 폰 하르나크 1851-1930

1 Adolf von Harnack, *Die Mission und Ausbreitung des Christentums in den ersten drei Jahrhunderten* (Leipzig: J. C. Hinrichs, 1902).

2 Adolf Harnack, *The Expansion of Christianity in the First Three Centuries*, translated and edited by James Moffatt, 2 vols. (London: Williams & Norgate; New York: G. P. Putnam's Sons, 1904-1905).

3 Adolf Harnack, *The Mission and Expansion of Christianity in the First Three Centuries*, translated and edited by James Moffatt, second, enlarged and revised edition, 2 vols. (London: Williams & Norgate; New York: G. P. Putnam's Sons, 1908). 이 영어 번역본과 함께 이 책에서 인용한 판본은 2차 영어 번역본 가운데 1962년에 하퍼 토치북스(Harper Torchbooks)에서 출간된 판본이다. 이 편집본은 원래 런던에서 1908년에 두 권으로 번역, 출간된 영어 번역본 중 첫 번째 권에 해당하는 내용을 출간한 것이다. Adolf Harnack, *The Mission and Expansion of Christianity in the First Three Centuries*, translated and edited by James Moffatt (New York: Harper Torchbooks, 1962). 이하 *MEC*.

4 James Moffatt, "Translator's Preface," *MEC*, p. x.

5 Adolf Harnack, "Preface to the Second German Edition," *MEC*, p. xv.

6 하르나크의 지도에는 주후 180년까지 그리고 주후 325년까지의 두 개의 기독교 확장 전도가 포함되어 있다. 세부 지도는 팔레스타인, 시리아와 메소포타미아, 이집트, 소아시아, 브리기아,

카파도키아, 아르메니아, 발칸반도, 이탈리아반도, 영국 및 서부·중부 유럽, 이베리아반도, 북아프리카 지역을 포함한다.

7   Harnack, *MEC*, p. xi.
8   Michael Green, *Evangelism in the Early Church* (Grand Rapids: Eerdmans, 1970), p. 7. 『초대교회의 복음전도』(복있는사람).
9   Harnack, *MEC*, p. xii.
10 Harnack, *MEC*, p. xii.
11 Jaroslav Pelikan, "Introduction to the Torchbook Edition," *MEC*, p. v.
12 Pelikan, "Introduction to the Torchbook Edition," *MEC*, p. vi.
13 Francis M. DuBose, ed. *Classics of Christian Missions* (Nashville, TN: Broadman, 1979), p. 66.
14 Green, *Evangelism in the Early Church*, p. 7.
15 Harnack, *MEC*, p. xiv.
16 Harnack, *MEC*, p. 55.
17 Harnack, *MEC*, p. 55.
18 Harnack, *MEC*, p. 64.
19 Harnack, *MEC*, p. 70.
20 Harnack, *MEC*, p. 84.
21 Harnack, *MEC*, p. 313.
22 Harnack, *MEC*, p. 313.
23 Harnack, *MEC*, p. 312.
24 Harnack, *MEC*, p. 312.
25 Harnack, *MEC*, p. 513.
26 Harnack, *MEC*, p. 313.
27 Harnack, *MEC*, p. 316.
28 Harnack, *MEC*, p. 315.
29 Harnack, *MEC*, p. 398.
30 Harnack, *MEC*, p. 425.
31 Harnack, *MEC*, p. 385.
32 Harnack, *MEC*, p. 387.
33 Harnack, *MEC*, p. 318.
34 Harnack, *MEC*, pp. 86-100.
35 Harnack, *MEC*, p. 93.
36 Harnack, *MEC*, pp. 101-124.
37 Harnack, *MEC*, pp. 105-108.
38 아스클레피오스(Æsculapius 혹은 Asclepius)는 고대 헬라 종교에 등장하는 '의학의 신'

으로 알려져 있다. 그의 딸 가운데 히게이아(Hygieia)는 위생과 청결의 신으로, 파나케이아(Panacea)는 만병통치의 신으로 알려져 있으며, 뱀으로 휘감겨 있는 그의 지팡이는 의료를 상징하는 데 사용된다.

39 Harnack, *MEC*, p. 121.
40 Harnack, *MEC*, p. 108.
41 Harnack, *MEC*, pp. 125-146.
42 Harnack, *MEC*, pp. 143-145.
43 Harnack, *MEC*, p. 144.
44 Harnack, *MEC*, pp. 147-198.
45 Harnack, *MEC*, p. 165.
46 Harnack, *MEC*, p. 166.
47 Harnack, *MEC*, pp. 199-218.
48 Harnack, *MEC*, pp. 219-239.
49 Harnack, *MEC*, pp. 240-265.
50 더 구체적인 내용은 Harnack, *MEC*, pp. 266-278를 보라.
51 Harnack, *MEC*, pp. 279-289.
52 Harnack, *MEC*, pp. 281-282.
53 Harnack, *MEC*, pp. 290-311.
54 Harnack, *MEC*, pp. 319-368.
55 Harnack, *MEC*, pp. 334-345.
56 Harnack, *MEC*, p. 335.
57 Harnack, *MEC*, p. 349.
58 Harnack, *MEC*, p. 362.
59 Harnack, *MEC*, p. 365.
60 Harnack, *MEC*, pp. 366-368.
61 Harnack, *MEC*, p. 367.
62 Harnack, *MEC*, p. 367.
63 Harnack, *MEC*, pp. 367-368.
64 Harnack, *MEC*, p. 368.
65 Harnack, *MEC*, p. 398.
66 Harnack, *MEC*, p. 398.
67 Harnack, *MEC*, p. 389.
68 Harnack, *MEC*, pp. 381-398.
69 Harnack, *MEC*, pp. 440-441.
70 Harnack, *MEC*, p. 376.
71 Harnack, *MEC*, p. 485.

72　Harnack, *MEC*, pp. 369-380.
73　Harnack, *MEC*, p. 376.
74　Harnack, *MEC*, p. 483.
75　자세한 내용은 Harnack, "Excursus II: The Catholic Confederation and the Mission," in *MEC*, pp. 483-484를 보라.
76　Harnack, *MEC*, p. 483.
77　Harnack, *MEC*, p. 493.
78　Harnack, *MEC*, p. 512.
79　Harnack, *The Mission and Expansion of Christianity in the First Three Centuries*, Volume 2 (London: Williams & Norgate; New York: G. P. Putnam's Sons, 1908), p. 336.
80　Harnack, *The Mission and Expansion of Christianity in the First Three Centuries*, Volume 2, p. 337.
81　Adolf Harnack, *Christianity and History*, trans. Thomas Bailey Saunders (London: Adam & Charles Black, 1896), p. 64.
82　Larry Dixon, "Adolf von Harnack," in *Historians of the Christian Tradition: Their Methodology and Influence on Western Thought*, ed. Michael Bauman and Martin I. Klauber (Nashville, TN: Broadman and Holman Publishers, 1995), pp. 401-402.
83　Justo L. González, *The Changing Shape of Church History* (St. Louis, MO: Chalice Press, 2002), p. 143.

2장 구스타프 바르네크 1834-1910

1　Gustav Warneck, *Outline of a History of Protestant Missions from the Reformation to the Present Time*, 3rd English ed., translated from the Eighth German Edition, ed. George Robson (New York: Fleming H. Revell Co., 1906), p. 3.
2　Gustav Warneck, *Evangelische Missionslehre: Ein missionstheoretischer versuch*, vol. 1, *Die Begründungder Sendung* (Gotha: Friedrich Andreas Perthes, 1892), p. 319.
3　Gustav Warneck, *Outline of the History of Protestant Missions*, translated from the Second German Edition by Thomas Smith (Edinburgh: James Gemmell, 1884), pp. 4-5.
4　Gustav Warneck, *Outline of the History of Protestant Missions* (1884), p. 4.
5　Warneck, *Outline of a History of Protestant Missions* (1906), p. 402.
6　Warneck, *Outline of a History of Protestant Missions* (1906), pp. 402-403.
7　Warneck, *Outline of a History of Protestant Missions* (1906), p. 406.
8　Warneck, *Outline of a History of Protestant Missions* (1906), p. 403.
9　Warneck, *Evangelische Missionslehre* vol. 1, p. 1.
10　Warneck, *Outline of a History of Protestant Missions* (1906), p. 407.

11 Warneck, *Outline of a History of Protestant Missions* (1906), p. 407.
12 Warneck, *Outline of a History of Protestant Missions* (1906), p. 406.
13 Hans Kasdorf, "Gustav Warneck (1834-1910): Founder of the Scholarly Study of Missions," in *Mission Legacies*, eds. Gerald H. Anderson et al. (Maryknoll: Orbis Books, 1998), p. 380.
14 Warneck, *Outline of a History of Protestant Missions* (1906), p. 152.
15 Warneck, *Outline of a History of Protestant Missions* (1906), p. 406.
16 Gustav Warneck, *Outline of a History of Protestant Missions*, translated from the Seventh German Edition, ed. George Robson (New York: Fleming H. Revell Co., 1901), pp. 419-420.
17 Warneck, *Outline of a History of Protestant Missions* (1906), p. 82.
18 Warneck, *Outline of the History of Protestant Missions* (1884), pp. 1-2.
19 Warneck, *Outline of a History of Protestant Missions* (1901), p. 2.
20 Theo Sundermeier, "Theology of Mission," in *Dictionary of Mission: Theology, History, and Perspectives*, eds. Karl Müller et al. (Maryknoll: Orbis Books, 1987), p. 433.
21 Sundermeier, "Theology of Mission," p. 433.
22 David J. Bosch, *Transforming Mission: Paradigm Shifts in Theology of Mission* (Maryknoll: Orbis Books, 1991), p. 501. 『변화하는 선교』(기독교문서선교회).
23 Bosch, *Transforming Mission*, p. 501.
24 Warneck, *Outline of a History of Protestant Missions* (1906), p. 406.
25 Peter Beyerhaus and Henry Lefever, "The German Concept of the National Church," in *The Responsible Church and the Foreign Mission* (London: World Dominion Press, 1964), pp. 45-46.
26 Beyerhaus and Lefever, "The German Concept of the National Church," p. 48.
27 Warneck, *Outline of a History of Protestant Missions* (1906), p. 403.
28 Beyerhaus and Lefever, "The German Concept of the National Church," p. 46.
29 Warneck, *Outline of a History of Protestant Missions* (1906), pp. 8-9.
30 Warneck, *Outline of a History of Protestant Missions* (1906), pp. 8-24.
31 Warneck, *Outline of the History of Protestant Missions* (1884), p. 5.
32 Kasdorf, "Gustav Warneck (1834-1910): Founder of the Scholarly Study of Missions," p. 378.
33 Kasdorf, "Gustav Warneck (1834-1910): Founder of the Scholarly Study of Missions," p. 377.
34 Warneck, *Outline of a History of Protestant Missions* (1906), p. 5.
35 Warneck, *Outline of a History of Protestant Missions* (1906), p. 171.
36 Warneck, *Outline of a History of Protestant Missions* (1906), p. 5.

37 Warneck, *Outline of a History of Protestant Missions* (1906), p. 171.
38 Warneck, *Outline of a History of Protestant Missions* (1906), pp. 5-7.
39 Warneck, *Outline of a History of Protestant Missions* (1901), pp. 3-5; *Outline of a History of Protestant Missions* (1906), pp. 6-7.
40 Warneck, *Outline of a History of Protestant Missions* (1906), p. 6.
41 Warneck, *Outline of a History of Protestant Missions* (1901), p. 5.
42 Warneck, *Outline of a History of Protestant Missions* (1901), p. 5.
43 Warneck, *Outline of a History of Protestant Missions* (1901), p. 3.
44 Warneck, *Outline of a History of Protestant Missions* (1884), p. 6; *Outline of a History of Protestant Missions* (1906), p. 5.
45 Hans Kasdorf, "Warneck: His Life and Labor," *Missiology* 8 (1980): p. 274.
46 Gustav Warneck, *Modern Missions and Culture: Their Mutual Relations*, trans. Thomas Smith (Edinburgh: Gemmell, 1888), p. 6.
47 Warneck, *Modern Missions and Culture*, p. 6.
48 Warneck, *Modern Missions and Culture*, p. 150.
49 Warneck, *Modern Missions and Culture*, pp. 35-36.
50 Gustav Warneck, "The Mutual Relations of Evangelical Missionary Societies to one another," in James Johnston ed. *Report of the Centenary Conference on the Protestant Missions of the World held in Exeter Hall London June 9th-19th 1888* (3rd edition, undated), vol. II, pp. 431-437, Olav Guttorm Myklebust, *The Study of Missions in Theological Education: An Historical Inquiry Into the Place of World Evangelisation in Western Protestant Ministerial Training with Particular Reference to Alexander Duff's Chair of Evangelistic Theology*, vol. 1 (Oslo: Forlaget Land Og Kirke, 1955-1957), p. 284에서 재인용.
51 가톨릭 선교학의 아버지로 불리우는 슈미틀린의 저작물로는 *Katholische Missionslehreim Grundriss* (Catholic Mission Theory, 2nd ed., 1923)와 *Katholische Missionsgeschichte* (Catholic Mission History, 1925)가 있다.
52 Joseph Schmidlin, *Catholic Mission Theory* (Techny: Mission Press, 1931), pp. vi-vii.
53 Warneck, *Outline of a History of Protestant Missions* (1906), p. 404.
54 Sundermeier, "Theology of Mission," p. 431.
55 Kasdorf, "Warneck: His Life and Labor," p. 274.
56 Werner Ustorf, "Anti-Americanism in German missiology," *Mission Studies* 6 no. 1 (1989): p. 26.
57 Olav Guttorm Myklebust, *The Study of Missions in Theological Education: An Historical Inquiry Into the Place of World Evangelisation in Western Protestant Ministerial Training with Particular Reference to Alexander Duff's Chair of Evangelistic*

Theology, vol. 1 (Oslo: Forlaget Land Og Kirke, 1955-1957), p. 296.
58 R. Pierce Beaver, "The History of Mission Strategy," in Perspectives on the World Christian Movement, eds. Ralph D. Winter and Steven C. Hawthorne (Pasadena: William Carey Library, 1981), p. 202.
59 신학 커리큘럼이 성경신학, 역사신학, 조직신학, 실천신학으로 나뉜 현실을 말한다. Bosch, Transforming Mission, p. 490를 보라.
60 Martin Kähler, Schriftenzur Christologie und Mission (München: Chr. Kaiser Verlag, 1971), p. 190. Bosch, Transforming Mission, p. 16에서 재인용.
61 Gustav Warneck, Evangelische Missionslehre, vol. II (Gortha:Perthes, 1897), p. 113. Kasdorf, "Gustav Warneck: His Life and Labor," p. 272에서 재인용.

3장 케네스 스콧 라투렛 1884-1968

1 Kenneth Scott Latourette, Beyond the Ranges: An Autobiography (Grand Rapids: Eerdmans, 1967), p. 17.
2 Kenneth Scott Latourette, A History of the Expansion of Christianity, 7 vols. (New York: Harper & Brothers, 1937-1945). 이하 HEC.
3 Kenneth Scott Latourette, Christianity in a Revolutionary Age: A History of Christianity in the Nineteenth and Twentieth Centuries, 5 vols. (New York: Harper & Row, 1958-1962).
4 Kenneth Scott Latourette, A History of Christianity (New York: Harper & Row, 1953).
5 Latourette, Christianity in a Revolutionary Age, I, pp. 210-231.
6 Latourette, Christianity in a Revolutionary Age, V, p. 534.
7 Latourette, A History of Christianity, p. xxii.
8 Latourette, HEC, VII, pp. 417-418.
9 자세한 것은 Andrew F. Walls, A History of the Expansion of Christianity Reconsidered: The Legacy of George E. Day, Occasional Publication No. 8 (New Haven: Yale Divinity School Library, 1996)을 보라.
10 Walls, A History of the Expansion of Christianity, p. 8.
11 도전과 응전의 메커니즘은 영국의 저명한 역사가 아놀드 토인비(Arnold Toynbee)의 문명사 해석 방식과 같다. 라투렛과 토인비가 교류했거나 영향을 주고받았는지에 관해 확실한 사항은 알 수 없으나, 아마도 당시 거시사가들이 역사 메커니즘을 이해하는 데 공통으로 썼던 방식으로 보인다.
12 Kenneth Scott Latourette, "The Christian Understanding of History," The American Historical Review 54:2 (1949): p. 272.
13 William L. Pitts, "World Christianity: The Church History Writing of Kenneth Latourette," (Ph.D. diss., Vanderbilt University, 1969), pp. 39, 42.

14 Latourette, "The Christian Understanding of History," pp. 273-274.
15 Kenneth Scott Latourette, *Anno Domini: Jesus, History, and God* (New York: Harper & Brothers, 1940), p. 219.
16 Latourette, *HEC*, IV, pp. 45-46.
17 Latourette, *HEC*, VII, p. 3.
18 Pitts, "World Christianity: The Church History Writing of Kenneth Latourette," p. 95.
19 Kenneth Scott Latourette, "The Light of History on Current Missionary Methods," *International Review of Mission* 42 (1953): p. 139.
20 Kenneth Scott Latourette, "Colonialism and Missions: Progressive Separation," *Journal of Church and State* 7 (1965): pp. 330-331.
21 Latourette, "Colonialism and Missions," p. 332.
22 Kenneth Scott Latourette, "Historical Perspective," in *Outlook for Christianity*, ed. L. G. Champion (London: Lutterworth, 1967), p. 23.
23 Latourette, "The Christian Understanding of History," p. 270.
24 Latourette, "The Christian Understanding of History," p. 267.
25 Latourette, *Christianity in a Revolutionary Age*, I, p. xiii.
26 예를 들어 Latourette, *Christianity in a Revolutionary Age*, I, p. xiii; *A History of Christianity*, pp. xx-xxi; *HEC*, I, p. xvi; *Christianity Through the Ages* (New York: Harper & Row, 1965), pp. xii-xiii.
27 Kenneth Scott Latourette, *The Emergence of a World Christian Community* (New Haven: Yale University Press, 1949); *Toward A World Christian Fellowship* (New York: Hazen Books on Religion, 1938).
28 Juhani Lindgren, *Unity of All Christians in Love and Mission: The Ecumenical Method of Kenneth Scott Latourette* (Helsinki: Suomalainen Tiedeakatemia, 1990), p. 14.
29 Latourette, *Christianity in a Revolutionary Age*, V, p. 534.
30 L. George Paik, *The History of Protestant Missions in Korea 1832-1910* (Pyeng Yang, Korea: Union Christian College Press, 1929).
31 Samuel H. Moffett, *A History of Christianity in Asia*, 2 vols. (Maryknoll: Orbis, 1998-2005). 『아시아 기독교회사』(장로회신학대교출판부).
32 Ralph D. Winter, *The Twenty-Five Unbelievable Years: 1945-1969* (Pasadena: William Carey Library, 1970). 『랄프 윈터의 비서구 선교운동사』(예수전도단).
33 Stephen Charles Neill, *A History of Christian Missions* (Baltimore: Penguin, 1964), p. 597. 『기독교 선교사』(성광문화사).
34 Ernst Benz, "Weltgeschichte-Kirchengechichte-Missionsgeschichte: Die Kirchengechichtsschreibung Kenneth Scott Latourette," Kirchengechichte in Okumenischer

Sicht (Leiden, E. J. Brill, 1961), pp. 15-16, 31. Pitts, "World Christianity: The Church History Writing of Kenneth Latourette," p. 216에서 재인용.

35 J. S. Whale, "Review of *A History of the Expansion of Christianity* Vol. VII," in *International Review of Missions* 34 (1945), p. 429.

36 Pitts, "World Christianity: The Church History Writing of Kenneth Latourette," p. 72.

37 Reinhold Niebuhr, "Christ the Hope of the World," *Religion in Life* 23:3 (1954): p. 335.

38 Ernest A. Payne, "The Modern Expansion of the Church: Some Reflections on Dr. Latourette's Conclusions," *The Journal of Theological Studies* 47 (1946): p. 151.

39 Payne, "The Modern Expansion of the Church," p. 151.

40 John D. Hannah, "Kenneth Scott Latourette A Trail Blazer: A Critical Evaluation of Latourette's Theory of Religious History," *Grace Theological Journal* 2:1 (1981): pp. 3-22.

41 Pitts, "World Christianity: The Church History Writing of Kenneth Latourette," p. 123. 피츠가 라투렛을 인터뷰한 내용에서 가져옴.

42 Andrew Walls, "Christianity," in *A New Handbook of Living Religions*, ed. John R. Hinnells (London: Penguin Books, 1997), p. 55.

43 Kenneth Scott Latourette, *Challenge and Conformity: Studies in the Interaction of Christianity and the World of Today* (New York: Harper & Brothers, 1955), p. 116.

44 Lamin Sanneh, "World Christianity and the New Historiography," in *Enlarging the Story: Perspectives on Writing World Christian History*, ed. Wilbert R. Shenk (Maryknoll: Orbis, 2002), pp. 94-114.

45 Pitts, "World Christianity: The Church History Writing of Kenneth Latourette," p. 175.

4장 스티븐 닐 1900-1984

1 Stephen Neill, *A History of Christian Missions* (London: Penguin Books, 1964). 『기독교 선교사』(성광문화사).

2 Jackson, Eleanor M. "The Continuing Legacy of Stephen Neill," *International Bulletin of Missionary Research* 19 (1995): p. 77.

3 Stephen Neill, *God's Apprentice: The Autobiography of Stephen Neill*, ed. E. M. Jackson (London: Hodder & Stoughton, 1991), p. 36.

4 Richard V. Pierard, "Stephen Neill," in *Historians of the Christian Tradition: Their Methodology and Influence on Western Thought*, ed. Michael Bauman and Martin I. Klauber (Nashville: Broadman and Holman Publishers, 1995), p. 533.

5 Pierard, "Stephen Neill," p. 533.

6 Pierard, "Stephen Neill," p. 533.

7 Christopher Lamb, "Stephen Neill 1900-1984: Unafraid to Ask Ultimate Questions," in

Mission legacies, ed. Gerald Anderson et al. (Maryknoll: Orbis, 1994), pp. 446-447.
8   Neill, *God's Apprentice*, p. 54.
9   사임 이유에 관해서는 건강 악화, 스캔들 등 여러 추측이 있었는데 닐 자신은 이유를 명확히 밝히지 않았다. 다만, 이후 닐은 더 이상 성공회 내 요직으로 승진하지 않았다.
10 Stephen Neill, "The Church's Failure to Be Christian," in *Man's Disorder and God's Design*, an omnibus volume of The Amsterdam Assembly Series prepared under the auspices of The First Assembly of the World Council of Churches Including the official findings of the Four Sections, vol. 2, *The Church's Witness to God's Design* (New York: Harper & Brothers, 1949).
11 Pierard, "Stephen Neill," p. 537.
12 *A History of Christianity in India*, vol. 1, *The Beginnings to A.D. 1707*; *Crises of Belief: The Christian Dialogue with Faith and No Faith*; *The Supremacy of Jesus*. 『예수의 우월성』(요단출판사).
13 성경 부문 저서로는 *The Gospel According to St. John* (1930); *Paul to the Galatians* (1958); *Paul to the Colossians* (1963); *Bible Words and Christian Meanings* (1970); *Jesus Through Many Eyes: Introduction to the Theology of the New Testament* (1976) 등이 있다. 『많은 사람들의 눈으로 본 예수』(반석문화사).
14 역사 부문 저서로는 *The Christian Society* (1952); *A History of the Ecumenical Movement, 1517-1948* (with Ruth Rouse, 1954); *Anglicanism* (1958); *A History of Christian Missions* (1964); *Colonialism and Christian Missions* (1966); *The Story of the Christian Church in India and Pakistan* (1970) 등이 있다.
15 에큐메니즘 부문 저서로는 *Christ, His Church and His World* (1948); *The Cross Over Asia* (1948); *Christian Partnership* (1952); "Church Union in South India", in Noble, W. J., ed., *Towards a United Church 1913-1947* (1947); *Towards Church Union 1937-1952* (1952); *The Unfinished Task* (1957); *Brothers of Faith* (1960); *Twentieth Century Christianity* (edited by Neill, 1961); *The Church and Christian Union* (1968); *Ecumenism: Light and Shade* (1969) 등이 있다.
16 변증 부문 저서로는 *Foundation Beliefs* (1937); *Christian Faith Today* (1955); *Creative Tension* (1959); *What is Man?* (1960). 『기독교 인간관』(기독교대한감리회총리원); *Christian Faith and Other Faiths: The Christian Dialogue with Other Religions* (1961); *The Eternal Dimension* (1963); *What We Know about Jesus* (1972); *Bhakti: Hindu and Christian* (1974); *Salvation Tomorrow: The Originality of Jesus Christ and the World's Religions* (1976); *The Supremacy of Jesus* (1984); *Crises of Belief* (1984) 등이 있다.
17 목회 부문 저서로는 *The Ministry of the Church* (co-edited by Neill, 1947); *On the Ministry* (1952); *Fulfill Thy Ministry* (1952); *A Genuinely Human Existence: Towards A Christian Psychology* (1959); *Christian Holiness* (1960) 등이 있다.

18 Stephen Neill and Hans-Ruedi Weber, eds., *The Layman in Christian History* (Philadelphia: The Westminster Press, 1963).
19 Ruth Rouse and Stephen Neill, eds., *A History of the Ecumenical Movement, 1517-1948* (Geneva: World Council of Churches, 1953).
20 Michael Green, ed. *The Truth of God Incarnate* (London: Hodder and Stoughton, 1977).
21 John Hick, ed. *The Myth of God Incarnate* (Philadelphia: Westminster Press, 1977).
22 *The Christian's God* (1954). 『우리가 믿는 하나님』(대한기독교서회); *The Christian Character* (1955). 『신앙의 열매 아홉 가지』(종로서적); *Who Is Jesus Christ?* (1956); *Paul to the Galatians* (1958); *What is Man?* (1960); *Paul to the Colossians* (1963).
23 Stephen Neill, "Books for the World," *Frontier* 4 (1961): pp. 245-250.
24 Stephen Neill, *A History of Christian Missions* (London: Penguin Books, 1964); *A History of Christianity in India*, 2 vols. (Cambridge: Cambridge University Press, 1984-1985).
25 K. S. Latourette, review of *A History of Christian Missions*, by Stephen Neill, *International Review of Mission* 53 (1964): p. 482.
26 Neill, *God's Apprentice*, p. 328.
27 Stephen Neill, "The History of Missions: an Academic Discipline," in *The Mission of the Church & the Propagation of Faith*, ed. G. J. Cuming (Cambridge: Cambridge University Press, 1970), p. 170.
28 Stephen Neill, "Jesus and History," in *Truth of God Incarnate*, ed. Michael Green (London: Hodder and Stoughton, 1977), p. 87.
29 닐은 이 책에 관한 소회를 밝히며 이렇게 진술한다. "가장 큰 문제는 분량의 규모였다. 나는 원래 다섯 권을 계획했지만, 당시 출판계 경향으로는 어떤 출판사도 세 권 정도가 가장 고려해 볼 만한 양이라고 제안했다." Neill, *God's Apprentice*, p. 328.
30 Stephen Neill, "Ecumenism's Past and Future: Shifting Perspecitves [interview by John E Grohl]," *Christian Century* 92 (1975): p. 572.
31 Stephen Neill, *A History of Christianity in India: 1707-1858* (Cambridge: Cambridge University Press, 1985), p. 386.
32 Stephen Neill, *A History of Christianity in India: The Beginnings to AD 1707* (Cambridge: Cambridge University Press, 1984), p. xi.
33 Neill, *A History of Christianity in India: 1707-1858*, p. xiii.
34 Neill, "Jesus and History," p. 80.
35 Neill, "Jesus and History," p. 80.
36 Gerald H. Anderson, review of *A History of Christian Missions*, by Stephen Neill, *Church History* 34 (1965): p. 112.

37 Neill, "Ecumenism's Past and Future: Shifting Perspecitves [interview by John E. Groh]," p. 572.
38 Neill, "The History of Missions," p. 154.
39 Neill, "The History of Missions," p. 155.
40 Neill, "The History of Missions," p. 154.
41 Neill, "The History of Missions," p. 150.
42 Neill, "The History of Missions," pp. 152-153.
43 Neill, "The History of Missions," pp. 152-153. 실례로, 닐의 *A History of the Christian Missions*는 여섯 권의 Pelikan History of the Church (Harmondsworth, UK: Penguin Books, 1960-1970) 시리즈 마지막 권에 해당한다. Henry Chadwick, *The Early Church*; R. W. Southern, *Western Society and the Church in the Middle Ages*; Owen Chadwick, *The Reformation*; Gerald R. Cragg, *The Church in the Age of Reason*; Alec R. Vidler, *The Church in an Age of Revolution*; Stephen Neill, *A History of Christian Missions*.
44 Stephen Neill, "The Holy Spirit in the non-Christian World," *Church Quarterly* 3 (1971): p. 306.
45 Neill, "The History of Missions," p. 152.
46 Neill, "The History of Missions," pp. 151-152.
47 Neill, "The History of Missions," p. 159.
48 Neill, "The History of Missions," p. 159.
49 Neill, "The History of Missions," p. 160.
50 Neill, "The Holy Spirit in the non-Christian World," p. 306.
51 Pierard, "Stephen Neill," p. 544.
52 Pierard, "Stephen Neill," p. 544.
53 Neill, "The Holy Spirit in the non-Christian World," p. 306.
54 Pierard, "Stephen Neill," p. 543. 이 점에서 닐의 사상은 라투렛의 낙관주의를 닮았다.
55 Latourette, review of *A History of Christian Missions*, pp. 481-483.
56 Pierard, "Stephen Neill," p. 545.
57 Pierard, "Stephen Neill," p. 545.
58 Neill, "The History of Missions," p. 153.
59 Neill, *God's Apprentice*, p. 328.
60 Neill, "The History of Missions," p. 153.
61 Jan A. B. Jongeneel, *Philosophy, Science, and Theology of Mission in the 19th and 20th Centuries: A Missiological Encyclopedia*, part 1, *The Philosophy and Science of Mission* (Frankfurt am Main: Peter Lang, 1995), p. 229.
62 Lamin Sanneh, "World Christianity and the New Historiography," in *Enlarging the Story: Perspectives on Writing World Christian History*, ed. Wilbert R. Shenk

(Maryknoll: Orbis, 2002), p. 97. 또 다른 아프리카 교회사가인 옥부 칼루(Ogbu Kalu)는 사네의 이러한 주장을 그대로 수용하지는 않는다. 서구 선교사들의 역할을 아프리카 기독교 역사에서 완전히 무시할 수는 없기 때문이다. Ogbu U. Kalu, "Color and Conversion: The White Missionary Factor in the Christianization of Igboland, 1857-1967," *Missiology: An International Review* 18, no. 1 (January 1990): pp. 61-74를 보라.

63 "Foreword," in E. R. Hambye, *History of Christianity in India*, vol. 3, *Eighteenth Century* (Bangalore: CHAI, 1997), p. vi를 보라.

64 Neill, *A History of Christianity in India: 1707-1858*, p. xiii.

65 Stephen Neill, *Under Three Flags* (New York: Friendship Press, 1954), p. 137.

66 Stephen Neill, "Ecumenical Missions," *Frontier* 3 (1960): p. 101.

67 Stephen Neill, "Missions Enter a New Phase," *Union Seminary Quarterly Review* 9 (1954): pp. 3-4.

68 Stephn Neill, "Does Our Church Need a New Reformation? An Anglican Reply," in *Post-Ecumenical Christianity*, ed. Hans Küng (New York: Herder and Herder, 1970), pp. 77-79.

69 Neill and Weber, eds., *The Layman in Christian History*.

70 Stephen Neill, "Some Realism in the Ecumenical Illusion," *Churchman* 89 (1975): pp. 235-240.

71 Stephen Neill, "The Church: An Ecumenical Perspective," *Interpretation* 19 (1965): pp. 131-148.

72 Stephen Neill, "The Third World and Mission," *Review and Expositor* 74 (1977): p. 142.

73 Stephen Neill, "The Church's Failure to Be Christian," in *Man's Disorder and God's Design*, vol. 2, *The Church's Witness to God's Design*, p. 73.

74 Stephen Neill, "Syncretism and Missionary Philosophy Today," *Review and Expositor* 68 (1971): pp. 69-70.

75 Stephen Neill, "Church of the Future, Reunion, and the Ecumenical Movement," *Modern Churchman* 10 (1966): pp. 81-91; Neill, *A History of Christian Missions*, p. 14.

5장 데이비드 보쉬 1929-1992

1 David Bosch, *Transforming Mission: Paradigm Shifts in Theology of Mission* (Maryknoll: Orbis, 1991). 한국어로는 2000년과 2017년에 출간되었다. 데이비드 J. 보쉬, 『변화하고 있는 선교』, 김병길·장훈태 옮김(서울: 기독교문서선교회), 2000; 『변화하는 선교』, 김만태 옮김(서울: 기독교문서선교회), 2017. 이번 장에서는 2000년도 번역본을 참고했다.

2 J. Kevin Livingston, "The Legacy of David J. Bosch," *International Bulletin of Missionary Research* 23:1 (January 1999): p. 27.

3 이에 대한 간단한 소개는 Stan Nussbaum, *A Reader's Guide to* Transforming Mission: *A concise, accessible companion to David Bosch's classic book* (Maryknoll: Orbis, 2005), "Appendix B. Authors Most Quoted by David Bosch," pp. 159-163를 보라. 『변화하고 있는 선교 가이드북』(기독교문서선교회).

4 제럴드 앤더슨, 폴 히버트(Paul Hiebert), 스티븐 닐, 게르하르트 로젠크란츠(Gerhard Rosenkranz), 제임스 쉐어러(James Scherer), 테오 순더마이어 등.

5 찰스 채니(Charles Chaney), 윌리엄 허치슨(William Hutchison), 요한네스 판 덴 베르흐(Johannes van den Berg), 앤드루 월스 등.

6 한스-베르너 겐지헨(Hans-Werner Gensichen), J. C. 후켄다이크(Hoekendijk), 헨드릭 크래머(Hendrik Kraemer), 레슬리 뉴비긴, 루트비히 뤼티(Ludwig Rütti) 등.

7 크리스티안 베커(Christian Beker), 페르디난트 한(Ferdinand Hahn), 마르틴 헹엘(Martin Hengel), 에른스트 케제만(Ernst Käsemann), 에이브러햄 맬허비(Abraham Malherbe), E. P. 샌더스(Sanders), 루이제 쇼트로프(Luise Schottroff), 도널드 시니어(Donald Senior) 등.

8 칼 바르트(Karl Barth), 구스타보 구티에레스(Gustavo Gutíerrez), 한스 큉, 위르겐 몰트만(Jürgen Moltmann), 리처드 니버(Richard Niebuhr), 맥스 스택하우스(Max Stackhouse) 등.

9 Nussbaum, *A Reader's Guide to* Transforming Mission, p. 4.
10 Livingston, "The Legacy of David J. Bosch," p. 26.
11 Livingston, "The Legacy of David J. Bosch," p. 26.
12 Livingston, "The Legacy of David J. Bosch," p. 27.
13 Livingston, "The Legacy of David J. Bosch," p. 26.
14 Livingston, "The Legacy of David J. Bosch," p. 28.
15 Livingston, "The Legacy of David J. Bosch," p. 28.
16 Livingston, "The Legacy of David J. Bosch," pp. 27-28.
17 John Kevin Livingston, "A Missiology of the Road: The Theology of Mission and Evangelism in the Writings of David J. Bosch" (PhD Thesis, University of Aberdeen, 1989), p. 157.
18 Livingston, "The Legacy of David J. Bosch," pp. 27-28.
19 Livingston, "The Legacy of David J. Bosch," p. 29.
20 Livingston, "The Legacy of David J. Bosch," p. 30.
21 Livingston, "The Legacy of David J. Bosch," p. 27.
22 Willem Saayman and Klippies Kritzinger, "David Bosch, The South African," in Willem Saayman and Klippies Kritzinger, eds. *Mission in Bold Humility: David Bosch's work considered* (Maryknoll: Orbis, 1996), p. 1.
23 Nussbaum, *A Reader's Guide to* Transforming Mission, p. 3.
24 Nussbaum, *A Reader's Guide to* Transforming Mission, p. 3.

25 Nussbaum, *A Reader's Guide to* Transforming Mission, p. 6.
26 Thomas S. Kuhn, *The Structure of Scientific Revolutions*, 2nd edition (Chicago: University of Chicago Press, 1962, 1970). 『과학혁명의 구조』(까치).
27 Hans Küng, *Das Christentum: Wesen und Geschichte* (R. Piper GmbH & Co. KG. München, 1994); Hans Küng, *Christianity: Essence, History, and Future* (New York: Continuum, 1995); 한스 큉, 『그리스도교: 본질과 역사』, 이종한 옮김(왜관: 분도출판사, 2002). 큉의 책은 한국어 번역본을 참고했다. 보쉬가 *Transforming Mission*에서 참고하는 책은 Hans Küng & David Tracy, eds., *Theologie—wohin? Auf dem Weg zu einem neuen Paradigma* (Zurich-Cologne: Benziger Verlag, 1984)이며, 영어판은 *Paradigm Change in Theology* (New York: Crossroad, 1989)다. 특별히 보쉬는 여기 실린 큉의 *Was meint Paradigmenwechsel?* pp. 19-26를 참고한다.
28 큉, 『그리스도교』, p. 25.
29 큉, 『그리스도교』, p. 30.
30 큉, 『그리스도교』, p. 59.
31 큉, 『그리스도교』, p. 38.
32 큉, 『그리스도교』, p. 39.
33 큉, 『그리스도교』, p. 679.
34 보쉬, 『변화하고 있는 선교』, p. 288. 보쉬가 참고한 큉의 저서는 주27을 보라.
35 보쉬, 『변화하고 있는 선교』, pp. 291-293.
36 보쉬, 『변화하고 있는 선교』, p. 297.
37 보쉬, 『변화하고 있는 선교』, p. 137.
38 보쉬, 『변화하고 있는 선교』, p. 327.
39 보쉬, 『변화하고 있는 선교』, p. 303.
40 보쉬, 『변화하고 있는 선교』, p. 312.
41 보쉬, 『변화하고 있는 선교』, p. 324.
42 보쉬, 『변화하고 있는 선교』, p. 325.
43 보쉬, 『변화하고 있는 선교』, p. 361.
44 보쉬, 『변화하고 있는 선교』, p. 376.
45 보쉬, 『변화하고 있는 선교』, p. 376.
46 보쉬, 『변화하고 있는 선교』, pp. 402-403.
47 보쉬, 『변화하고 있는 선교』, pp. 402-403.
48 보쉬, 『변화하고 있는 선교』, p. 478.
49 보쉬, 『변화하고 있는 선교』, pp. 509-510.
50 보쉬, 『변화하고 있는 선교』, p. 578.
51 보쉬, 『변화하고 있는 선교』, p. 753.
52 보쉬, 『변화하고 있는 선교』, p. 546.

53 Norman E. Thomas, *Classic Texts in Mission and World Christianity: A Reader's Companion to David Bosch's* Transforming Mission, edited with introductions by Norman E. Thomas (Maryknoll: Orbis, 1995).
54 Willem Saayman and Klippies Kritzinger, eds. *Mission in Bold Humility: David Bosch's work considered* (Maryknoll: Orbis, 1996).
55 Stan Nussbaum, *A Reader's Guide to* Transforming Mission: *A concise, accessible companion to David Bosch's classic book* (Maryknoll: Orbis, 2005).
56 독일어판이 1994년에, 영어 번역본이 1995년에, 한국어 번역본이 2002년에 출간되었다. 주27을 보라.
57 Stephen B. Bevans and Roger P. Schroeder, *Constants in Context: A Theology of Mission for Today* (Maryknoll: Orbis, 2004); 스티븐 B. 베반스·로저 P. 슈레더, 『예언자적 대화의 선교』, 김영동 옮김(서울: 크리스천헤럴드, 2007; 서울: 케노시스, 2011). 여기서는 2011년도 한국어판을 참고했다.
58 베반스·슈레더, 『예언자적 대화의 선교』, p. 33.
59 베반스·슈레더, 『예언자적 대화의 선교』, p. 33.
60 베반스·슈레더, 『예언자적 대화의 선교』, p. 89.
61 베반스·슈레더, 『예언자적 대화의 선교』, p. 32.
62 베반스·슈레더, 『예언자적 대화의 선교』, p. 32.
63 보쉬, 『변화하고 있는 선교』, p. 294.
64 보쉬, 『변화하고 있는 선교』, p. 294.
65 보쉬, 『변화하고 있는 선교』, p. 295.

6장 레슬리 뉴비긴 1909-1998

1 Wilbert R. Shenk, "Lesslie Newbigin's Contribution to Mission Theology," *International Bulletin of Missionary Research* 24:2 (April 2000): p. 59.
2 Mark T. B. Laing, *From Crisis to Creation: Lesslie Newbigin and the Reinvention of Christian Mission* (Eugene, OR: Pickwick Publication, 2012), pp. 28, 244.
3 Shenk, "Lesslie Newbigin's Contribution to Mission Theology," p. 59. 예를 들어, 뉴비긴은 1958년도 하버드 대학교에서 열린 윌리엄 벨든 노블 강연(William Belden Noble Lectures)에서, 1930년대 선교 사상에 심각한 도전을 던져 내분을 야기했던 하버드 대학교 교수 윌리엄 호킹(William Ernest Hocking)의 Laymen's Foreign Missions Inquiry 보고서가 된 *Re-Thinking Missions*에 대응하는 강연을 했다.
4 Editorial, "Lesslie Newbigin, 1909-1998," *International Bulletin of Missionary Research* 22:2 (April 1998): p. 1.
5 Timothy Yates, "Lesslie Newbigin's Missionary Encounter with the Enlightenment, 1975-98," *International Bulletin of Missionary Research* 34:1 (January 2010): p. 42.

6   Shenk, "Lesslie Newbigin's Contribution to Mission Theology," p. 59.
7   Shenk, "Lesslie Newbigin's Contribution to Mission Theology," p. 59.
8   Lesslie Newbigin, *Unfinished Agenda: An Updated Autobiography* (Eugene, OR: Wipf & Stock, 1993), p. 11.
9   Yates, "Lesslie Newbigin's Missionary Encounter with the Enlightenment, 1975-98," p. 42.
10 Yates, "Lesslie Newbigin's Missionary Encounter with the Enlightenment, 1975-98," p. 42.
11 Yates, "Lesslie Newbigin's Missionary Encounter with the Enlightenment, 1975-98," p. 42.
12 Editorial, "Lesslie Newbigin, 1909-1998," p. 1.
13 Lesslie Newbigin, *The Other Side of 1984: Questions for the Churches* (Geneva: WCC, 1983).
14 Yates, "Lesslie Newbigin's Missionary Encounter with the Enlightenment, 1975-98," p. 43.
15 Lesslie Newbigin, *Foolishness to the Greeks: The Gospel and Modern Culture* (Grand Rapids: Eerdmans, 1986). 『헬라인에게는 미련한 것이요』(IVP).
16 Lesslie Newbigin, *The Gospel in a Pluralist Society* (Grand Rapids: Eerdmans, 1989). 『다원주의 사회에서의 복음』(IVP).
17 Lesslie Newbigin, *Truth to Tell: The Gospel as Public Truth* (London: SPCK, 1991). 『복음, 공공의 진리를 말하다』(SFC).
18 Lesslie Newbigin, *The Household of God* (New York: Friendship Press, 1953). 『교회란 무엇인가?』(IVP).
19 Newbigin, *The Household of God*, pp. 20-21.
20 Shenk, "Lesslie Newbigin's Contribution to Mission Theology," p. 60.
21 Yates, "Lesslie Newbigin's Missionary Encounter with the Enlightenment, 1975-98," p. 44.
22 Shenk, "Lesslie Newbigin's Contribution to Mission Theology," p. 64.
23 George R. Hunsberger, "Conversion and Community: Revisiting the Lesslie Newbigin—M. M. Thomas Debate," *International Bulletin of Missionary Research* 22:3 (July 1998): p. 112.
24 Hunsberger, "Conversion and Community," p. 114.
25 Hunsberger, "Conversion and Community," p. 114.
26 Lesslie Newbigin, *Relevance of Trinitarian Doctrine for Today's Mission* (London: Edinburgh House Press, 1963). 『삼위일체적 선교』(바울).
27 Newbigin, *Relevance of Trinitarian Doctrine for Today's Mission*, p. 77.
28 Mark A. Noll, "The Potential of Missiology for the Crises of History," in *History and the Christian Historian*, ed. Ronald A. Wells (Grand Rapids: Eerdmans, 1998), pp. 106-107.
29 Noll, "The Potential of Missiology for the Crises of History," p. 107.

30 Shenk, "Lesslie Newbigin's Contribution to Mission Theology," p. 62.
31 Mark A. Noll, "The Challenge of Contemporary Church History, the Dilemmas of Modern History, and Missiology to the Rescue," *Missiology* 24, no. 1 (1996): pp. 47-64.
32 Noll, "The Challenge of Contemporary Church History, the Dilemmas of Modern History, and Missiology to the Rescue," p. 50.
33 Newbigin, *Foolishness to the Greeks*, p. 21.
34 Newbigin, *The Gospel in a Pluralist Society*. Chapters 6 (Revelation in History), 8 (The Bible as Universal History), 9 (Christ, the Clue to History).
35 Newbigin, Chapter 5. "Missions and the Shape of World History," in *Relevance of Trinitarian Doctrine for Today's Mission*. pp. 35-51.
36 Lesslie Newbigin, *The Open Secret: An Introduction to the Theology of Mission*, revised edition (Grand Rapids: Eerdmans, 1978, 1995). 『오픈 시크릿』(복있는사람).
37 Newbigin, Chapter 7. "The Gospel and World History," in *The Open Secret*, pp. 66-90.
38 Newbigin, *The Open Secret*, p. 69.
39 Newbigin, *The Open Secret*, p. 70.
40 Newbigin, *The Open Secret*, p. 70.
41 Newbigin, *The Open Secret*, p. 76.
42 Newbigin, *The Open Secret*, p. 76.
43 Newbigin, *The Open Secret*, p. 77.
44 Newbigin, *The Open Secret*, p. 78.
45 예를 들어 Newbigin Resources가 있다. https://newbiginresources.org/(2023년 5월 1일 최종 접속). 이전의 https://www.newbigin.net을 개편한 사이트다.
46 예를 들어 Newbigin House of Studies가 있다. https://newbiginhouse.org/(2023년 5월 1일 최종 접속).
47 Thomas F. Foust et al., eds., *A Scandalous Prophet: The Way of Mission after Newbigin* (Grand Rapids: Eerdmans, 2002).
48 Charles R. Tabler, "The Gospel as Authentic Meta-Narrative," in Thomas F. Foust et al. (eds.), *A Scandalous Prophet: The Way of Mission after Newbigin* (Grand Rapids: Eerdmans, 2002), pp. 182-194.
49 Christopher J. H. Wright, *The Mission of God: Unlocking the Bible's Grand Narrative* (Downers Grove: IVP Academic, 2006). 『하나님의 선교』(IVP).
50 Wright, "Preface," in *The Mission of God*.
51 Wright, *The Mission of God*, p. 29.
52 Wright, *The Mission of God*, p. 62.
53 Michael W. Goheen, *A Light to the Nations: The Missional Church and the Biblical Story* (Grand Rapids: Baker Academy, 2011). 『열방에 빛을』(복있는사람).

54 Shenk, "Lesslie Newbigin's Contribution to Mission Theology," p. 63.
55 Gospel and Our Culture Network, https://gocn.org/(2023년 5월 1일 최종 접속).
56 George R. Hunsberger and Craig Van Gelder, eds., *Church between Gospel and Culture: The Emerging Mission in North America* (Grand Rapids: Eerdmans, 1996).
57 Darrell L. Guder, ed., *Missional Church: A Vision for the Sending of the Church in North America* (Grand Rapids: Eerdmans, 1998).『선교적 교회』(주안대학원대학교출판부).
58 George R. Hunsberger, *Bearing the Witness of the Spirit: Lesslie Newbigin's Theology of Cultural Plurality* (Grand Rapids: Eerdmans, 1998).
59 Darrell L. Guder, *The Continuing Conversion of the Church* (Grand Rapids: Eerdmans, 2000).『교회의 선교적 사명에 대한 신선한 통찰』(미션툴).
60 Christopher J. H. Wright, *The Mission of God's People : A Biblical Theology of the Church's Mission* (Grand Rapids: Zondervan, 2010).『하나님 백성의 선교』(IVP).
61 Wright, *The Mission of God's People*, p. 286.
62 Craig Van Gelder and Dwight J. Zscheile, *The Missional Church in Perspective: Mapping Trends and Shaping the Conversation* (Grand Rapids: Baker Academy, 2011).『선교적 교회론의 동향과 발전』(기독교문서선교회).
63 Ross Hastings, *Missional God, Missional Church: Hope for Re-Evangelizing the West* (Downers Grove: IVP Academic, 2012).
64 Obgu U. Kalu et al., eds., *Mission after Christendom* (Louisville: WJK Press, 2010).
65 Ryan K. Bolger, ed., *The Gospel after Christendom* (Grand Rapids: Baker Academy, 2012).
66 Alan Kreider and Eleanor Kreider, *Worship and Mission After Christendom* (Harrisonburg, VA: Herald Press, 2011). 영국에서는 2009년 파터노스터 출판사(Paternoster Press)에서 출간되었다.
67 Gary Tyra, *A Missional Orthodoxy: Theology and Ministry in a Post-Christian Context* (Downers Grove: IVP Academic, 2013).
68 Timothy C. Tennent, *Invitation to World Missions: A Trinitarian Missiology for the Twenty-first Century* (Grand Rapids: Kregel, 2010).『세계 선교학개론』(서로사랑).
69 Geoffrey Wainwright, *Lesslie Newbigin: A Theological Life* (New York: Oxford University Press, 2000).
70 Wainwright, *Lesslie Newbigin*, p. v.

7장 라민 사네 1942-2019

1 Greg Sterling, "Professor Lamin Sanneh, 1942-2019," https://divinity.yale.edu/news/professor-lamin-sanneh-1942-2019(2023년 5월 1일 최종 접속). 사네는 예일 대학교 신학대학원에서 윌리스 제임스 선교학과 지구촌기독교학 교수(D. Willis James Professor of

Missions and World Christianity)로, 예일 대학교에서 역사학(Professor of History)과 국제학 및 지역학(Professor of International and Area Studies) 교수로 봉직했다.
2   Lamin Sanneh, *Summoned from the Margin: Homecoming of An African* (Grand Rapids: Eerdmans, 2012).
3   Sanneh, *Summoned from the Margin*, p. 24.
4   Sanneh, *Summoned from the Margin*, p. 17.
5   Sanneh, *Summoned from the Margin*, p. 39.
6   Sanneh, *Summoned from the Margin*, p. 39.
7   Sanneh, *Summoned from the Margin*, pp. 88-90.
8   Sanneh, *Summoned from the Margin*, p. 94.
9   Sanneh, *Summoned from the Margin*, p. 97.
10 Sanneh, *Summoned from the Margin*, p. 99.
11 Sanneh, *Summoned from the Margin*, p. 100.
12 Sanneh, *Summoned from the Margin*, p. 100.
13 Sanneh, *Summoned from the Margin*, p. 99.
14 Sanneh, *Summoned from the Margin*, p. 100.
15 Sanneh, *Summoned from the Margin*, p. 101.
16 Sanneh, *Summoned from the Margin*, p. 102.
17 Sanneh, *Summoned from the Margin*, p. 103.
18 Sanneh, *Summoned from the Margin*, p. 104.
19 Sanneh, *Summoned from the Margin*, p. 104.
20 Sanneh, *Summoned from the Margin*, p. 112.
21 Katharine Q. Seelye, "Lamin Sanneh, Scholar of Islam and Christianity, Dies at 76," https://www.nytimes.com/2019/01/11/obituaries/lamin-sanneh-dead.html(2023년 5월 1일 최종 접속).
22 Sanneh, *Summoned from the Margin*, p. 21.
23 Lamin Sanneh, *West African Christianity: The Religious Impact* (Maryknoll: Orbis, 1983).
24 Lamin Sanneh, *Abolitionists Abroad: American Blacks and the Making of Modern West Africa* (Harvard University Press, 2000).
25 Lamin Sanneh, *Translating the Message: The Missionary Impact on Culture* (Maryknoll: Orbis, 1989).
26 Lamin Sanneh, *Encountering the West: Christianity and the Global Cultural Process: The African Dimension* (Maryknoll: Orbis, 1993).
27 Lamin Sanneh, *Whose Religion is Christianity? The Gospel Beyond the West* (Grand Rapids: Eerdmans, 2003).

28 Lamin Sanneh, *Disciples of All Nations: Pillars of World Christianity* (New York: Oxford University Press, 2008).
29 Lamin Sanneh, *The Crown and the Turban: Muslims and West African Pluralism* (Boulder, CO: Westview Press, 1997).
30 Lamin Sanneh, *Beyond Jihad: Pacifist Impetus in Muslim West Africa and Beyond* (New York: Oxford University Press, 2016).
31 Lamin Sanneh, *Translating the Message: The Missionary Impact on Culture* (Maryknoll, NY: Orbis, 1989), p. 51.
32 Sanneh, *Translating the Message*, p. 80.
33 Sanneh, *Translating the Message*, p. 58.
34 Sanneh, *Translating the Message*, p. 69.
35 Sanneh, *Translating the Message*, p. 93.
36 Sanneh, *Translating the Message*, p. 46.
37 Sanneh, *Translating the Message*, p. 53.
38 Sanneh, *Translating the Message*, p. 76.
39 Sanneh, *Translating the Message*, p. 1.
40 Sanneh, *Translating the Message*, p. 1.
41 Sanneh, *Translating the Message*, p. 51.
42 Sanneh, *Translating the Message*, p. 65.
43 Sanneh, *Translating the Message*, p. 50.
44 Sanneh, *Translating the Message*, p. 45.
45 Sanneh, *Translating the Message*, p. 47.
46 Sanneh, *Translating the Message*, p. 29.
47 Andrew Walls, *The Missionary Movement in Christian History: Studies in the Transmission of Faith* (Maryknoll: Orbis, 1996), pp. 16-25. 『세계 기독교와 선교 운동』(IVP).
48 Paul V. Kollman, "After Church History? Writing the History of Christianity from a Global Perspective," *Horizons* 31, no. 2 (Fall 2004): p. 333.
49 자세한 내용은 Sanneh, *Translating the Message*, pp. 211-235를 보라.
50 Sanneh, *Translating the Message*, p. 7.
51 Sanneh, *Translating the Message*, p. 90.
52 Sanneh, *Translating the Message*, p. 101.
53 그동안 이루어진 모임의 주제는 다음을 참고하라. https://divinity.yale.edu/faculty-research/programs-and-initiatives/yale-edinburgh-group-world-christianity-and-history-mission(2023년 5월 1일 최종 접속).
54 Lamin Sanneh and Grant Wacker, "Christianity Appropriated: Conversion and Intercultural Process," *Church History* 68, no. 4 (December 1999): pp. 956-961. 이 글

은 Andrew Walls, *The Missionary Movement in Christian History: Studies in the Transmission of Faith* (Maryknoll: Orbis, 1996)에 대한 서평이다.
55 Mark A. Noll, "The Challenge of Contemporary Church History, the Dilemmas of Modern History, and Missiology to the Rescue," *Missiology* 24, no. 1 (1996): pp. 47-64.
56 Lamin Sanneh, *Disciples of All Nations: Pillars of World Christianity* (New York: Oxford University Press, 2008), p. x.
57 Sanneh, *West African Christianity*, pp. 53-89.
58 Sanneh, *Translating the Message*, p. 130.
59 Sanneh, *Abolitionists Abroad*를 보라.
60 Sanneh, *Disciples of All Nations*, p. 241; *Encountering the West*, p. 159; *Whose Religion is Christianity*, p. 59.
61 Vincent J. Donovan, *Christianity Rediscovered* (Maryknoll: Orbis, 1978), p. 200.
62 Donovan, *Christianity Rediscovered*, pp. 188-189.
63 Lamin Sanneh, "World Christianity and the New Historiography," in *Enlarging the Story: Perspectives on Writing World Christian History*, ed. Wilbert R. Shenk (Maryknoll: Orbis, 2002), p. 97.
64 Sanneh, *Translating the Message*, p. 111.
65 Sanneh, "World Christianity and the New Historiography," p. 97.
66 Kwame Bediako, *Christianity in Africa: The Renewal of a Non-Western Religion* (Maryknoll: Orbis, 1995).
67 Kwame Bediako, *Jesus and the Gosepl in Africa: History and Experience* (Maryknoll: Orbis, 2004).
68 Lamin Sanneh and Joel Carpenter, eds., *The Changing Face of Christianity: Africa, the West, and the World* (Oxford: Oxford University Press, 2005).
69 Thomas C. Oden, *How Africa Shaped the Christian Mind: Rediscovering the African Seedbed of Western Christianity* (Downers Grove, IL: IVP Books, 2007). 『아프리카 기독교 역사』(기독교문서선교회).
70 Edwin M. Yamauchi, *Africa and the Bible* (Grand Rapids: Baker Academic, 2004).
71 Keith Augustus Burton, *The Blessings of Africa* (Downers Grove, IL: IVP Academic, 2007).
72 Jonathan D. Groves, *Reading Romans at Ground Level: A Contemporary Rural African Perspective* (Carlisle, Cumbria, UK: Langham Global Library, 2015).
73 Joseph G. Healey and Donald Sybertz, *Towards An African Narrative Theology* (Maryknoll: Orbis, 1996).
74 Felix Muchimba, *Liberating the African Soul: Comparing African and Western Christian Music and Worship Styles* (Colorado Springs: Authentic, 2007).

75 Joseph G. Healey, *Once Upon A Time in Africa: Stories of Wisdom and Joy* (Maryknoll: Orbis, 2004).

76 James H. Kroeger and Eugene E. Thalman, *Once Upon A Time in Asia: Stories of Harmony and Peace* (Maryknoll: Orbis, 2006). 『지혜의 땅 아시아의 생명』(성바오로).

77 Laurenti Magesa, *What is Not Sacred: African Spirituality* (Maryknoll: Orbis, 2013).

78 Seelye, "Lamin Sanneh, Scholar of Islam and Christianity, Dies at 76."

8장 앤드루 월스 1928-2021

1 이번 장에는 다음의 글 일부가 발췌되었음을 밝혀 둔다. 박형진, "지구촌기독교의 등장과 기독교 역사서술적 함의: 선교역사기술을 중심으로,"「한국기독교신학논총」74 (2011): pp. 295-316; 박형진, "해설," 앤드루 월스, 『세계 기독교와 선교 운동』, 방연상 옮김(서울: IVP, 2018), pp. 497-511.

2 Mark R. Gornik, "Profile: Andrew Walls and the Transformation of Christianity," https://jofum.com/profiles/profile-andrew-walls-and-the-transformation-of-christianity/(2023년 5월 1일 최종 접속).

3 Mark R. Gornik, "Bibliography of the Writings of Andrew F. Walls," in William R. Burrows, Mark R. Gornik, and Janice A. McLean, eds., *Understanding World Christianity: The Vision and Work of Andrew F. Walls* (Maryknoll: Orbis, 2011), pp. 257-277.

4 Andrew Walls, *The Missionary Movement in Christian History: Studies in the Transmission of Faith* (Maryknoll: Orbis, 1996). 『세계 기독교와 선교 운동』(IVP).

5 Tim Stafford, "Historian Ahead of His Time," https://www.christianitytoday.com/ct/2007/february/34.87.html(2023년 5월 1일 최종 접속).

6 앤드루 월스, 『세계 기독교와 선교 운동』, 방연상 옮김(서울: IVP, 2018).

7 Andrew Walls, *The Cross-Cultural Process in Christian History: Studies in the Transmission and Appropriation of Faith* (Maryknoll: Orbis, 2002).

8 Andrew Walls, *Crossing Cultural Frontiers: Studies in the History of World Christianity* (Maryknoll: Orbis, 2017).

9 Walls, *The Missionary Movement in Christian History*, p. xiii; 인용문은 월스, 『세계 기독교와 선교 운동』, p. 16.

10 Walls, *The Missionary Movement in Christian History*, p. xv; 인용문은 월스, 『세계 기독교와 선교 운동』, p. 19.

11 Kenneth Scott Latourette, *A History of the Expansion of Christianity*, 7 vols. (New York: Harper & Brothers, 1937-1945).

12 박형진, "지구촌기독교의 등장과 기독교 역사서술적 함의: 선교역사기술을 중심으로,"「한국기독교신학논총」74 (2011): pp. 295-316를 보라.

13 라투렛은 *A History of Christianity*에서 전진과 후퇴 개념을 사용해 시기를 구분한다. 제1확

장기: 그리스도에서부터 주후 500년; 제1후퇴기: 500-950년(암흑 시대); 제2확장기: 950-1350년; 제2후퇴기: 1350-1500년; 제3확장기: 1500-1750년; 제3후퇴기: 1750-1815년; 제4확장기: 1815-1914년(위대한 세기); 현세기: 1914년 이후(폭풍 속에서의 진보).

14 Walls, "The Translation Principle in Christian History," in *The Missionary Movement in Christian History*, pp. 26-42.

15 Walls, "The Gospel as Prisoner and Liberator of Culture," in *The Missionary Movement in Christian History*, pp. 3-15.

16 Walls, "Culture and Coherence in Christian History," in *The Missionary Movement in Christian History*, pp. 16-25.

17 Walls, "Christianity in the Non-Western World: A Study in the Serial Nature of Christian Expansion," in *The Cross-Cultural Process in Christian History*, pp. 37-48를 보라.

18 Walls, "Culture and Conversion in Christian History," in *The Missionary Movement in Christian History*, pp. 43-54를 보라.

19 Walls, *The Missionary Movement in Christian History*, p. xviii.

20 Walls, *The Cross-Cultural Process in Christian History*, p. 80.

21 Walls, "The Ephesian Moment," in *The Cross-Cultural Process in Christian History*, pp. 72-81를 보라.

22 Walls, "The Ephesian Moment," p. 74.

23 Walls, *The Missionary Movement in Christian History*, p. 146.

24 Walls, "From Christendom to World Christianity: Missions and the Demographic Transformation of the Church," in *The Cross-Cultural Process in Christian History*, pp. 49-71를 보라.

25 Andrew Walls, "Bibliography of the Society for African Church History - I," *Journal of Religions in Africa* 1, no. 1 (1967): pp. 46-94.

26 Andrew Walls, "Bibliography on Mission Studies," *International Review of Mission*, quarterly since 1972; Andrew Walls, "Bibliography on Mission Studies," co-author with Margaret M. Acton, *International Review of Mission*, quarterly since 1997.

27 Gerald H. Anderson with John Roxboragh, John M. Prior, Christoffer H. Grundmann, *Witness to World Christianity: The International Association for Mission Studies, 1972-2012* (New Haven: OMSC Publications, 2012).

28 Anderson, *Witness to World Christianity*, pp. 5-6, 8, 14.

29 Walls, "The Evangelical Revival, the Missionary Movement, and Africa," in *The Missionary Movement in Christian History*, pp. 79-101; Walls, "Primal Religious Traditions in Today's World," in *The Missionary Movement in Christian History*, pp. 119-139를 보라.

30 Walls, "The Evangelical Revival, the Missionary Movement, and Africa," in *The Missionary Movement in Christian History*, pp. 79-101; Walls, "Black Europeans-White Africans: Some Missionary Motives in West Africa," in *The Missionary Movement in Christian History*, pp. 102-110; Walls, "Samuel Ajayi Crowther (1807-1891)," in *The Cross-Cultural Process in Christian History*, pp. 155-164를 보라.

31 Stafford, "Historian Ahead of His Time."

32 https://divinity.yale.edu/faculty-research/programs-and-initiatives/yale-edinburgh-group-world-christianity-and-history-mission(2023년 5월 1일 최종 접속).

33 Norman E. Thomas ed., *Classic Texts in Mission and World Christianity* (Maryknoll: Orbis, 1995).

34 Robert L. Gallagher and Paul Hertig, eds., *Landmark Essays in Mission and World Christianity* (Maryknoll: Orbis, 2009).

35 Walls, "Structural Problems in Mission Studies," in *The Missionary Movement in Christian History*, pp. 143-159를 보라.

36 Mark A. Noll, "The Potential of Missiology for the Crises of History," in *History and the Christian Historian*, ed. Ronald A. Wells (Grand Rapids: Eerdmans, 1998), pp. 106-123; Mark A. Noll, "The Challenge of Contemporary Church History, the Dilemmas of Modern History, and Missiology to the Rescue," *Missiology* 24, no. 1 (1996), pp. 47-64.

37 Burrows, Gornik, and McLean, eds., *Understanding World Christianity*, p. 1.

38 Burrows, Gornik, and McLean, eds., *Understanding World Christianity*, p. 1.

참고 문헌

1장 아돌프 폰 하르나크 1851-1930

1차 문헌(연도순)

Harnack, Adolf. *Christianity and History*. Translated by Thomas Bailey Saunders. London: Adam & Charles Black, 1896.

_____. *Die Mission und Ausbreitung des Christentums in den ersten drei Jahrhunderten*. Leipzig: J. C. Hinrichs, 1902.

_____. *The Expansion of Christianity in the First Three Centuries*. Translated and edited by James Moffatt. 2 Volumes. London: Williams & Norgate; New York: G. P. Putnam's Sons, 1904-1905.

_____. *Die Mission und Ausbreitung des Christentums in den ersten drei Jahrhunderten*. Zweite Neu Durchgearbeitete Auflage. 2 Bands. Leipzig: J. C. Hinrichs, 1906.

_____. *The Mission and Expansion of Christianity in the First Three Centuries*. Translated and edited by James Moffatt. Second, Enlarged and Revised Edition. 2 Volumes. London: Williams & Norgate; New York: G. P. Putnam's Sons, 1908.

_____. *Die Mission und Ausbreitung des Christentums in den ersten drei Jahrhunderten*. Dritte Neu Durchgearbeitete und Vermehrte Auflage mit elf Karten. 2 Bands. Leipzig: J. C. Hinrichs, 1915.

_____. *Die Mission und Ausbreitung des Christentums in den ersten drei Jahrhunderten.* Vierte Verbesserte und Vermehrte Auflage mit elf Karten. 2 Bands. Leipzig: J. C. Hinrichs, 1924.

_____. *The Mission and Expansion of Christianity in the First Three Centuries.* Translated and edited by James Moffatt. New York: Harper Torchbooks, 1962.

2차 문헌(이름순)

Dixon, Larry. "Adolf von Harnack." In *Historians of the Christian Tradition: Their Methodology and Influence on Western Thought,* ed. Michael Bauman and Martin I. Klauber, pp. 389–409. Nashville, TN: Broadman and Holman Publishers, 1995.

DuBose, Francis M. ed. *Classics of Christian Missions.* Nashville, TN: Broadman, 1979.

González, Justo L. *The Changing Shape of Church History.* St. Louis, MO: Chalice Press, 2002.

Green, Michael. *Evangelism in the Early Church.* Grand Rapids: Eerdmans, 1970.『초대교회의 복음전도』(복있는사람).

2장 구스타프 바르네크 1834-1910

1차 문헌(연도순)

Warneck, Gustav. *Outline of the History of Protestant Missions from the Reformation to the Present Time.* Translated from the Second German Edition. Translated by Thomas Smith. Edinburgh: James Gemmell, 1884.

_____. *Modern Missions and Culture: Their Mutual Relations.* Translated by Thomas Smith. Edinburgh: James Gemmell, 1888.

_____. *Evangelische Missionslehre: Ein missionstheoretischer Versuch.* 5 vols. Gotha: Friedrich Andreas Perthes, 1892-1905.

_____. *Abriss einer Geschichte des protestantischen Missionen von der Reformantion bis auf die Gegenwart,* Sechste Auflage. Berlin: Verlag von Martin Warneck, 1900.

_____. *Outline of a History of Protestant Missions from the Reformation to the Present Time.* Translated from the Seventh German Edition. Editied by George Robson. New York: Fleming H. Revell Co., 1901.

_____. *Outline of a History of Protestant Missions from the Reformation to the Present Time,* 3rd English ed. Translated from the Eighth German Edition. Edited by George Robson. New York: Fleming H. RevellCo., 1906.

_____. *Abriss einer Geschichte des protestantischen Missionen von der Reformantion bis auf die Gegenwart,* Neunte neu bearbeitete und vermehrte Auflage. Berlin: Verlag von Martin Warneck, 1910.

2차 문헌(이름순)

Beaver, R. Pierce. "The History of Mission Strategy." In *Perspectives on the World Christian Movement*, eds. Ralph D. Winter and Steven C. Hawthorne, pp. 191-205. Pasadena: William Carey Library, 1981.

Beyerhaus, Peter, and Henry Lefever. "The German Concept of the National Church." In *The Responsible Church and the Foreign Mission*, pp. 45-53. London: World Dominion Press, 1964.

Bosch, David J. *Transforming Mission: Paradigm Shifts in Theology of Mission*. Maryknoll: Orbis Books, 1991. 『변화하는 선교』(기독교문서선교회).

Kasdorf, Hans. "Gustav Warneck (1834-1910): Founder of the Scholarly Study of Missions." In *Mission Legacies: Biographical Studies of Leaders of the Modern Missionary Movement*, eds. Gerald H. Anderson et al., pp. 373-382. Maryknoll: Orbis Books, 1998.

_____. "Warneck: His Life and Labor." *Missiology* 8 (1980): pp. 269-284.

Myklebust, Olav Guttorm. *The Study of Missions in Theological Education: An Historical Inquiry Into the Place of World Evangelisation in Western Protestant Ministerial Training with Particular Reference to Alexander Duff's Chair of Evangelistic Theology*. 2 vols. Oslo: Forlaget Land Og Kirke, 1955-1957.

Sundermeier, Theo. "Theology of Mission." In *Dictionary of Mission: Theology, History, and Perspectives*, eds. Karl Müller et al., pp. 429-451. Maryknoll: Orbis Books, 1987.

Ustorf, Werner. "Anti-Americanism in German Missiology." *Mission Studies* 6 no. 1 (1989): pp. 23-34.

3장 케네스 스콧 라투렛 1884-1968

1차 문헌(연도순)

Latourette, Kenneth S. *The Christian Basis of World Democracy*. New York: Association Press, 1919.

_____. *A History of Christian Missions in China*. New York: The Macmillan Company, 1929.

_____. *Missions Tomorrow*. New York: Harper & Brothers, 1936.

_____. *A History of the Expansion of Christianity*. 7 vols. New York: Harper & Brothers, 1937-1945.

_____. *Toward A World Christian Fellowship*. New York: Hazen Books on Religion, 1938.

_____. *Anno Domini: Jesus, History, and God*. New York: Harper & Brothers, 1940.

_____. *The Unquenchable Light*. New York: Harper & Brothers, 1941.

_____. "The Christian Understanding of History." *The American Historical Review* 54:2 (1949): pp. 259-276.

_____. *The Emergence of a World Christian Community*. New Haven: Yale University Press, 1949.

_____. *Missions and the American Mind*. Indianapolis: National Foundation Press, 1949.

_____. *These Sought A Country*. New York: Harper & Brothers, 1950.

_____. *A History of Christianity*. New York: Harper & Row, 1953.

_____. "The Light of History on Current Missionary Methods." *International Review of Mission* 42 (1953): pp. 137-143.

_____. *The Christian World Mission in Our Days*. New York: Harper & Brothers, 1954.

_____. *Challenge and Conformity: Studies in the Interaction of Christianity and the World of Today*. New York: Harper & Brothers, 1955.

_____. *World Service: A History of the Foreign Work and World Service of the Young Men's Christian Associations of the United States and Canada*. New York: Association Press, 1957.

_____. *Christianity in a Revolutionary Age: A History of Christianity in the Nineteenth and Twentieth Centuries*. 5 vols. New York: Harper & Row, 1958-1962.

_____. "Colonialism and Missions: Progressive Separation." *Journal of Church and State* 7 (1965): pp. 330-349.

_____. *Beyond the Ranges: An Autobiography*. Grand Rapids: Eerdmans, 1967.

_____. "Historical Perspective." In *Outlook for Christianity*, ed. L. G. Champion, pp. 11-23. London: Lutterworth, 1967.

2차 문헌(이름순)

Hannah, John D. "Kenneth Scott Latourette A Trail Blazer: A Critical Evaluation of Latourette's Theory of Religious History." *Grace Theological Journal* 2:1 (1981): pp. 3-22.

Lindgren, Juhani. *Unity of all Christians in Love and Missions: the Ecumenical Method of Kenneth Scott Latourette*. Helsinki: Soumalainen Tiedeakatemia, 1990.

Moffett, Samuel H. *A History of Christianity in Asia*. 2 vols. Maryknoll: Orbis, 1998-2005. 『아시아 기독교회사』(장로회신학대학교출판부).

Neill, Stephen C. *A History of Christian Missions*. Baltimore: Penguin, 1964. 『기독교 선교사』(성광문화사).

Niebuhr, Reinhold. "Christ the Hope of the World." *Religion in Life* 23:3 (1954): pp. 334-340.
Paik, L. George. *The History of Protestant Missions in Korea 1832-1910*. Seoul, Korea: Yonsei University Press, 1970.
Payne, Ernest A. "The Modern Expansion of the Church: Some Reflections on Dr. Latourette's Conclusions." *The Journal of Theological Studies* 47 (1946): pp. 143-155.
Pitts, William L. "World Christianity: The Church History Writing of Kenneth Latourette." Ph.D. diss., Vanderbilt University, 1969.
Sanneh, Lamin. "World Christianity and the New Historiography." In *Enlarging the Story: Perspectives on Writing World Christian History*, ed. Wilbert R. Shenk, pp. 94-114. Maryknoll: Orbis, 2002.
Toynbee, Arnold. *Mankind and Mother Earth: A Narrative History of the World*. London: Oxford University Press, 1976. 『세계사』(일념).
Walls, Andrew F. "Christianity." In *A New Handbook of Living Religions*, ed. John R. Hinnells, pp. 55-161. London: Penguin Books, 1997.
_____. *A History of the Expansion of Christianity Reconsidered: The legacy of George E. Day*. Occasional Publication No 8. Yale Divinity School Library, New Haven, 1996.
Whale, J. S. Review of *A History of the Expansion of Christianity* Vol. VII. *International Review of Missions* 34 (1945): p. 429.
Winter, Ralph D. *The Twenty-Five Unbelievable Years: 1945-1969*. Pasadena: William Carey Library, 1970. 『랄프 윈터의 비서구 선교운동사』(예수전도단).

4장 스티븐 닐 1900-1984

1차 문헌(연도순)

Neill, Stephen. *The Cross Over Asia*. London: The Canterbury Press, 1948.
_____. *Christian Partnership: James Long Lectures of the Church Missionary Society, 1950*. London: SCM Press, 1952.
_____. *The Christian Society*. Westport, Connecticut: Green wood Press, 1952.
_____. *Fullfill thy Ministry*. New York: Harper & Brothers, 1952.
_____. *On the Ministry*. London: SCM Press, 1952.
_____. *Towards Church Union 1937-1952: A Survey of Approaches to Closer Union among the Churches*. London: SCM Press [published on behalf of the Faith and Order Commission of the World Council of Churches], 1952.
_____. *A History of the Ecumenical Movement, 1517-1948*. Vol. 1. Eds. Ruth Rouse and Stephen Neill. Geneva: World Council of Churches, 1953.

_____. "Missions Enter a New Phase." *Union Seminary Quarterly Review* 9 (1954): pp. 3-9.

_____. *Under Three Flags*. New York: Friendship Press, 1954.

_____. *The Christian's God*. New York: Associatition Press, 1955. 『우리가 믿는 하나님』(대한기독교서회).

_____. *Who is Jesus Christ?* London: Lutterworth Press, 1956.

_____. *The Unfinished Task*. London: Edinburgh House Press, 1957.

_____. *Paul to the Galatians*. London: Lutterworth Press, 1958.

_____. *A Genuinely Human Existence: Towards A Christian Psychology*. New York: Doubleddy & Company, 1959.

_____. *Brothers of the Faith*. New York: Abingdon Press, 1960.

_____. *Christian Holiness*. New York: Harper & Brothers, 1960.

_____. "Ecumenical Missions." *Frontier* 3 (1960): pp. 101-106.

_____. *What is Man?* London: Lutterworth Press, 1960. 『기독교 인간관』(기독교대한감리회총리원).

_____. "Books for the World." *Frontier* 4 (1961): pp. 245-250.

_____. *Christian Faith & Other Faiths: The Christian Dialogue with Other Religions: The Moorhouse Lectures, Melbourne, 1960*. London: Oxford University Press, 1961.

_____. *The Christian Character*. New York: Association Press, 1964. 『신앙의 열매 아홉 가지』(종로서적).

_____. "The Church's Failure to Be Christian." In *Man's Disorder and God's Design*, an omnibus volume of The Amsterdam Assembly Series prepared under the auspices of The First Assembly of the World Council of Churches Including the official findings of the Four Sections. Vol. 2. *The Church's Witness to God's Design*, pp. 72-79. New York: Harper and Brothers, 1984.

_____. *A History of Christian Missions*. London: Penguin Books, 1964. 『기독교 선교사』(성광문화사).

_____. *The Interpretation of the New Testament, 1861-1961*. London: Oxford University Press, 1964.

_____. *Paul to the Colossians*. New York: Association Press, 1964.

_____. *Christian Faith Today*. Baltimore: Penguin Books, 1965.

_____. "The Church: An Ecumenical Perspective." *Interpretation* 19 (1965): pp. 131-148.

_____. "Church of the Future, Reunion, and the Ecumenical Movement." *Modern Churchman* 10 (1966): pp. 81-91.

_____. *Colonialism and Christian Missions*. New York: McGraw-Hill, 1966.

_____. *A Concise Dictionary of the Bible*, with Arthur Bowle and John Goodwin. 2

vols. London: Lutterworth, 1966.

_____. *The Church and Christian Union: The Bampton Lectures for 1964*. London: Oxford University Press, 1968.

_____. *Ecumenism: Light and Shade: The Gallagher Memorial Lectures, 1967*. Toronto: The Ryerson Press, 1969.

_____. *Bible Words and Christian Meaning*. London: SPCK, 1970.

_____. *A Concise Dictionary of the Christian World Mission*, with Gerald H. Anderson and John Goodwin. London: Lutterworth, 1970.

_____. "Does Our Church Need a New Reformation? An Anglican Reply." In *Post-Ecumenical Christianity*, ed. Hans Küng, pp. 71-80. New York: Herder and Herder, 1970.

_____. "The History of Missions: An Academic Discipline." In *The Mission of the Church and the Propagation of the Faith: Papers Read at the Seventh Summer Meeting and the Eighth Winter Meeting of the Ecclesiastical History Society*, ed. G. J. Cuming, pp. 149-170. Cambridge: Cambridge University Press, 1970.

_____. *The Story of the Christian Church in India and Pakistan*. Grand Rapids: Eerdmans, 1970.

_____. "The Holy Spirit in the non-Christian World." *Church Quarterly* 3 (1971): pp. 301-311.

_____. "Syncretism and Missionary Philosophy Today." *Review and Expositor* 68 (1971): pp. 65-80.

_____. *What We Know about Jesus*. Grand Rapids: Eerdmans, 1972.

_____. *Bhakti: Hindu and Christian*. Madras: Christian Literature Society, 1974.

_____. "Ecumenism's Past and Future: Shifting Perspectives." [interview by John E. Groh] *Christian Century* 92 (1975): pp. 569-572.

_____. "Some Realism in the Ecumenical Illusion." *Churchman* 89 (1975): pp. 235-240.

_____. *Jesus Through Many Eyes: Introduction of the Theology of the New Testament*. Philadelphia: Fortress Press, 1976.『많은 사람들의 눈으로 본 예수』(반석문화사).

_____. *Salvation Tomorrow: The originality of Jesus Christ and the world's religions*. Nashville: Abingdon, 1976.

_____. "The Third World and Mission." *Review and Expositor* 74 (1977): 135-148.

_____. "Religion and Culture: A Historical Introduction." In *Down to Earth: Studies in Christianity and Culture*, eds. John R. Stott and Robert Coote, pp. 1-13. Grand Rapids: Eerdmans, 1980.

_____. *Crises of Belief: The Christian Dialogue with Faith and No Faith*. London: Hodder and Stoughton, 1984.

_____. *A History of Christianity in India: The Beginnings to AD 1707*. Cambridge: Cambridge University Press, 1984.

_____. *The Supremacy of Jesus*. Downers Grove, IL: InterVarsity Press, 1984. 『예수의 우월성』(요단출판사).

_____. *A History of Christianity in India: 1707-1858*. Cambridge: Cambridge University Press, 1985.

_____. *God's Apprentice: The Autobiography of Bishop Stephen Neill*. Ed. E. M. Jackson. London: Hodder & Stoughton, 1991.

_____, and Hans-Ruedi Weber, eds. *The Layman in Christian History*. Philadelphia: The Westminster Press, 1963.

_____, ed. *Twentieth Century Christianity: A survey of modern religious trends by leading churchmen*. London: Collins, 1961.

_____, et al., eds. *The Ministry of the Church*. London: The Canterbury Press, 1947.

2차 문헌(이름순)

Green, Michael, ed. *Truth of God incarnate* [reply to *Myth of God incarnate*, ed. by J. H. Hick]. London: Hodder and Stoughton, 1977.

Lamb, Christopher. "Stephen Neill 1900-1984: Unafraid to Ask Ultimate Questions." In *Mission legacies*, ed. Gerald Anderson et al., pp. 446-451. Maryknoll: Orbis, 1994.

Jackson, Eleanor M. "The Continuing Legacy of Stephen Neill." *International Bulletin of Missionary Research* 19 (1995): pp. 77-80.

Jongeneel, Jan A. B. *Philosophy, Science, and Theology of Mission in the 19th and 20th Centuries: A Missiological Encyclopedia*, part 1, *The Philosophy and Science of Mission*. Frankfurt am Main: Peter Lang, 1995.

Pierard, Richard V. "Stephen Neill." In *Historians of the Christian Tradition: Their Methodology and Influence on Western Thought*, ed. Michael Bauman and Martin I. Klauber, pp. 531-549. Nashville: Broadman and Holman Publishers, 1995.

Sanneh, Lamin. "World Christianity and the New Historiography." In *Enlarging the Story: Perspectives on Writing World Christian History*, ed. Wilbert R. Shenk, pp. 94-114. Maryknoll: Orbis, 2002.

5장 데이비드 보쉬 1929-1992

1차 문헌(연도순)

Bosch, David. *Transforming Mission: Paradigm Shifts in Theology of Mission*. Maryknoll: Orbis, 1991. 『변화하는 선교』(기독교문서선교회).

보쉬, 데이비드 J. 『변화하고 있는 선교』. 김병길·장훈태 옮김. 서울: 기독교문서선교회, 2000; 『변화하는 선교』. 김만태 옮김. 서울: 기독교문서선교회, 2017.

2차 문헌(이름순)

Bevans, Stephen B., and Roger P. Schroeder. *Constants in Context: A Theology of Mission for Today*. Maryknoll: Orbis, 2004. 『예언자적 대화의 선교』.

Kuhn, Thomas S. *The Structure of Scientific Revolutions*. 2nd edition. Chicago: University of Chicago Press, 1962, 1970. 『과학혁명의 구조』(까치).

Küng, Hans. *Christianity: Essence, History, and Future*. New York: Continuum, 1995. 『그리스도교』(분도출판사).

Livingston, J. Kevin. "The Legacy of David J. Bosch." *International Bulletin of Missionary Research* 23:1 (January 1999): pp. 26-32.

_____. "A Missiology of the Road: The Theology of Mission and Evangelism in the Writings of David J. Bosch." PhD Thesis, University of Aberdeen, 1989.

Nussbaum, Stan. *A Reader's Guide to Transforming Mission: A concise, accessible companion to David Bosch's classic book*. Maryknoll: Orbis, 2005. 『변화하고 있는 선교 가이드북』(기독교문서선교회).

Saayman, Willem, and Klippies Kritzinger, eds. *Mission in Bold Humility: David Bosch's work considered*. Maryknoll: Orbis, 1996.

Thomas, Norman E. *Classic Texts in Mission and World Christianity: A Reader's Companion to David Bosch's Transforming Mission*. Edited with introductions by Norman E. Thomas. Maryknoll: Orbis, 1995.

베반스, 스티븐 B.·로저 P. 슈레더. 『예언자적 대화의 선교』. 김영동 옮김. 서울: 크리스천헤럴드, 2007; 서울: 케노시스, 2011.

쿤, 토머스 S. 『과학혁명의 구조』. 김명자·홍성욱 옮김. 서울: 까치, 2013.

큉, 한스. 『그리스도교: 본질과 역사』. 이종한 옮김. 왜관: 분도출판사, 2002.

6장 레슬리 뉴비긴 1909-1998

1차 문헌 (연도순)

Newbigin, Lesslie. *The Household of God*. New York: Friendship Press, 1953. 『교회란 무엇인가?』(IVP).

_____. *Relevance of Trinitarian Doctrine for Today's Mission*. London: Edinburgh House Press, 1963. 『삼위일체적 선교』(바울).

_____. *The Other Side of 1984: Questions for the Churches*. Geneva: WCC, 1983.

_____. *Foolishness to the Greeks: The Gospel and Modern Culture*. Grand Rapids:

Eerdmans, 1986. 『헬라인에게는 미련한 것이요』(IVP).

_____. *The Gospel in a Pluralist Society*. Grand Rapids: Eerdmans, 1989. 『다원주의 사회에서의 복음』(IVP).

_____. *Truth to Tell: The Gospel as Public Truth*. London: SPCK, 1991. 『복음, 공공의 진리를 말하다』(SFC).

_____. *Unfinished Agenda: An Updated Autobiography*. Eugene, OR: Wipf & Stock, 1993.

_____. *A Word in Season: Perspectives on Christian World Missions*. Grand Rapids: Eerdmans, 1994.

_____. *The Open Secret: An Introduction to the Theology of Mission*. Revised Edition. Grand Rapids: Eerdmans, 1995. 『오픈 시크릿』(복있는사람).

_____. *Signs amid the Rubble: The Purposes of God in Human History*. Edited and Introduced by Geoffrey Wainwright. Grand Rapids: Eerdmans, 2003.

2차 문헌(이름순)

Bolger, Ryan K., ed. *The Gospel after Christendom*. Grand Rapids: Baker Academy, 2012.

Editorial. "Lesslie Newbigin, 1909-1998." *International Bulletin of Missionary Research* 22:2 (April 1998): p. 1.

Foust, Thomas F., et al., eds. *A Scandalous Prophet: The Way of Mission after Newbigin*. Grand Rapids: Eerdmans, 2002.

Gelder, Craig Van, and Dwight J. Zscheile. *The Missional Church in Perspective: Mapping Trends and Shaping the Conversation*. Grand Rapids: Baker Academy, 2011. 『선교적 교회론의 동향과 발전』(기독교문서선교회).

Goheen, Michael W. *A Light to the Nations: The Missional Church and the Biblical History*. Grand Rapids: Baker Academy, 2011. 『열방에 빛을』(복있는사람).

Guder, Darrell L. *The Continuing Conversion of the Church*. Grand Rapids: Eerdmans, 2000. 『교회의 선교적 사명에 대한 신선한 통찰』(미션툴).

_____, ed. *Missional Church: A Vision for the Sending of the Church in North America*. Grand Rapids: Eerdmans, 1998. 『선교적 교회』(주안대학원대학교출판부).

Hastings, Ross. *Missional God, Missional Church: Hope for Re-Evangelizing the West*. Downers Grove: IVP Academic, 2012.

Hunsberger, George R. *Bearing the Witness of the Spirit: Lesslie Newbigin's Theology of Cultural Plurality*. Grand Rapids: Eerdmans, 1998.

_____. "Conversion and Community: Revisiting the Lesslie Newbigin—M. M. Thomas Debate." *International Bulletin of Missionary Research* 22:3 (July 1998): pp. 112-117.

_____, and Craig Van Gelder, eds. *Church between Gospel and Culture: The Emerging Mission in North America*. Grand Rapids: Eerdmans, 1996.

Kalu, Obgu U., et al., eds. *Mission after Christendom*. Louisville: WJK Press, 2010.

Kreider, Alan, and Eleanor Kreider. *Worship and Mission After Christendom*. Harrisonburg, VA: Herald Press, 2011.

Laing, Mark T. B. *From Crisis to Creation: Lesslie Newbigin and the Reinvention of Christian Mission*. Eugene, OR: Pickwick Publication, 2012.

Noll, Mark A. "The Challenge of Contemporary Church History, the Dilemmas of Modern History, and Missiology to the Rescue." *Missiology* 24, no. 1 (1996): pp. 47-64.

_____. "The Potential of Missiology for the Crises of History." In *History and the Christian Historian*. Ed. Ronald A. Wells, pp. 106-123. Grand Rapids: Eerdmans, 1998.

Shenk, Wilbert R. "Lesslie Newbigin's Contribution to Mission Theology." *International Bulletin of Missionary Research* 24:2 (April 2000): pp. 59-64.

Tabler, Charles R. "The Gospel as Authentic Meta-Narrative." In *A Scandalous Prophet: The Way of Mission after Newbigin*. Ed. Thomas F. Foust et al., pp. 182-194. Grand Rapids: Eerdmans, 2002.

Tennent, Timothy C. *Invitation to World Missions: A Trinitarian Missiology for the Twenty-first Century*. Grand Rapids: Kregel, 2010. 『세계 선교학개론』(서로사랑).

Tyra, Gary. *A Missional Orthodoxy: Theology and Ministry in a Post-Christian Context*. Downers Grove: IVP Academic, 2013.

Wainwright, Geoffrey. *Lesslie Newbigin: A Theological Life*. New York: Oxford University Press, 2000.

Wright, Christopher J. H. *The Mission of God: Unlocking the Bible's Grand Narrative*. Downers Grove: IVP Academic, 2006. 『하나님의 선교』(IVP).

_____. *The Mission of God's People : A Biblical Theology of the Church's Mission*. Grand Rapids: Zondervan, 2010. 『하나님 백성의 선교』(IVP).

Yates, Timothy. "Lesslie Newbigin's Missionary Encounter with the Enlightenment, 1975-98." *International Bulletin of Missionary Research* 34:1 (January 2010): pp. 42-45.

7장 라민 사네 1942-2019

1차 문헌(연도순)

Sanneh, Lamin. *West African Christianity: The Religious Impact*. Maryknoll: Orbis, 1983.

_____. *Translating the Message: The Missionary Impact on Culture*. Maryknoll: Orbis, 1989.

_____. *Encountering the West: Christianity and the Global Cultural Process: The African Dimension*. Maryknoll: Orbis, 1993.

_____. *The Crown and the Turban: Muslims and West African Pluralism*. Boulder, CO: Westview Press, 1997.

_____. *Abolitionists Abroad: American Blacks and the Making of Modern West Africa*. Cambridge, MA: Harvard University Press, 2000.

_____. "World Christianity and the New Historiography." In *Enlarging the Story: Perspectives on Writing World Christian History*, ed. Wilbert R. Shenk, pp. 94-114. Maryknoll: Orbis, 2002.

_____. *Whose Religion is Christianity? The Gospel Beyond the West*. Grand Rapids: Eerdmans, 2003.

_____. *Disciples of All Nations: Pillars of World Christianity*. New York: Oxford University Press, 2008.

_____. *Summoned from the Margin: Homecoming of an African*. Grand Rapids: Eerdmans, 2012.

_____. *Beyond Jihad: Pacifist Impetus in Muslim West Africa and Beyond*. New York: Oxford University Press, 2016.

_____, and Grant Wacker. "Christianity Appropriated: Conversion and Intercultural Process." *Church History* 68, no. 4 (1999): pp. 956-961.

_____, and Joel A. Carpenter, eds. *The Changing Face of Christianity: Africa, the West, and the World*. Oxford; Oxford University Press, 2005.

2차 문헌(이름순)

Bediako, Kwame. *Christianity in Africa: The Renewal of a Non-Western Religion*. Maryknoll: Orbis, 1995.

_____. *Jesus and the Gospel in Africa: History and Experience*. Maryknoll: Orbis, 2004.

Burton, Keith Augustus. *The Blessing of Africa*. Downers Grove, IL: IVP Academic, 2007.

Donovan, Vincent J. *Christianity Rediscovered*. Maryknoll: Orbis, 1978.

Groves, Jonathan D. *Reading Romans at Ground Level: A Contemporary Rural African Perspective*. Carlisle, Cumbria, UK: Langham Global Library, 2015.

Kollman, Paul V. "After Church History? Writing the History of Christianity from a Global Perspective." *Horizons* 31, no. 2 (2004): pp. 322-342.

Kroeger, James H., and Eugene E. Thalman. *Once Upon A Time in Asia: Stories of Harmony and Peace*. Maryknoll: Orbis, 2006. 『지혜의 땅 아시아의 생명』(성바오로).

Healey, Joseph G. *Once Upon A Time in Africa: Stories of Wisdom and Joy*. Maryknoll:

Orbis, 2004.

_____, and Donald Sybertz. *Towards An African Narrative Theology.* Maryknoll: Orbis, 1996.

Magesa, Laurenti. *What is Not Sacred: African Spirituality.* Maryknoll: Orbis, 2013.

Muchimba, Felix. *Liberating the African Soul: Comparing African and Western Christian Music and Worship Styles.* Colorado Springs: Authentic, 2007.

Noll, Mark A. "The Challenge of Contemporary Church History, the Dilemmas of Modern History, and Missiology to the Rescue." *Missiology* 24, no. 1 (1996): pp. 47-64.

Oden, Thomas C. *How Africa Shaped the Christian Mind: Rediscovering the African Seedbed of Western Christianity.* Downers Grove, IL: IVP Books, 2007. 『아프리카 기독교 역사』(기독교문서선교회).

Seelye, Katharine Q. "Lamin Sanneh, Scholar of Islam and Christianity, Dies at 76." https://www.nytimes.com/2019/01/11/obituaries/lamin-sanneh-dead.html(2023년 5월 1일 최종 접속).

Sterling, Greg. "Professor Lamin Sanneh, 1942-2019." https://divinity.yale.edu/news/professor-lamin-sanneh-1942-2019(2023년 5월 1일 최종 접속).

Walls, Andrew. *The Missionary Movement in Christian History: Studies in the Transmission of Faith.* Maryknoll: Orbis, 1996. 『세계 기독교와 선교 운동』(IVP).

Yamauchi, Edwin M. *Africa and the Bible.* Grand Rapids: Baker Academic, 2004.

8장 앤드루 월스 1928-2021

1차 문헌(연도순)

Walls, Andrew. *The Missionary Movement in Christian History: Studies in the Transmission of Faith.* Maryknoll, NY: Orbis, 1996. 『세계 기독교와 선교 운동』(IVP).

_____. *The Cross-Cultural Process in Christian History.* Maryknoll, NY: Orbis, 2002.

_____. *Crossing Cultural Frontiers: Studies in the History of World Christianity.* Maryknoll: Orbis, 2017.

월스, 앤드루. 『세계 기독교와 선교 운동』. 방연상 옮김. 서울: IVP, 2018.

2차 문헌(이름순)

Anderson, Gerald H. with John Roxborogh, John M. Prior, Christoffer H. Grundmann. *Witness to World Christianity: The International Association for Mission Studies, 1972-2012.* New Haven: OMSC Publications, 2012.

Burrows, William R, Mark R. Gornik, and Janice A. McLean, eds. *Understanding World Christianity: The Vision and Work of Andrew F. Walls.* Maryknoll: Orbis, 2011.

Gallagher, Robert L. and Paul Hertig, eds. *Landmark Essays in Mission and World Christianity*. Maryknoll: Orbis, 2009.

Gornik, Mark R. "Profile: Andrew Walls and the Transformation of Christianity." https://jofum.com/profiles/profile-andrew-walls-and-the-transformation-of-christianity/ (2023년 5월 1일 최종 접속).

Latourette, Kenneth Scott. *A History of the Expansion of Christianity*. 7 vols. New York: Harper & Brothers, 1937-1945.

Noll, Mark A. "The Challenge of Contemporary Church History, the Dilemmas of Modern History, and Missiology to the Rescue." *Missiology* 24, no. 1 (1996): pp. 47-64.

_____. "The Potential of Missiology for the Crises of History." In *History and the Christian Historian*, ed. Ronald A. Wells, pp. 106-123. Grand Rapids, MI: Eerdmans, 1998.

Stafford, Tim. "Historian Ahead of His Time." https://www.christianitytoday.com/ct/2007/february/34.87.html(2023년 5월 1일 최종 접속).

Thomas, Norman E. ed. *Classic Texts in Mission & World Christianity*. Maryknoll: Orbis, 1995.

박형진. "지구촌기독교의 등장과 기독교 역사서술적 함의: 선교역사기술을 중심으로." 「한국기독교신학논총」 74 (2011): pp. 295-316.

지구촌기독교 선교 역사 이해의 지평들

초판 발행_ 2023년 5월 15일

지은이_ 박형진
펴낸이_ 정모세

펴낸곳_ 한국기독학생회출판부
등록번호_ 제2001-000198호(1978.6.1)
주소_ 04031 서울시 마포구 동교로 156-10
대표 전화_ (02)337-2257 팩스_ (02)337-2258
영업 전화_(02)338-2282 팩스_ 080-915-1515
홈페이지_ http://www.ivp.co.kr 이메일_ ivp@ivp.co.kr
ISBN 978-89-328-2153-5

ⓒ 박형진 2023

책값은 뒤표지에 있습니다.
무단 전재와 복제를 금합니다.